Zu diesem Buch

»Die Geschichte dreier bedeutender Entdeckerfahrten ist an sich schon eindrucksvoll. Wenn sie aber, wie im vorliegenden Werk, mit so viel Sachkenntnis und Einfühlungsvermögen erzählt wird, wirkt sie auf den Leser wie ein außergewöhnliches Erlebnis. Hooker läßt die Entbehrungen der Seefahrer, die Härte des Dienstes, den Kampf gegen Naturgewalten und die aus damaliger Sicht eigenartigen Sitten der Eingeborenen in einer Weise lebendig werden, daß man das Buch vielen aufs beste empfehlen darf.« (Neue Bücherei)

John Hooker, geboren 1932 in Neuseeland, lebt seit 1963 als freier Schriftsteller in Australien. Sein vorliegender Roman entstand nach der gleichnamigen, vom NDR koproduzierten Fernsehserie von Peter Yeldham.

John Hooker

Wind und Sterne

Captain James Cook

Roman

Nach einem Drehbuch
von Peter Yeldham
Deutsch von Wolfram Ströle

rororo

Rowohlt

Veröffentlicht im Rowohlt Taschenbuch Verlag GmbH,
Reinbek bei Hamburg, Juni 1990
»Captain James Cook« Copyright © 1987 by John Hooker,
nach dem Drehbuch von Peter Yeldham
Nach der Fernsehserie »Captain James Cook« (»Wind und Sterne«),
einer Koproduktion von REVCOM/ABC,
in Zusammenarbeit mit dem NDR und RTVE,
nach dem Drehbuch von Peter Yeldham
Originalausgabe: John Hooker, Captain James Cook,
Penguin Books Australia Ltd., 1987
Copyright © 1988 Edition Erdmann
in K. Thienemanns Verlag, Stuttgart–Wien
Umschlaggestaltung Nina Rothfos
Gesamtherstellung Clausen & Bosse, Leck
Printed in Germany
980-ISBN 3 499 12725 3

Prolog

James und Elizabeth Cook saßen eng nebeneinander in der Kutsche, die über die holprige Landstraße ratterte. Draußen zogen die grünen Felder und hohen Hecken Lincolnshires vorbei, und Eichen warfen ihre Schatten über Wiesen, auf denen feiste Rinder und Schafe grasten. Das also war das Herz Englands, dachte Cook, wo sich große Landgüter erstreckten, soweit das Auge reichte. Hier wurden Jagden veranstaltet, hier erhoben sich erlesene Schlösser und herrschaftliche Häuser. Es war das Reich einer Gesellschaft, der er nicht angehörte. Er war der Sohn eines Tagelöhners und zu einem Kohlenschiffer aus Whitby in die Lehre gegangen.

Jetzt befand er sich auf dem Weg nach Revesby Abbey, dem Sitz der Familie Banks. Warum hatte Sir Edward Hawke, Erster Lord der Admiralität, ihn dorthin bestellt? Cook besaß kein Offizierspatent; er war daher überrascht gewesen, daß Hawke ihn hatte rufen lassen. Kerzengerade saß er da und sah auf die Landschaft hinaus, durch die sie rollten. Bald würde er die Antwort wissen.

»Wie weit ist es noch?« fragte Elizabeth.

Cook sah auf die Skizze, die man ihm gegeben hatte. »Nicht mehr weit«, erwiderte er. »Es ist nicht mehr weit.«

Hinter Eichen, Zypressen und Holunderbüschen erblickten sie die Türme von Revesby Abbey. Cook mußte an das Haus seiner Eltern in der engen Gasse seines Heimatdorfs in Yorkshire denken und lächelte in sich hinein. Die Besitzungen der Banks waren riesig: Sie waren als Anwälte zu Geld gekommen. Nur Joseph, der vierte Sohn, war Botaniker und hatte wie Cook Neufundland und Labrador bereist. Der junge Banks war, wie er gehört hatte, nicht nur ein brillanter Wissenschaftler, sondern auch ein Lebemann der Londoner Salons. Und er war ein Mann, der bei Hof Freunde hatte, zu denen Sir Edward Hawke gehörte. Aber daran wollte Cook jetzt nicht denken. Er würde die Angelegenheit hinter sich bringen, so gut er konnte, was immer der Zweck der Begegnung sein mochte. Er reichte Elizabeth die Hand und half ihr aus dem Wagen. Pfauen stolzierten über den Rasen, auf den Dachtraufen gurrten die Tauben, und ein junges Paar strebte hügelan zu einem Aussichtspavillon. Cook nahm das alles in sich auf: So also lebten die Reichen.

Diener standen zu beiden Seiten der Stufen des Haupteingangs aufgereiht.

»Man hat mir gesagt, daß Mr. Joseph Banks uns erwartet«, sagte Cook, als er und Elizabeth ihre Mäntel einem der Diener übergaben und das riesige, holzgetäfelte Vestibül betraten. »Was freilich ein Botaniker von mir will, kann ich mir nicht vorstellen.«

»Ich bin sicher, daß du das Richtige tun wirst, James«, erwiderte sie ruhig. »Ich vertraue dir vollkommen.«

Ihre Worte freuten und stärkten ihn, und gemeinsam folgten sie dem Butler durch den mit Marmor ausgelegten Korridor.

Im Empfangszimmer drängten sich gut aussehende Männer und schöne Frauen, deren Stimmengewirr und Gelächter die gedämpften Klänge eines Streichquartetts übertönten. Diener mit silbernen Tabletts bewegten sich unauffällig zwischen den Gästen. Cook glaubte Banks in der Mitte der Versammlung zu erkennen, wartete aber, bis der Butler sie ankündigte. Das Gespräch verstummte, und Cook wußte, daß sie jetzt gemustert wurden. Er wünschte, er wäre auf See: Dort war es *sein* Vorrecht, andere zu mustern. Ein hochgewachsener junger Mann löste sich von der Gruppe und sagte: »Willkommen in Revesby Abbey, Sir. Ich bin Joseph Banks.« Er hatte helle Augen und lächelte breit.

»Das«, erwiderte Cook, »ist meine Frau Elizabeth.«

Der junge Mann verbeugte sich. »Ich fürchtete schon, Sie würden nicht mehr kommen. Ich hoffe, Sie hatten eine angenehme Reise.«

»Durchaus«, sagte Cook und sah Banks in die Augen. »Ich fürchte allerdings, daß wir für eine so festliche Gesellschaft nicht passend gekleidet sind.«

»Gesellschaft? Nur einige Freunde. Aber erlauben Sie mir, Ihnen zu gratulieren.«

»Wozu, Sir?«

»Zu Ihrer Frau. Sie ist ungewöhnlich schön.« Die Gäste lachten, und auch Banks selbst lächelte.

»Und Sie finden das so erstaunlich«, sagte Elizabeth, »daß es eines Kommentares bedarf?«

Aber Banks ließ sich nicht aus der Fassung bringen. »Madame, ich habe Ihnen ein Kompliment gemacht.«

»Auf Kosten meines Mannes. Das ist für mich kein Kompliment.« Cook stand voller Stolz neben seiner Frau.

»Ich bitte um Verzeihung, Madame«, sagte Banks. »Darf ich also Küstenvermesser Cook beneiden, ohne weiteres Mißfallen zu erregen?« Wieder lächelte er – zweifellos ein charmanter junger Mann. Die Gäste begannen sich zu zerstreuen, und Banks machte Cook mit den Personen von Rang bekannt. »Mr. Cook«, sagte er schließlich, »das ist Sir Edward Hawke, der Erste Lord der Admiralität.«

Hawkes Augen waren klar und blau wie Eis. »Cook? Sie heißen Cook?«

»Ja, Sir.«

Hawke nickte Elizabeth zu. »Gut. Ziehen wir uns an einen Ort zurück, an dem wir ungestört reden können.«

Der Erste Lord wandte sich zum Gehen, und Cook und Banks beeilten sich, ihm zu folgen.

An den Wänden des Studierzimmers waren in Leder gebundene Bücher aufgereiht, auf dem Tisch lagen Karten, Instrumente und botanische Präparate. Im Kamin brannte ein einladendes Feuer. Hawke wählte den bequemsten Sessel, schenkte sich ein großzügiges Glas Madeira ein und reichte die Karaffe Banks. Ohne Cook zum Sitzen aufzufordern, vertiefte er sich in ein Dokument.

»James Cook«, begann er, »Geometer und Kapitän der *Grenville.* Sie haben für General Wolfe den Sankt-Lorenz-Strom befahren und die neufundländische Küste kartographiert?«

»Ja, Sir.«

Cook hatte im Siebenjährigen Krieg in der Royal Navy gedient und an der Eroberung Quebecs unter General Wolfe teilgenommen, und er war an der Vermessung der Küsten Neufundlands und

Labradors beteiligt gewesen. Eine Anerkennung seiner Dienste war ausgeblieben: Er hatte keine Freunde bei Hof. Das wäre ihm freilich auch zuwider gewesen – sein Stolz verbot es ihm.

»Man hat Ihnen ein Offizierspatent versprochen; das aber von den Marinebehörden dreimal abgelehnt wurde?«

»Das stimmt.«

»Und es hat Ihrer Begeisterung für das Leben auf See keinen Abbruch getan?«

»Nein, aber ich habe mich darüber geärgert, Sir.«

»Sie wissen«, fuhr Hawke fort, »daß eine Expedition in die Südsee geplant ist?«

»Ich habe davon gehört, Sir. Und ich habe gehört, daß die Expedition unter dem Kommando eines Gentleman namens Dalrymple stehen wird.«

»Woher haben Sie das?«

»Gerüchte, die im Hafen umlaufen, Mylord. Ich habe keine Gelegenheit, in den Salons zu verkehren.«

»Dort fällt der Name Alexander Dalrymple selten«, unterbrach Banks. »In den Sitzungsberichten der Royal Society dagegen taucht er nur zu häufig auf.« Mit hochgezogenen Augenbrauen fuhr er fort: »Wie ich höre, will sich kein Offizier der Navy freiwillig für dieses Unternehmen melden.«

»Das überrascht mich kaum.« Cook ahnte allmählich, worauf das alles hinauslaufen sollte, und er begann einzusehen, daß Joseph Banks nicht der bloße Geck war, für den er ihn anfangs gehalten hatte. Er erinnerte sich, daß dieser junge Mann im Alter von dreiundzwanzig an einer der faszinierendsten naturkundlichen Forschungsreisen teilgenommen hatte, die jemals unternommen worden war. »Aber warum will sich kein Offizier der Navy freiwillig für eine Reise in die Südsee melden?« fragte Hawke und stellte sein Glas auf den Tisch.

»Es gibt keine genauen Karten«, sagte Cook. »Die Expedition wird Jahre auf See verbringen und gerät womöglich ganz in Vergessenheit. Das ist keine Aussicht, die den Ehrgeiz der Offiziere vom Oberdeck anspornen könnte.«

»Glauben Sie?« Hawke und Banks musterten den Mann, der da vor ihnen stand und so freimütig sprach.

»Was für ein Schiff würden *Sie* ausschicken?« fragte Hawke.

Wieder eine suggestive Frage, dachte Cook und ließ sich mit der Antwort Zeit. »Eine Whitby-Cat.«

Hawke lachte. »Ein Kohlenschiff? Sie meinen, die Navy soll ein Kohlenschiff aus der Nordsee in Dienst stellen?«

»Ich wurde nach meiner Meinung gefragt, Sir.«

»In der Tat, das stimmt.« Hawke stand auf und streckte die Beine. »Ich bin Ihnen zu Dank verpflichtet, Geometer Cook. Guten Tag.« Damit schritt der Erste Lord aus dem Zimmer, und wieder konnte Cook sich nicht erklären, was das alles zu bedeuten hatte.

Am selben Abend saßen Hawke und Banks noch einmal im Studierzimmer zusammen. Sie tranken Portwein, während im Kamin die Kohlen glühten.

»Eine Whitby-Cat?« sagte Hawke. »Warum um alles in der Welt will jemand so ein Schiff ans andere Ende der Erde schicken?«

»Aber ist die Wahl wirklich so lächerlich?« Banks mußte an die die Sandbänke Neufundlands denken. Und dann sah er wieder Cook vor sich: ein großer Mann, der offen antwortete und einem gerade in die Augen sah.

»Eine Cat, mein lieber Banks, ist ein häßliches Schiff. Sie hat einen breiten, plumpen Bug und Masten mit spärlicher Takelage. Es handelt sich um ein Gefährt ohne jede Eleganz, ein primitives Schiff, einen Ackergaul, wo wir über Vollblüter verfügen.«

»Cook hat also einen schlechten Eindruck auf Sie gemacht?«

»Das habe ich nicht gesagt. Er kam auf Empfehlung Pallisers. Aber es sind genug Fehler gemacht worden. Diesmal braucht England den richtigen Mann.«

»Nicht den Sohn eines Tagelöhners?«

»Meine Aufgabe, Sir, ist die Führung der Admiralität. Die Vorfahren dieses Mannes interessieren mich nicht.« Seufzend schüttelte Hawke den Kopf. »Wir werden sehen.«

* * *

Drei Wochen vor diesem Gespräch hatte Joseph Banks einem der zahllosen Vorträge über das große Südland gelauscht. Damals hieß der Redner Alexander Dalrymple. Der schottische Geograph hatte sich selbst zum Experten in dieser wissenschaftlichen Frage ernannt. Gab es in der Südsee eine große Landmasse, die ein Gegengewicht zum europäischen Kontinent im Norden bildete? Banks hatte alle Theorien dazu gelesen, angefangen mit der des ägyptischen Geographen Ptolemäus, der geglaubt hatte, daß ein unbekanntes Land im Süden an die Südküste Afrikas stoße und der Indische Ozean deshalb ein Binnenmeer sei. Ptolemäus war durch die Entdecker Bartolomëu Diaz und Vasco da Gama widerlegt worden, aber selbst jetzt, 1768, konnte sich die Vorstellung eines reichen, paradiesischen Kontinents noch behaupten. Und trotz der Fahrten Magellans und Tasmans stand die kartographische Erfassung des Pazifischen Ozeans immer noch aus. Gab es dort einen letzten großen Kontinent zu entdecken? Trotz seiner Aufgeschlossenheit für solche Theorien zweifelte Banks daran. Aber er war ein Naturforscher, und nach seiner Reise nach Neufundland verlangte es ihn nach neuen Fahrten; er wollte unbekannte Küsten entdecken und seine rasch wachsende Sammlung exotischer Pflanzen weiter vergrößern.

Und nun hatte sich ihm die Möglichkeit dazu eröffnet: Er würde eine Expedition begleiten, die im Auftrag der britischen Regierung die Geheimnisse des Pazifik erkunden sollte. Der König hatte für das Vorhaben 4000 £ bewilligt, und Dalrymple war von der Royal Society zum Leiter der Expedition bestimmt worden. Die Bänke im Vortragssaal der Royal Society waren dicht besetzt mit den führenden Köpfen der Wissenschaft und der Aufklärung. Obwohl er alles schon einmal gehört hatte, folgte Banks den Ausführungen Dalrymples mit Aufmerksamkeit. Dalrymple war ein Fanatiker, er *glaubte* an das Südland. Aber Joseph Banks wußte, daß die Geographie eine Wissenschaft der Fakten war – und nicht der unbewiesenen Theorien.

Der Präsident der Royal Society, der Earl von Morton, erhob sich und klopfte mit seinem Hämmerchen um Ruhe. Das erste Ziel der geplanten Reise, begann er, sei es, auf Tahiti den Durchgang des Planeten Venus durch die Sonne zu beobachten. Das Ereignis werde sich erst in neunundneunzig Jahren wiederholen, seine Beobachtung sei für navigatorische Zwecke wichtig. Dann solle die Expedition nach Süden vorstoßen, um jenes Land zu suchen, das Tasman, Dampier und die anderen Entdecker nicht gefunden hatten. Der Earl stellte Mr. Alexander Dalrymple vor.

»Man hat mich zum Leiter dieser Expedition bestimmt«, verkündete Dalrymple laut, »weil ich der Mann im ganzen Vereinigten Königreich bin, der für diese Aufgabe die besten Voraussetzungen mitbringt. Meine Forschungen haben den Beweis erbracht, daß der südliche Kontinent sich vom Äquator über die Tropen und die kalten Zonen bis zum unteren Ende der Welt erstreckt.« Dalrymple nahm einen Pinsel und malte die Landmasse in den südlichen Ozean. »Dort liegt er, der Kontinent«, sagte er, »dort liegt er und wartet auf einen neuen Kolumbus. Zweifelt nicht, gelehrte Kollegen, meine Hypothesen und Berechnungen sind richtig, und ich werde den Kontinent entdecken und für England in Besitz nehmen.«

Banks wand sich auf seinem Platz, als er Dalrymples Vortrag über die Entdeckungsfahrten des Ptolemäus, Marco Polos, Magellans und jüngerer Forschungsreisender hörte. Die Zuhörer applaudierten beeindruckt, aber Banks fühlte sich in seiner Meinung bestätigt, daß der Schotte nicht nur ein eingebildeter Esel war, sondern außerdem riskierte, unrecht zu haben. Banks hoffte, daß nicht Dalrymple Leiter der Expedition sein würde – dafür brauchte man einen erfahrenen Seemann und Navigator. Aber was immer die Reise in den Pazifik erbringen würde, sie würde zweifellos das wichtigste Ereignis seines Lebens sein. Als Banks die Royal Society verließ, winkte er einem Wagen und ließ sich zur Admiralität bringen. Dort wollte er Sir Edward Hawke treffen, um mit ihm über einen Landmesser namens James Cook zu sprechen.

* * *

Im Spätsommer dieses Jahres wimmelte es im Hafen von Plymouth von Schiffen, obwohl der Krieg mit Frankreich schon vor fünf Jahren zu Ende gegangen war. Es gab Fregatten, Schaluppen und Kriegsschiffe, und in der Mitte dieses Gewirrs aus Masten und Tauen lag die *Earl of Pembroke*, ein unförmiges, wenig attraktives Schiff, das weder eine Galionsfigur noch sonstigen Schmuck aufwies. Es war ein rahgetakeltes, gelb gestrichenes Schiff des Küstenhandels. Am Nachmittag dieses Tages näherte sich unter einem graubraunen Himmel eine Barkasse dem Kohlenschiff, auf der sich Sir Edward Hawke, drei hohe Beamte der Admiralität und James Cook befanden. Der Erste Lord war von den Ausführungen Cooks immerhin so beeindruckt gewesen, daß er die Verwendung einer Whitby-Cat nicht aus dem Auge verloren hatte. Außerdem war immer noch offen, unter wessen Kommando die Reise in die Südsee stehen sollte. Hawke war ein erfahrener Seemann, der Theoretikern mit tiefem Mißtrauen begegnete. Er wollte sich das Schiff, das Cook vorgeschlagen hatte, zumindest einmal ansehen und herausfinden, was der stämmige Mann aus Yorkshire gemeint hatte.

An Bord des Schiffes sahen die Beamten sich um, während Hawke und Cook das erhöhte Achterdeck abschritten. Die Decksplanken waren gesplittert, das Pech ausgetrocknet und rissig, und der Anstrich schälte sich in Flocken ab. Die Herren von der Admiralität rümpften die Nase. Ein vielversprechendes Schiff war die *Earl of Pembroke* bestimmt nicht.

»Sie ist nichts weiter als ein gewöhnliches Frachtschiff«, sagte einer. »Was werden die Herrscher im Ausland denken, wenn wir mit dieser Hulk ankommen? Wir haben die beste Flotte der ganzen Welt.«

»Und wer ist dieser Cook?« fragte ein anderer.

»Ein völlig unbedeutender Mann, der meines Wissens früher in der Handelsmarine gedient hat. Sein Name wird im *Gentleman's Magazine* nicht genannt. Gott allein weiß, warum der Erste Lord seine wertvolle Zeit mit ihm verschwendet und überhaupt seinen Fuß auf diesen verrußten Kasten gesetzt hat.«

»Nun, meine Herren«, sagte Hawke, als er mit Cook wieder zu ihnen trat, »welchen Eindruck haben Sie gewonnen?«

»Es ist nicht gerade ein schnelles Schiff, Euer Gnaden. Ja, eigentlich ist es mit seiner dürftigen Takelung gar kein Schiff.« Die Beamten der Admiralität wagten nicht, die verrostete Reling zu berühren, aus Furcht, sich die Handschuhe zu beschmutzen.

»Aber Mr. Cook behauptet hartnäckig, es sei für unser Vorhaben geeignet.« Sir Edward redete über Cook immer noch, als ob dieser gar nicht anwesend wäre. Diese hohen Herren sind ein eingebildetes Volk, dachte Cook, und ihm fiel ein, was Banks in Revesby Abbbey zu Elizabeth gesagt hatte. »Mr. Cook gefällt der geringe Tiefgang«, fuhr der Erste Lord fort, »die einfache Takelage und die leichte Handhabbarkeit.«

»Welche Takelage, Sir?« Einer lachte. »Bei allem Respekt, Admiral, Mr. Cook ist doch nicht einmal Offizier. Er hat noch nie ein Kommando gehabt. Ich bin sicher, daß Mr. Dalrymple nicht mit einem Schiff auslaufen würde, das uns dem Spott der Welt preisgibt. Soviel ich weiß, gibt Mr. Dalrypmle einem Kriegsschiff mit fünfzig Kanonen den Vorzug.«

Hawke sah hinüber zur Küste und den grasbewachsenen Ufern der Promenade von Plymouth. »Ich glaube, Mr. Dalrymple ist mit jedem Schiff zufrieden, vorausgesetzt, wir geben ihm das Kommando.«

Cook stand schweigend daneben und hörte zu. Kein Wunder, daß er nicht Offizier geworden war! Gott allein wußte, wie England den Siebenjährigen Krieg gewonnen hatte, wenn Männer wie diese in den Behörden saßen. Er sah zu, wie die Beamten verächtlich über Deck stolzierten. Der Blässe ihrer Gesichter nach zu schließen, waren sie jahrelang nicht auf See gewesen, vielleicht überhaupt nie. Und was hatte Hawke mit seiner Bemerkung über Dalrymple sagen wollen?

Während Cook den Herren der Admiralität zuhörte, schlenderten Joseph Banks und sein Botanikerkollege Daniel Solander durch Kew Gardens mit seinen exotischen Pflanzen aus Ostindien, Mexiko und Brasilien. Warm schien hier die Nachmittagssonne herunter, und die Luft roch nach Humus und tropischen Blumen. Solander war Schwede. Wie sein Freund war er mit vollendeter Perfektion gekleidet, und sein Englisch war so makellos wie seine Kleidung.

»Was für ein Mensch ist dieser James Cook?« fragte Solander.

Banks blieb stehen und sah zu den Bäumen auf, die über den Gewächshäusern aufragten. Der botanische Garten war sein Lieblingsaufenthalt.

»Ich messe dem ersten Eindruck große Bedeutung zu«, erwiderte er, »und ich habe Erkundigungen über ihn eingezogen. Er ist ein einfacher Mann, dickköpfig und Autodidakt, und wahrscheinlich fühlt er sich durch Menschen wie mich beständig provoziert.« Banks lachte. »Ich denke nicht, daß er sich viel aus der Aristokratie macht. Aber ich glaube, er ist beherzt und standhaft. Ein Mann, mit dem man auf See zusammensein möchte.«

»Wann wird sich entscheiden, wer die Expedition führen soll?«

»Ist denn die Entscheidung nicht schon gefallen – der unaussprechliche Dalrymple? Allerdings schätzt der Erste Lord solche Maulhelden nicht besonders, und ich vermute sehr, daß die Wahl statt auf ihn auf einen erfahrenen Seemann fallen könnte. Auf jeden Fall bin ich hocherfreut, mein lieber Daniel, daß Sie mich begleiten werden. Wir beide werden die wissenschaftliche Welt in Brand stecken.« Banks starrte über den Rasen. »Großer Gott, da wir vom Teufel sprechen, wer beehrt dort den botanischen Garten mit seiner Anwesenheit? Das ist doch niemand anderes als unser geschätzter Kollege Alexander Dalrymple. Er marschiert, als ob er in die Schlacht gehe. Sehen Sie sich vor.«

Der Schotte hielt sich nicht mit einem Gruß auf, und Solanders Anwesenheit nahm er überhaupt nicht zur Kenntnis. »Wie ich höre, Banks«, sagte er, »haben Sie für die Ausrüstung der Südsee-Expedition ein Vermögen zur Verfügung gestellt?«

»Ich habe einen bescheidenen Beitrag geleistet, Sir.«

»Zehntausend Pfund, wie ich höre. Sie mögen vom Reichtum Ihrer Familie und Ihren großen Ländereien profitieren, aber Leiter der Expedition werde ich sein.«

»Und die Navy«, sagte Banks, »hat etwa die Navy Sie dazu bestimmt?«

Dalrymple war unerbittlich. »Seien Sie versichert, daß ich in bestem Einvernehmen mit den Lords der Admiralität stehe.«

»Dann scheint sich eine weitere Diskussion zu erübrigen.«

»Was ich hiermit klarstellen möchte«, fuhr Dalrymple unbeirrt fort: »Wenn Sie mich auf meiner Reise begleiten wollen, wenden Sie sich gefälligst an *mich*, und ich werde dann darüber nachdenken.«

Mit großen Schritten entfernte sich der Geograph. Solander sah ihm nach. »Wirklich außergewöhnlich ...«

»Sein Ehrgeiz ist grenzenlos. Der Mann ist ein Egoist *par excellence,* aber ich glaube, daß wir einen Mann anderen Kalibers brauchen werden als einen wunderlichen Gelehrten, der ganz in seinen Hirngespinsten befangen ist.«

Am Abend desselben Tages saß Cook am Fenster der kleinen Kammer, die er mit seiner Frau bewohnte. Leichter Regen ging über dem planlosen Durcheinander der Londoner Vorstädte nieder, und durch den Rauch aus zehntausend Kaminen schien ein wäßriger Mond. Von der Straße drang Lärm herauf, und das Baby der Cooks, ein Mädchen, lag schlafend in seinem Bettchen. »Komm wieder ins Bett, Lieber«, sagte Elizabeth. »Davon, daß du am Fenster sitzt, wird es nicht besser.«

Aber Cook blieb sitzen und starrte weiter in die Nacht hinaus. »Sie behandeln uns wie Tiere«, sagte er. »Wir haben keine Gefühle, wir sind das Vieh auf ihren Weiden. Ich war ein Narr, Träume zu haben.« Er dachte daran, wie die Beamten ihre Nasen über das Kohlenschiff gerümpft hatten. Schließlich stand er auf, warf einen Blick auf das schlafende Kind und legte sich dann zu Elizabeth. Sie war warm, und er strich ihr übers Haar. »Ich sollte mit meinem Glück zufrieden sein«, sagte er, »eine schöne Frau und drei gesunde Kinder. Zum Teufel mit ihrer Arroganz und ihrer Politik, zum Teufel mit ihnen allen. Ich werde mich da heraushalten.« Aber dann mußte er an die Gewässer des Sankt-Lorenz-Stroms denken, an die wandernden Nebelbänke Labradors und die geheimnisvoll raunenden Eisberge, und er fühlte freudige Erwartung angesichts unbekannter, der Entdeckung harrender Küsten in sich aufsteigen.

Und dort wollte er sein.

* * *

Zu seiner Überraschung war Cook noch einmal zum Ersten Lord bestellt worden und wartete nun schon fast den ganzen Tag vor dessen Tür. Ohne sich allzu große Hoffnungen zu machen, hatte Cook seine Bereitschaft zu verstehen gegeben, die Expedition zu leiten, ungeachtet der Reaktion, die seine Wahl des Schiffes hervorgerufen hatte, und obwohl er nach wie vor glaubte, daß man zuletzt doch Alexander Dalrymple als Leiter der Expedition bestätigen würde. Damit würde man zwar ganz offensichtlich eine Torheit begehen, aber in den Hallen und Kammern der britischen Admiralität vollzog sich Gottes Walten auf unergründliche Weise. Jetzt waren seine Beine steif, und seine Geduld war am Ende. Der Korridor war kalt und feucht, die Luft schlecht, und Cook hätte gern gewußt, wie ehemalige Seeleute in einer solchen Umgebung arbeiten konnten. Drükkend senkte sich die Dämmerung auf den Korridor, als plötzlich die Tür zum Zimmer des Ersten Lords aufflog und Alexander Dalrymple mit hochrotem Gesicht und am ganzen Leib zitternd auf den Flur trat. Hinter ihm erschien auf der Schwelle Sir Edward Hawke.

»Sie mögen noch so viele Beziehungen haben«, sagte Hawke mit erhobener Stimme, »und Sie mögen sich abmühen, was das Zeug hält, aber solange ich Erster Seelord bin, wird nur ein Offizier der Navy ein Schiff befehligen, das der Navy unterstellt ist.«

»Ich werde zum König gehen, Sir«, rief Dalrymple.

»Sie können zu Gott im Himmel gehen, aber in der Navy befehle ich.«

Mit hallenden Schritten entfernte sich Dalrymple über die Marmorfliesen, und Cook erhob sich halb. »Mylord.«

Hawke funkelte ihn wütend an. »Und Sie, Sir, werden die Höflichkeit haben, zu warten.«

»Ich warte schon den ganzen Tag.«

Aber die Tür war schon wieder ins Schloß gefallen, und Hawke war verschwunden.

Erst am späten Abend, als bereits überall Ruhe eingekehrt war und der Korridor sich geleert hatte, ging die Tür wieder auf. Es war noch einmal Hawke.

»Nun, Master Cook, ein langer Tag. Aber Sie haben Ihr Kohlenschiff - und das Kommando über die Expedition. Es freut mich, Ihnen die Beförderung zum Kapitänleutnant mitteilen zu können. Sie werden jetzt eine Mannschaft zusammenstellen und das Schiff für die Reise nach Tahiti und weiteren Zielen ausrüsten. Hier sind Ihre Befehle. Mit den besten Wünschen der Admiralität.«

Cook nahm das versiegelte Paket entgegen und wollte etwas erwidern, aber die Tür zu Hawkes Zimmer hatte sich schon wieder geschlossen.

* * *

Am Masttopp flatterten die Farben der Königlich-Britischen Marine, und das Schiff hatte den neuen Namen *Endeavour* erhalten. Auf dem plumpen Kohlenfrachter waren Umbauarbeiten im Gange, und über das Wasser drangen Hammerschläge. Der besseren Belüftung wegen wurden Ladeluken eingebaut, dazu kamen Holzöfen, um zu heizen, damit der Schimmel nicht überhandnehmen würde. Neue Segel wurden zugeschnitten und genäht und ein Loskiel installiert, um den Rumpf vor Schiffsbohrwürmern zu schützen. Die Decks wurden frisch kalfatert und verpicht, ein neues Achterdeck wurde eingezogen. Die Handwerker hatten genaue Anweisungen erhalten, die Arbeit für die bevorstehende Reise mußte mit größter Sorgfalt ausgeführt werden. Darum kümmerte sich Kapitänleutnant James Cook von der Royal Navy. Er war von früh bis spät auf dem Schiff. Schiffsbaumeister und neue Besatzung hatten an ihm einen harten Aufseher, aber er wußte, daß die Expedition zwei Jahre und länger dauern konnte und er sich keinen Fehler leisten durfte. Sie würden in entfernte Regionen der Erde reisen, in die noch kein Europäer seinen Fuß gesetzt hatte.

»Mr. Hicks?« Cook bemühte sich, nicht zu schreien. Sein Leutnant und Erster Offizier war allem Anschein nach ein hart zupackender, fähiger Mann.

»Ja, Sir?«

»Lassen Sie das Gangspill überholen und mehr Raum für zusätzliche Anker schaffen. Gott weiß, in welchen Gewässern wir uns aufhalten werden.«

»Aye, aye, Sir.«

»Mr. Gore?«

»Ja, Sir?«

»Woher kommen Sie?« Cook musterte seinen Zweiten Offizier: Auch er schien ein vielversprechender Bursche – schlank, stark und besonnen. Dem ersten Eindruck nach hatte Cook zwei gute Männer an seiner Seite. Trotz ihres brutalen Systems brachte die britische Navy immer noch Offiziere mit Charakter hervor, dachte er.

»Aus den amerikanischen Kolonien, Sir. Aus Boston.« Auch John Gore seinerseits war von seinem Kapitän beeindruckt; er hatte die Vorbereitungen an Bord mit Zustimmung verfolgt.

»Wie ich höre, waren Sie bereits im Pazifik und kennen sich in den dortigen Breiten aus.«

»Ich bin mit Kapitän Wallis auf der *Dolphin* gefahren, Sir.«

»Also nach Tahiti?«

»Das ist richtig.«

Cooks Interesse war erwacht. »Sprechen Sie die Sprache der Eingeborenen?«

»Ein wenig, Sir.«

»Ich bin froh, Sie an Bord zu haben.« Cook wandte sich dem Schiffszimmermann zu. »Ich brauche auf dem Vorschiff zehn neue Kabinen. Und ich will, daß Kombüse und Segellasten vergrößert werden. Können Sie das veranlassen?«

»Aye, aye, Sir.«

Cook kehrte zu Gore zurück, und gemeinsam stiegen sie zum Unterdeck hinunter, einem feuchten und dunklen Ort, der nicht umgebaut worden war.

»Mr. Gore«, sagte Cook, »wir begeben uns auf eine ungewöhnliche Reise. Wir werden viele Gäste haben, von denen die meisten noch nie längere Zeit auf See zugebracht haben. Sie und die anderen Offiziere werden leider mit den Kabinen hier unten vorliebnehmen müssen. In den Tropen werden Sie es höllisch heiß haben und am Kap Horn sehr kalt, aber mir bleibt keine Wahl.« Er gab Gore eine unterzeichnete Anordnung. »Ich habe von der Admiralität Befehl, Mr. Joseph Banks und seine Begleiter an Bord aufzunehmen, zumeist einflußreiche Herren, die eine Einzelkabine im Oberdeck verlangen werden. Sie haben von Mr. Banks gehört?«

»Ja, Sir. Der Botaniker, der nach Neufundland gesegelt ist.«

Cook war über Gores Wissen erfreut. »Wir werden uns diesmal ein bißchen einschränken müssen.«

»Wir werden damit zurechtkommen, Kapitän.«

»Das freut mich zu hören. Es werden noch andere Forderungen und Verbindlichkeiten erfüllt werden müssen, ehe die Reise zu Ende ist.«

»Aye, aye, Sir.« Gore war verwirrt; was hatte der Kapitän damit sagen wollen?

* * *

Einige Tage später stand Cook in der warmen Sommersonne auf dem Achterdeck. Es waren nur noch sechs Wochen bis zur Abfahrt, und in der nächsten Woche sollten Joseph Banks und seine Begleiter eintreffen. Gott allein wußte, was für Männer das waren und was sie an Gepäck mitbringen würden. Ein großer Teil der Vorräte für die lange Reise war bereits an Bord geschafft worden. An Deck standen eine Reihe Fässer mit gepökeltem Schweinefleisch. Cook hob den Deckel eines Fasses, sah hinein und schleuderte das Faß dann wütend über die Reling. »Mr. Hicks!«

»Sir?«

»Über Bord mit allen Fässern. Mr. Gore und Doktor Monkhouse, stehen Sie nicht untätig herum, packen Sie mit an.«

»Ich muß protestieren, Sir«, sagte Monkhouse.

»*Sie* protestieren?« Cook musterte den feisten Mann in ziviler Kleidung. »Dieses Pökelfleisch ist voller Würmer, und Sie haben es als zum menschlichen Verzehr geeignet durchgehen lassen.«

»Pökelfleisch ist meistens voller Würmer.«

»Nicht auf *meinem* Schiff, Mr. Monkhouse. Sie haben auch meinen Befehl beanstandet, Fässer mit Sauerkraut an Bord zu schaffen. Stimmt das?«

Der Arzt wich dem Blick der harten blauen Augen Cooks aus. »Ich hatte es für einen Irrtum gehalten, Sir. Kein englischer Seemann ißt deutsches Sauerkraut.«

»Ich versuche Irrtümer und Fehler zu vermeiden, Doktor Monkhouse, obwohl es einige Dinge gibt, denen gegenüber auch ich machtlos bin. Meine Matrosen werden Sauerkraut essen und täglich einen Schluck Zitronensaft trinken. Auf meinem Schiff wird es keinen Skorbut geben. Drücke ich mich klar aus, Doktor Monkhouse?«

»Vollkommen, Sir.«

Abends saß Cook im Salon. Man hatte den Salon neu hergerichtet, er war jetzt geräumig, hatte hohe Fenster und wurde durch Kerzen in reichverzierten Kerzenhaltern aus Messing beleuchtet. Hier war das Herz der *Endeavour*. Der Salon war Kartenhaus, Erholungsraum, Bibliothek und Versammlungsort, er würde allerdings bald für andere Zwecke genutzt werden. Bei Cook saß Charles Clerke, ein aufgeweckter, offen dreinblickender Fähnrich zur See, der gerade sorgfältig die Liste mit der Besatzung überprüfte.

»Wie viele fehlen uns noch, Charles?« Cook hatte vom ersten Moment an Zuneigung zu dem aufrichtigen jungen Mann verspürt.

»Vierzehn, Sir.«

Cook dachte nach. »Verständige das Preßkommando. Ich hätte gern Freiwillige gehabt, wenn es möglich gewesen wäre.«

»Es gibt zu wenig Männer, die dazu bereit sind, Sir.«

»Sie haben recht. Sagen Sie der Patrouille, sie soll ihr Bestes tun. Keine Leute aus der Gosse, wenn es sich vermeiden läßt. Sagen Sie ihnen, der Kapitän ist ein gerechter Mann.«

»Aye, aye, Sir.«

Clerke stand auf, um den Befehl auszuführen. Cook wußte, daß der Auftrag bei seinem Fähnrich in guten Händen war.

Eine Woche später gingen drei Boote längsseits der *Endeavour*. Mr. Banks und seine Begleiter waren eingetroffen. Leichtfüßig erkletterte der junge Mann die Leiter und trat mit geschwellter Brust an Deck; gekleidet war er nach der neuesten Mode aus Mayfair. Ein enormer Troß war mit ihm gekommen, er schien viel zu groß für ein Frachtschiff von 368 Tonnen, das sich anschickte, die Welt zu umsegeln. Banks wurde begleitet von Daniel Solander; Charles Green, einem Astronomen; Sydney Parkinson, einem Künstler; Buchan, einem weiteren Botaniker; Herman Sporing, seinem Sekretär; zwei Lakaien und zwei schwarzen Dienern. An der Leine hielt Banks zwei Windhunde, und hinter ihm wurden die Kisten mit der Ausrüstung der Gruppe an Deck gehievt. Die Windhunde bellten, die Ziegen auf dem Schiff blökten. Gore erstarrte, als er Cook aus dem Bauch des Schiffes auftauchen sah. Zachariah Hicks und Charles Clerke standen neben ihm und versuchten, nicht aufzufallen. »Willkommen an Bord, Mr. Banks.« Cook streckte die Hand aus. Die Kisten, die sich an Deck stapelten, und die zahlreichen anderen Gäste schien er nicht zu bemerken.

»Ich danke Ihnen, Leutnant.« Banks verbeugte sich tief und stellte dann seine Begleiter vor.

Als man den Formalitäten Genüge getan hatte, sagte Cook: »Wir werden Ihr Gepräck verstauen. Wie es aussieht, haben Sie eine ganze Menge mitgebracht.«

»Nur das Allernotwendigste, versichere ich Ihnen, und es kommt noch mehr dazu. Schließlich handelt es sich um eine wissenschaftliche Expedition. Wer weiß, was wir finden werden? Alles muß erhalten, katalogisiert und notiert werden.«

»Ich bin ganz Ihrer Meinung, Mr. Banks. Haben die Hunde auch eine wissenschaftliche Funktion?« Jemand lachte, aber Cook selbst verzog keine Miene.

»Es sind meine Lieblingshunde, Sir, und von zarter Konstitution.«

»Dann wären sie an Land besser aufgehoben. Aber wenn sie auf meinem Schiff reisen, reisen sie an Deck.«

Cook und Banks sahen sich an, und um sie wurde es still. Dann gab Banks nach und entfernte sich mit Hicks.

Die Liste der mitgebrachten Dinge war unendlich lang: Fläschchen zur Aufbewahrung kleiner Tiere und Fische, Schleppnetze und andere Netze, Chemikalien zur Behandlung von Samen und Pflanzen, Zeichenmaterialien, ein Spezialfernrohr, um auf den Boden des Meeres zu sehen, eine umfassende Bibliothek, köstliche Weine und erlesene Speisen, ein persönlicher Vorrat an gepökeltem Rindfleisch und sogar zwei elektrische Maschinen. Irgendwie gelang es, alles zu verstauen und die Gruppe in ihren Quartieren unterzubringen. Die Arbeit auf dem Schiff ging voran, vierzehn neue Matrosen wurden eingestellt. Zuletzt waren alle Änderungen und Umbauten zu Cooks persönlicher Zufriedenheit ausgeführt.

Erste Reise

1. *Kapitel*

Endlich, am 26. August 1768, war es soweit. Der Wind blies aus Nordnordwest, die Segel wurden losgemacht und Brassen und Vorleinen geholt und gesichert. Das Hauptmarssegel, die Vorsegel und die Bramstagsegel wurden gesetzt. Cook stand in der auffrischenden Brise auf dem Achterdeck, als der Anker gelichtet wurde. Banks, Solander, Green und der Rest ihrer Gruppe sahen den Arbeiten vom Vorderdeck aus zu. Der Wind stand günstig, als der schwer beladene Rahsegler um vier Uhr nachmittags aus dem Hafen von Plymouth auslief. Bald war die Dünung des Ozeans zu spüren. Die *Endeavour* war auf See.

* * *

Allein in seiner Kajüte, holte Cook das versiegelte Paket aus dem Regal, das seine Befehle enthielt. Er entnahm ihm ein unterzeichnetes Dokument, versiegelte es wieder und legte es dann ins Regal zurück.

Der Rest würde noch warten müssen, obwohl er zu wissen glaubte, was er enthielt. Waren seine Vermutungen richtig, würden sie nach der Messung des Venusdurchgangs den Auftrag erhalten, das große Südland zu suchen. Er atmete tief durch, als das Schiff vor Wind aus Nordwest nach Süden segelte. Für eine so schwer beladene Whitby-Cat war ihre Geschwindigkeit von fünf Knoten zufriedenstellend. Er dachte an die letzte Nacht mit Elizabeth, an den warmen Augustabend und an ihre Zärtlichkeit; sie war mit ihrem vierten Kind schwanger. Er hoffte auf einen Jungen; das Kind würde geboren werden, wenn er mit seinem Schiff tief im Süden das Kap Horn umrundete. »Verliere nicht die Geduld mit Joseph Banks«, hatte sie gesagt. Nein, er würde die Geduld nicht verlieren, und auf dieser Fahrt würde er das Kommando führen, kein anderer.

Glückliche Reise, mein Schatz, Gott mit dir. Die Worte klangen noch in seinen Ohren.

Zachariah Hicks und John Gore betraten den Salon, in dem ein wüstes Durcheinander herrschte. Banks und Solander packten Bücher aus, Parkinson baute seine Staffelei auf, und die Diener verstauten Weinflaschen.

»Seien Sie gegrüßt, Gentlemen«, sagte Banks. »Bald haben wir hier Ordnung gemacht.« Die Offiziere sahen nachdenklich aus, grüßten aber nur und durchquerten den Raum, um an Cooks Tür zu klopfen. Auch er sah das Durcheinander, machte aber die Tür zu und sagte: »Wir werden uns mit viel Geduld wappnen müssen, meine Herren. Die Männer der Wissenschaft verdienen unsere Nachsicht.«

Gore und Hicks tauschten einen Blick.

Cook hielt die Order in die Höhe. »Wir nehmen Kurs nach Südwesten in die Biscaya und nach Madeira; westlich von Kap Finisterre werden wir den Passat ausnützen. Wir werden in Rio Station machen, dann um Kap Horn in den Pazifik fahren und aller Voraussicht nach bis Juni auf Tahiti sein, um den Durchgang der Venus zu beobachten. Auf Madeira werden wir eine Ladung Zwiebeln an Bord nehmen.«

»Zwiebeln, Sir?«

»Sie haben richtig gehört, Mr. Hicks. Ich habe es bereits Doktor Monkhouse gesagt und sage es jetzt Ihnen beiden: Ich will keinen Skorbut auf meinem Schiff, und ich will ein sauberes Schiff. Gott stehe jedem bei, der sich weigert, seine tägliche Ration an frischem Fleisch und Zitronensaft zu sich zu nehmen. Haben Sie mich verstanden?«

»Jawohl, Sir.«

»Gut. Die Ordnung im Salon überlassen Sie getrost mir. Alles zu seiner Zeit.«

»Mit Vergnügen, Sir.«

»Vergnügen? Das werden wir sehen. Wir befinden uns auf einem Schiff der Navy, Mr. Gore, nicht in einem Saal des britischen Museums. Ich habe das Gefühl, daß unsere Kollegen von der Naturwissenschaft in ein, zwei Tagen mehr mit ihren Mägen als mit ihren Hypothesen beschäftigt sein werden.«

Am Nachmittag stand Cook neben Hicks auf dem Achterdeck.

»Beten Sie zu Gott, Mr. Hicks«, sagte Cook. »Bitten Sie den Allmächtigen auf Ihren Knien.«

»Um was, Sir?«

»Um schlechtes Wetter. Um einen Sturm, der unsere Gelehrten flachlegt und in ihre Kojen verbannt.«

Aber Hicks war noch nicht zufrieden. »Sie breiten sich nun schon seit Wochen mit ihrem ganzen Kram im Salon aus, als ob er ihnen allein gehöre.«

»Geduld, Mr. Hicks.« Lächelnd ging Cook weg. Über die Schulter rief er zurück: »Und beten Sie! Ein starker Wind und eine rauhe See können Wunder wirken.«

Hicks war nicht sicher, ob der Kapitän dabei mit den Augen gezwinkert hatte. In der Nähe sah er Gore stehen, der die Worte des Kapitäns gehört haben mußte. »Er mag ja recht haben«, sagte Hicks zu Gore, »aber die Wahrheit ist doch, daß der Kapitän in der Schuld Joseph Banks' steht.«

»Vorsicht, Zachariah«, erwiderte Gore. »Das sind Gerüchte, die du im Hafen aufgeschnappt hast.«

»Cook war vor zwei Monaten noch nicht einmal Offizier. Und jetzt ist er ein einfacher Kapitänleutnant – nicht mehr als wir.«

Gore mahnte seinen Kollegen zur Vorsicht. »Er ist immer noch der Kapitän.«

»Mag sein, aber um ein Schiff zu führen, braucht es mehr als nur navigatorische Kenntnisse.«

»Ich glaube, du wirst bald merken, daß Kapitän Cook viel mehr kann als nur Navigation.«

* * *

Im Golf von Biscaya erfüllten sich Cooks Hoffnungen. Der Wind sprang auf West, die See belebte sich. Auf den Wellen bildeten sich weiße Schaumkronen, und das Schiff stampfte, als sie luvwärts über

Stag gingen. Inmitten von Sturmböen und sprühender Gischt stand Cook neben Gore und Banks am Ruder.

»Ein erfrischendes Wetter, nicht wahr, Mr. Banks?« Cook warf einen Blick auf den Botaniker, der jetzt nicht mehr so frisch und rosig aussah.

»Wenn Sie meinen, Sir.«

»Aber natürlich. Ist Ihnen nicht wohl?«

»Man könnte sagen, daß ich nicht gerade in bester Form bin.«

»Verstehe ich recht, daß Sie gegenwärtig keine Lust verspüren, einen der Krüge Ihres erstklassigen eingemachten Rindfleischs zu öffnen?«

»Vollkommen richtig.« Banks' Magen begann zu revoltieren.

»Versuchen Sie, nicht auf den Horizont zu sehen.«

»Wohin soll ich sonst sehen?«

»Und suchen Sie sich einen festen Stand mit Ihren Beinen. Wie geht es den Windhunden?«

»Zum Teufel mit den Windhunden.« Banks stürzte zur Reling.

»Mr. Gore«, rief Cook, »helfen Sie Mr. Banks. Wir dürfen unter keinen Umständen einen so bedeutenden Mann verlieren – es würde das Herz so mancher jungen Frau mit Gram erfüllen.«

Gore wollte lächeln, wagte es aber nicht. Daß Banks' Gefährten für einige Tage aus dem Salon verschwunden waren, war den Offizieren Befriedigung genug.

* * *

Den größten Dreck verbreiteten die Seesoldaten, obwohl Cook feststellen mußte, daß ein Teil der Mannschaft nicht viel besser war. Egal was er unternahm, er wußte, daß das Schiff bald von Ratten, Mäusen und Kakerlaken verseucht sein würde. Er ließ Monkhouse die Besatzung auf Fieberbläschen, geschwollenes Zahnfleisch und Ruhr untersuchen, aber sein Vertrauen in den Arzt war begrenzt. Cook wußte, daß die beiden größten Feinde eines Schiffskapitäns Skorbut und Langeweile waren; Skorbut führte zum Tod und Langeweile zur Meuterei. Cook war entschlossen, beides zu vermeiden. Prüfend ließ er seinen Blick über die Männer gleiten, die nackt in der warmen Sonne standen. Wo war der kleine Nick, der Junge, den das Preßkommando aufgegriffen hatte? Endlich entdeckte Cook ihn. Er zitterte und versuchte, seine Scham zu verbergen. Cook fühlte einen Stich im Herzen, als er an die Methoden des Preßkommandos dachte. Nick war kaum zwölf Jahre alt. Cook würde dafür sorgen, daß der Junge anständig behandelt werden würde.

Bootsmann Wilkinson überwachte die Waschzeremonie. »Recht so, Jungs, laßt euch in der Sonne trocknen und stellt euch dann beim Doktor an. Wollen sehen, was euch fehlt.«

Unter Püffen und Stößen wurde einer nach dem anderen mit Wasser übergossen und eingeseift, damit Monkhouse ihn untersuchen konnte. Die Soldaten lachten, aber Sergeant Webb verzog keine Miene.

Cook sah zu. »Die Seesoldaten Seiner Majestät scheinen eine besondere Abneigung gegen Wasser und Seife zu haben«, bemerkte er. »Dem will ich abhelfen.« Er zeigte auf einen großen Mann, der sich heftig wehrte. »Gebt dem Burschen die volle Ladung.«

Die Männer johlten und lachten, bis sie selbst an die Reihe kamen. Cook und seine Offiziere wachten über die Durchführung der Wasch- und Säuberungsaktion. Anschließend wurden die Decks geschrubbt. Darunter allerdings huschten die Ratten durch den Schiffsbauch, und dagegen war selbst Cook machtlos.

* * *

Die Tage strichen dahin, und das Wetter beruhigte sich wieder. Im Kielwasser der *Endeavour* spielten neugierige Tümmler, die wie die Männer an Bord die Sonne genossen. Banks und seine Freunde waren seefest geworden, und er begann Plankton und Quallen zu sammeln. Bald wurden auch Vögel und Fische präpariert und in Gläsern aufbewahrt, und Parkinson malte seine ersten Bilder. Am Morgen des 12. September ertönte ein Schrei: Massig waren die zerklüfteten Berge Madeiras am Horizont aufgetaucht. Noch am

Abend desselben Tages ging das Schiff auf der Reede von Funchal vor Anker.

Während die Herren der Wissenschaft an Land waren, um zu botanisieren, arbeiteten Cook und seine Mannschaft auf der *Endeavour*, um das Schiff für die lange Fahrt nach Rio und dann südwärts nach Feuerland zu rüsten. Sie schafften das notwendige Gemüse an Bord, 3000 Gallonen Wasser, einen lebenden Ochsen, Ziegen, Schweine und, wie versprochen, Zwiebeln.

Am dritten Abend ihres Aufenthalts im Hafen erfuhr Cook, daß zwei der Männer sich geweigert hatten, das frische Fleisch zu essen, das man so mühsam an Bord geschafft hatte. Am nächsten Tag befahl er Gore, die Männer zu ihm zu bringen. Einen Augenblick musterte er den Matrosen und den Seesoldaten, dann zögerte er nicht mehr, denn er wußte, was passieren würde, wenn er sich jetzt milde zeigte. »Ich befinde euch der Meuterei schuldig und bestrafe euch mit zwölf Peitschenhieben.«

Selbst Gore war überrascht. Er hatte einige Tage Gefängnis auf dem Schiff für eine ausreichende Strafe gehalten. »Sie sind Pökelfleisch gewohnt, Sir.«

»Ich werde diese Gewohnheit brechen, Mr. Gore. Rufen Sie die Seesoldaten zusammen und holen Sie den Bootsmann.«

Die Männer wurden weggebracht und an die Gräting auf dem Vorderdeck gebunden. Das Rasseln der Trommeln breitete sich in der Stille des malerischen Hafens von Funchal aus und mischte sich mit den Schreien der Männer, als die neunschwänzige Katze in ihre Rücken biß. Als das Blut über das gescheuerte Deck floß, sah Banks zur Seite. Solander und Buchan hatten die Köpfe gesenkt. Was mußte das für ein Mann sein, der so etwas befahl, dachte Solander bei sich.

Die Auspeitschung ließ Solander keine Ruhe. Die Schreie der Männer und der Anblick ihrer blutüberströmten Rücken verfolgten ihn den ganzen Tag. Abends im Salon, als man das Mahl beendet hatte und der Wein herumgereicht wurde, sprach er Cook an: »Ist Meuterei nicht eine sehr ernstzunehmende Sache, Kapitän?«

Cook sah den elegant gekleideten Schweden an. Er wußte, was

kommen würde. »Da haben Sie recht, Dr. Solander. Und dementsprechend muß man gegen sie vorgehen.«

»Die Peitsche ist eine barbarische Strafe, Sir«, sagte Parkinson und schenkte sich ein.

»Da möchte ich Ihnen zustimmen, Mr. Parkinson, aber wir sind eine eigene kleine Welt. Ohne Disziplin kann passieren, daß Sie und ich in den Booten ausgesetzt werden – ohne Ihre Aquarellfarben, und vielleicht sogar ohne Ruder.«

»Welches Verbrechen haben sie begangen?« fragte Buchan.

»Ihr Verbrechen, Sir, bestand darin, kein frisches Fleisch zu essen.«

Alle Augen richteten sich auf Cook, im Raum war nur noch das leise Glucksen des Hafenwassers gegen den Schiffsrumpf zu hören.

»Sie wollen sagen, daß sie deshalb ausgepeitscht wurden?« fragte Banks.

»Genau deshalb, Mr. Banks, und dasselbe wird sich wiederholen, wenn sie sich noch einmal weigern, ihre Ration zu essen.«

»Erscheint Ihnen das nicht sehr extrem?«

Cook saß kerzengerade auf seinem Stuhl. »Ich fahre mit dieser Mannschaft in den Pazifik und wieder zurück. Seeleute kommen im Sturm um, und sie ertrinken – aber die meisten sterben an der Krankheit Skorbut. Matrosen, die sich weigern, Sauerkraut und Zwiebeln zu essen und Zitronensaft zu trinken, werden ausgepeitscht. Ich will sie nach Hause zurückbringen – angeschlagen vielleicht, aber lebendig.« Er machte eine Pause. »Ich hätte gedacht, daß die gelehrten Herren der Wissenschaft die segensreichen Eigenschaften frischen Obstes kennen.«

»Es gibt Dinge, die auch wir nicht wissen«, sagte Banks.

»Ich habe noch etwas klarzustellen«, sagte Cook, »ich erwarte Ordnung und Rücksicht auf andere. Der Raum, in dem wir uns befinden, ist normalerweise für Offiziere reserviert. Hier breiten wir unsere Karten aus und gehen unseren Geschäften nach. Ich möchte Sie daran erinnern, meine Herren, daß Sie hier zu Gast sind. Ich bitte Sie, etwas weniger Platz zu beanspruchen und etwas weniger Lärm zu machen. Sie mögen sich mit den höheren Sphären der Wissenschaft beschäftigen, aber meine Offiziere und ich befinden uns auf einem Schiff Seiner Majestät auf See.« Er stand auf. »Und jetzt entschuldigen Sie mich bitte.«

Gore und Hicks starrten auf ihre Gläser und sagten nichts.

Cook stand allein an der Reling und sah über das vom Mond beschienene Wasser zum nahen Land. Er hörte Banks näherkommen und spürte dessen Ärger. »Ja, Mr. Banks?«

»Ich muß protestieren.«

»Natürlich müssen Sie das.«

»Wie?«

»Ich hätte Sie geringgeschätzt, würden Sie nicht protestieren. Ich weiß Ihre Gesellschaft zu schätzen, Sir, aber dieses Schiff hat nur einen Kapitän, und das bin ich. Drücke ich mich klar aus? In wenigen Wochen werden wir am Kap Horn sein, und nur *ich* weiß, was dann zu tun ist. Ihre Bibliothek und Ihre elektrischen Maschinen, Ihre Windhunde und Mr. Parkinsons Aquarellfarben werden uns nicht retten, wenn Mutter Natur ihren Willen hat.«

Zum erstenmal verschlug es Banks die Sprache. Was hätte er darauf erwidern sollen? Er drehte sich um und ging nach unten.

Am 18. September verließ die *Endeavour* bei bestem Wetter Madeira, um die zweimonatige Überfahrt nach Brasilien anzutreten. In Rio sollte Station gemacht werden, dann würde es weiter nach Süden gehen, nach Feuerland, einem der ungastlichsten Orte der Welt.

* * *

Weihnachten kam, und die Männer feierten und betranken sich mit der üblichen Ausgelassenheit. Als sie im Neuen Jahr die Küste Argentiniens entlangsegelten, sanken die Temperaturen. Sie kamen jetzt in hohe südliche Breiten, das Meer war dunkel, der Tang hatte eine bleiche Farbe. Leichte Kleidung wurde gegen Magellanjacken aus gefüttertem Segeltuch getauscht. Es wurde stürmisch, Regen fegte über das Deck, und Tümmler und Wale machten ihre Kapriolen um das Schiff. Trotz der Kälte schienen alle Gäste, Offiziere und Matrosen bei guter Laune. Die Arbeit war hart und abwechslungsreich, und die Anstrengung machte die Männer warm. Die tropische Hitze Rios war in weite Ferne gerückt.

Banks und Parkinson schlugen einen Besuch der Falklandinseln vor, um Post aufzugeben und zu botanisieren, Cook jedoch wollte seinen Kurs nicht ändern und hielt sich westlich der Inseln. Wieder kam es zu einem Zusammenstoß mit Banks, aber Cook gab nicht nach und setzte seinen Willen durch. Er wollte möglichst bald das Kap Horn umschiffen und rechtzeitig zur Beobachtung des Venusdurchgangs auf Tahiti eintreffen. Allerdings wußte der Kapitän, daß sie noch einmal Land anlaufen mußten, bevor sie die schlimmste Passage der Welt in Angriff nahmen. Ehe sie dieses Vorhaben ausführen konnten, erhob sich ein neuer Sturm. Er wütete zwei Tage lang. Bücher wurden aus ihren Regalen gefegt, und die Kombüse war vom Lärm zerbrechenden Geschirrs erfüllt. Dann, als der dritte Tag heraufdämmerte, entdeckte Cook, daß das Land nicht so fürchterlich war, wie es den Anschein gehabt hatte. In der abweisenden Küste tat sich ein Durchlaß auf, und nach einigen Anläufen gelang der *Endeavour* die Durchfahrt. Sie gingen in der Bay of Good Success an der Küste Feuerlands vor Anker. Das Schiff mußte Holz und Wasser aufnehmen, und Cook hatte Banks, Solander, Green und den Dienern die Erlaubnis gegeben, an Land zu gehen, um sich dort umzusehen und Pflanzen zu sammeln. Es war bitter kalt, und das öde Land war von einer Schneedecke bedeckt. Sie befanden sich auf 55° südlicher Breite.

Am nächsten Morgen wurde in heftigem Schneeregen ein Boot zu Wasser gelassen, das die Gruppe zur Küste bringen sollte. Das Land war dicht bewaldet. Von seinem Innern sahen die Männer aufgrund des Schneetreibens und Nebels kaum etwas. Cook gefiel das Wetter nicht. Er wußte, daß die Temperatur auf den Gefrierpunkt fallen konnte, und fragte sich, ob es richtig gewesen war, Banks und seinen Begleitern ihren Willen zu lassen. Am Strand erwartete sie eine Gruppe Eingeborener, die beim Näherkommen des Bootes durch Zeichen ihre freundliche Gesinnung zu erkennen gaben. Banks und Solander konnten drei der Eingeborenen dazu überreden, dem Schiff einen Besuch abzustatten. Als sie an Bord kamen, erhielten sie Kleider, um ihre Körper zu bedecken. Für die Mannschaft war es ein Rätsel, wie diese Männer bei einer solchen Kälte fast nackt umhergehen konnten. Die Feuerländer waren ein hochgewachsenes Nomadenvolk. Ihre langen, glatten Haare fielen ihnen bis auf die Schultern, die Gesichter hatten sie mit roter Farbe bemalt. Die Nahrung, die die Engländer ihnen anboten, wiesen sie zurück; sie selbst schienen von Schalentieren zu leben. Cook hielt sie für das elendste Volk, das ihm auf Erden je vor Augen gekommen war, aber sie waren harmlos, und dafür war er dankbar. Das schlimmste Ereignis während ihres Aufenthalts an Bord war, daß die Hülle eines Globus im Salon abhanden kam.

* * *

Am zweiten Tag des Landaufenthalts machten Banks und seine Gefährten sich auf den Weg. Wie Cook vorhergesehen hatte, verschlechterte sich das Wetter, je näher sie dem südlichen Polarkreis kamen, und Banks fror, wie er noch nie in seinem Leben gefroren hatte. Sie waren den ganzen Tag bei eisiger Temperatur unterwegs gewesen und jetzt schwer mit Pflanzen und botanischen Proben beladen. Monkhouse machte noch einen einigermaßen munteren Eindruck, Buchan, Green und Solander dagegen hatten graue, erschöpfte Gesichter. Die beiden Matrosen, die sie mitgenommen hatten, tranken in einem fort Rum, um sich von innen her zu wärmen. Banks war beunruhigt, machte sich aber noch keine ernsthaften Sorgen, bis Solander auf einmal ausglitt, hinfiel und sagte: »Ich kann nicht mehr.«

»Bei Gott, Sie müssen«, erwiderte Banks. »Es wird schneien, und wenn wir jetzt anhalten, erfrieren wir.« Solander gab keine Antwort. Banks sah, daß die beiden schwarzen Diener Richmond und Dalton vor Angst und Kälte am ganzen Leib zitterten. Jetzt erkannte er, was für ein Risiko er eingegangen war und daß sie das Schiff bis zum Abend nicht mehr erreichen würden. Er verfluchte sich für seine Tollkühnheit. Weitergehen kam nicht in Frage, und

Solander zurückzulassen auch nicht. »Buchan«, sagte er, »ich bleibe bei Mr. Solander – Sie und die anderen suchen eine geschützte Stelle und machen ein Feuer.«

Der Schnee trieb ihnen jetzt ins Gesicht, und der Wind schien direkt vom Südpol zu blasen. Dann brach auch noch Dalton neben Solander zusammen. Jetzt lagen bereits zwei erschöpft auf dem Boden, und Banks begann um ihrer aller Schicksal zu bangen. Mußten sie hier sterben und für immer unter dem Schnee und Eis Patagoniens ruhen? Er dachte an Cook, Hicks und Gore auf der *Endeavour* und stellte sich vor, wie sie in Sicherheit unter Deck in der Wärme des Salons saßen. Aber er wußte, daß Cook an Deck auf sie warten würde. Banks hatte jetzt Angst, versuchte aber, sie zu verbergen. »Um Gottes willen«, sagte er zu Buchan, Green und Monkhouse, die reglos neben ihm standen, »suchen Sie Holz und machen Sie ein Feuer. Ich werde Mr. Solander beistehen.«

Stolpernd entfernte sich die Gruppe mit den beiden Matrosen, die immer noch kräftig ihrer Rumflasche zusprachen, und Banks blieb mit seinem Freund zurück. Eine dicke Schneedecke war gefallen und hüllte Solander und Dalton allmählich ein. Ob er beten sollte? Er hatte es seit einiger Zeit nicht mehr getan. Minuten verstrichen, die ihm wie eine Ewigkeit vorkamen. Nur das Heulen des Sturms war um sie zu vernehmen. Doch dann regte sich Solander wieder.

»Du bleibst hier, Richmond«, sagte Banks zu seinem schwarzen Diener. »Ich werde Mr. Solander stützen und jemanden schicken, der dich und Dalton holen soll.« Die beiden Schwarzen waren nun schon seit einiger Zeit seine Diener, aber mehr konnte er im Augenblick nicht für sie tun.

Der Schneesturm tobte die ganze Nacht, und keiner tat ein Auge zu. Das Feuer rauchte, und die Männer brachten die ganze Zeit damit zu, Holz zu sammeln, um es in Gang zu halten. Zu Dalton und Richmond zurückzukehren, war zu gefährlich. Als der Morgen graute, hatte Solander sich etwas erholt, und sie gingen denselben Weg zurück, um die beiden Schwarzen zu suchen. Dick lag der Schnee auf dem Boden, und einer der Windhunde entdeckte die steif gefrorenen Leichen. Sie waren zwar nur Schwarze, dachte Banks, aber ich habe die Gruppe geführt und trage die Verantwortung für ihren Tod. Schweigend und verloren machte die Gruppe sich auf den Weg durch das Gestrüpp zum Strand.

* * *

Durch sein Fernrohr beobachtete Cook das Wasser und das Land und hörte dem Mann am Lot zu, der die Wassertiefe aussang. Das Barometer stieg, aber die Bay war mit grauen Nebeln verhängt, und ein schneidender Wind wehte. Feuerland war ein ungastlicher Ort, Cook verstand nicht, wie dort überhaupt menschliche Wesen leben konnten. Jetzt mußten sie die Umrundung des Kap Horn in Angriff nehmen, und er hoffte, daß sich keine weiteren Mißgeschicke mehr ereignen würden. Kap Horn, dachte Cook, als die *Endeavour* die Le-Maire-Straße passierte, würde sie alle auf die Probe stellen.

Drunten fand Cook die Tür zu Banks' Kabine angelehnt und trat ein. Der junge Mann, der am Bullauge gestanden hatte, drehte sich um und sah den Kapitän an.

»Was immer Sie mir vorwerfen wollen, ich gebe Ihnen recht. Ich habe eine unverzeihliche Torheit begangen.«

»Es war nicht klug, so viel aufs Spiel zu setzen«, erwiderte Cook, »aber es war verständlich nach einer so langen Zeit auf See.« Überrascht musterte Banks Cook. »Ich habe mir Ihretwegen Sorgen gemacht«, fuhr Cook fort. »Ohne Joseph Banks hätte England mich kaum willkommen geheißen.«

»Es ist gütig von Ihnen, das zu sagen, Sir.«

»Und es tut mir leid, was Ihren Dienern zugestoßen ist.«

Banks nickte. »Auch mir tut es leid.«

»Wir werden eine lange Zeit zusammen verbringen müssen, Sie und ich«, sagte Cook. »Wir sind verschieden und kommen aus verschiedenen Gesellschaftsschichten – nichts kann daran etwas ändern. Aber wenn wir nicht miteinander auskommen, endet diese Reise ohne Ergebnis, und unsere Träume gehen in sinnlosem Zank unter. Der Erfolg und die Erfüllung unserer Wünsche hängen, wie ich meine, von uns beiden ab.« An der Tür klopfte es. Cook öffnete und ließ einen Matrosen herein, der ein Tablett mit einer Flasche Wein und zwei Gläsern trug.

»Ich stimme von ganzem Herzen zu«, sagte Banks und starrte auf den Matrosen.

Cook schenkte ein. »Ich war so frei. Wollen Sie jetzt mit mir auf meine Frau Elizabeth und unser neues Kind trinken, das inzwischen auf der Welt sein müßte?«

»Es wäre mir eine Ehre«, erwiderte Banks, »eine große Ehre.«

Cook lächelte. »Danke.« Sie erhoben die Gläser.

Cook und Elizabeth hatten beschlossen, das Baby, wenn es ein Junge war, auf den Namen Joseph zu taufen, angesichts von Banks' Eintreten für Cook vor der Reise. Jetzt war Cook über diese Entscheidung froh. Sollte er Banks davon erzählen? Nein – nicht schon jetzt. Seine Gedanken wanderten zu den Tagen, die vor ihnen lagen. Die nächste Etappe war Kap Horn, die stürmischste und tückischste Passage der Welt.

2. Kapitel

Cook hatte verschiedene Möglichkeiten, Kap Horn zu umrunden; die geschützteste Route führte durch die Magellanstraße nördlich von Feuerland. Allerdings war die Straße für einen schwerfälligen Rahsegler wie die *Endeavour* sehr eng. Da es keine verläßlichen Seekarten mit Angaben zur Wassertiefe gab und die Straße von zahllosen Inseln und Riffen unsicher gemacht wurde, hatten frühere Reisende für die Passage bis zu drei Monate gebraucht. Dazu kamen Windtunnel und Abwinde von den Bergen auf beiden Seiten. Cook, vorsichtig und überlegt bis zum letzten, beschloß deshalb, nach Osten zu segeln und dann im Süden am Horn vorbeizufahren. Die zusätzlichen 1000 Meilen dieses Umwegs nach Osten konnte er leicht verschmerzen; auf diese Weise hatte er wenigstens genügend Raum auf See.

Als sie nach Süden segelten, wurde das Wetter seinem Ruf als rauh und stürmisch gerecht. Je tiefer sie in südliche Breiten vordrangen, desto länger wurden die Tage. Am Ende der zweiten Woche hatten sie den 58. Breitengrad erreicht – sie waren weiter im Süden als irgend jemand vor ihnen. Die Sonne schien kraftlos vom Himmel, die Nächte waren sternklar und grimmig kalt. Einige Tage später sprang der Wind auf Süd, und sie waren gezwungen, hart am Wind zu segeln, um die schwere See von vorn nehmen zu können. Tief tauchte die schwer beladene *Endeavour* in die riesigen Wellentäler ein, und die Sturzseen krachten wie gigantische Vorschlaghämmer auf das Deck. Jeder lose Gegenstand an Deck wurde weggespült, desgleichen das restliche Vieh. Die Kombüse stand unter Wasser und war ein wüstes Durcheinander, ertrunkene Tiere verstopften das Speigatt. Ein Baum machte sich los, das Sprietsegel riß in Fetzen, so daß ein neues angereiht werden mußte.

Cook hielt weiter Kurs nach Süden – so lange, daß sogar Gore Zweifel bekam. Schwarze Wolkenfetzen jagten so tief über den

Himmel, daß sie fast die Mastspitzen berührten. Regen setzte ein und fuhr zischend über das Meer; wolkenbruchartige Schauer gingen nieder, so daß Süßwasser nicht mehr von Salzwasser zu unterscheiden war. Die Tage krochen dahin, und die Passage schien endlos. Banks und seine Gefährten waren in die Kabinen verbannt und lauschten dem Toben der See, dem Heulen des Windes und dem Krachen der Balken. Wieder lag Banks seekrank in seiner Koje; der Salon war ein Chaos, und viele der Pflanzenproben gingen verloren. Diesmal hatte Banks allerdings keine Angst, er zweifelte nicht daran, daß es Cook und seinen Offizieren gelingen würde, die Gefahr zu meistern. Am 27. Januar 1769 erreichten sie den 60. Breitengrad, und jetzt konnte Cook auf nordwestlichen Kurs gehen, in Richtung Pazifik und wärmeres Wetter.

Anfang März wurde das Meer wieder blauer, und in der Brise lag eine Ahnung der Tropen. Endlich konnte man die Segel ausbessern und die Kombüse aufräumen. Zahlreiche Vögel begleiteten das Schiff, und Banks konnte viele mit seinen Feuerwaffen herunterschießen.

Als Cook eines schönen Morgens an Deck kam, sah er Banks in Gesellschaft Solanders und des malenden Parkinson auf einem Liegestuhl liegen. Der Himmel war klar, aber es wehte noch immer ein kalter Wind.

»Daran zu denken, daß ich jetzt die Wonnen der Londoner Salons genießen könnte«, sagte Banks. »Können Sie mir nicht besseres Wetter versprechen?«

»Für meine Begriffe *ist* das Wetter bereits schön, Mr. Banks, aber wir kommen jetzt jeden Tag weiter nach Norden, und das wird Ihre Laune verbessern.«

»Meiner Laune fehlt nichts: Wir sind alle froh, am Leben zu sein, und das verdanken wir Ihnen.«

Cook hörte Geschrei und den Lärm eines Handgemenges. Unter den Seesoldaten war ein Streit ausgebrochen, einige von ihnen schlugen wild auf einen stillen, achtzehnjährigen Jungen ein, der Greenslade hieß. »Wenn ihr nicht sofort aufhört«, brüllte Cook, »lasse ich euch alle auspeitschen.«

»Er ist ein Dieb, Sir«, sagte einer der Seesoldaten und wischte sich das Blut aus dem Gesicht.

»Wenn er ein Dieb ist, so gibt es dafür vorgesehene Strafen. Stehen Sie auf, Greenslade. Sie werden des Diebstahls angeklagt – stimmt das?«

»Eine Geldbörse aus Seehundsfell, Sir«, sagte der Soldat. »Ich habe sie in Rio gekauft.«

»Haben Sie die Börse gestohlen?« fragte Cook Greenslade.

Der unglückliche Junge sah keinen Ausweg mehr. »Ja, Sir.« Er zog die Börse aus seinem Hemd und gab sie Cook. Cook hörte das Geld klimpern. Er warf sie dem Soldaten zu. »Ihr Seesoldaten seid nicht auf meinen Wunsch an Bord dieses Schiffes. Wenn ihr euch noch einmal so aufführt, lasse ich euch in Eisen legen. Geht nach unten.« Er wandte sich zu Greenslade. »Sie wissen, daß Diebstahl ein Verbrechen ist?«

»Jawohl, Sir.«

»Es muß bestraft werden. Sie melden sich um acht Glasen.«

Banks und Solander, die zugeschaut hatten, fragten sich, was dem Jungen geschehen würde. Banks dankte Gott, daß er Botaniker war und nicht Kapitän der Navy.

Allein und verlassen blieb Greenslade zurück. Sein Gesicht blutete immer noch vom Kampf, und seine Glieder zitterten. Die Sonne stand jetzt hoch, es war ein klarer, kalter Tag. Über ihm flogen Möwen, und ein Albatros zog seine Kreise. Greenslade mußte an die beiden Männer denken, die auf der Reede von Funchal ausgepeitscht worden waren, an das Rasseln der Trommeln und an das Blut, das dick über die Gräting geflossen war. Jetzt hatte die *Endeavour* stampfend Kurs auf die tropischen Inseln im Norden genommen. Der Junge ging zur Heckreling, kletterte über sie und sprang in die Brecher des Pazifik. Ein Delphin spielte um das Schiff, Vögel schrieen, und keiner sah ihn gehen. Sie suchten drei Stunden, die Boote tanzten auf der Dünung, aber er blieb spurlos verschwunden.

In der Kajüte begann Cook mit den Eintragungen in das Logbuch, dann schob er es zur Seite. Er dachte daran, daß sie jetzt einen Seesoldaten zu wenig hatten, einen Mann, der nicht ersetzt werden konnte. Ja mehr noch, sie hatten einen jungen Mann wegen eines Systems verloren, an dem er schwere Zweifel hatte. Eine Lösung schien es nicht zu geben. Er hörte ein Klopfen, und gleich darauf öffnete sich die Tür. Es war Banks. »Darf ich?«

»Ich habe es soeben im Logbuch vermerkt«, sagte Cook. »Strafen sind ein Teil des Lebens auf See; sie sind unabdingbar für die Aufrechterhaltung von Disziplin und Ordnung.«

Banks legte eine Hand auf Cooks Schulter. »Ich weiß.«

»Und ich muß die Entscheidung treffen«, fuhr Cook fort. »Manchmal wünschte ich, es wäre anders, aber ich kann daran nichts ändern.«

* * *

Man schrieb die erste Aprilwoche. Tropische Brisen strichen um das Schiff, und Vögel mit farbenprächtigem Gefieder zogen ihre Kreise. Der Geruch von Holzfeuern und Sandelholz lag in der Luft, es war der Geruch von Land. Die Männer vom Ausguck suchten den Horizont ab, und alle Fernrohre waren im Einsatz. Die *Endeavour* setzte ihren nordwestlichen Kurs fort, bis am 4. April eine Insel gesichtet wurde. Als das Schiff näherkam, konnten die Männer erkennen, daß es sich um ein Atoll mit einer Lagune und größeren Gruppen von Palmen handelte. Als das Schiff an diesem Abend beidrehte, fieberten Banks und seine Gefährten vor Aufregung; das Atoll war ihre erste Entdeckung im Pazifik. Am nächsten Morgen sahen sie Auslegerboote auf dem Wasser der Lagune, Rauchsäulen und Eingeborene, die auf den Riffen und am Strand standen. Eine Woche später, am 11. April, kam eine gebirgige Insel in Sicht.

»Kapitän?« fragte Banks, als sie an der Reling standen und hinüberstarrten.

»Das, Sir«, erwiderte Cook lächelnd, »ist Tahiti.«

Dutzende kunstvoll geschnitzter Kanus mit hohem Bug und Leinensegeln glitten über das Wasser. Die Ruder blitzten, die Rücken der Männer glänzten vom Salzwasser, und durch die feuchtwarme, süßlich riechende Luft des Urwalds drangen die Rufe der Frauen.

Die Berge stiegen höher an als der höchste Kirchturm, und um die Gipfel hingen Wolkenkränze. Die Matrosen lachten und schrieen, zeigten auf die Eingeborenen in ihren Kanus und heulten beim Anblick der Frauen vor Begeisterung. Cook fielen die Anweisungen der Royal Society ein: Man hatte »im Umgang mit den Eingeborenen äußerste Geduld und Nachsicht zu üben und den mutwilligen Einsatz von Feuerwaffen zu unterbinden«. Trotzdem wurde ein Vierpfünder ausgerannt und feuerbereit gemacht; die Seesoldaten traten an Deck an, die Trommeln rasselten. Bram- und Marssegel wurden niedergeholt, das Gangspill setzte sich in Bewegung, Ketten polterten, und der Anker fiel. Als die Kanus, aus denen exotisches Stimmengewirr aufstieg, das Schiff erreichten, stand jeder auf seinem Posten.

Cook war besorgt: Er wollte nicht noch mehr Blut an seinen Händen. »Was rufen sie, Mr. Gore?«

»*Taio,* Sir. Das heißt Freund, und die grünen Zweige sind Zeichen des Friedens.«

Die Kanus hatten das Schiff eingekreist, und die Tahitianer winkten und riefen. Die Frauen hatten nackte Brüste, schwarze Haare, die ihnen bis zur Taille fielen, und um den Hals Blumen. Mein Gott, dachte Banks, hier also lebt der edle Wilde. Er sah die Brüste und glänzenden Körper und hörte hinter sich das Brüllen der Seesoldaten. Es wird sie hart ankommen, diesen Ort wieder zu verlassen, dachte er, die Mädchen aus den Salons und Gärten Londons waren nichts im Vergleich mit diesen Frauen. Sein Herz klopfte, das Blut pulsierte durch seinen Körper, und mit den Händen hielt er die Reling umklammert. Er warf einen Blick auf Cook, aber der Kapitän zeigte keine Regung. Die Eingeborenen hatten das Schiff jetzt dicht umzingelt. Auf den Kanus, die an den Rumpf stießen, standen die Frauen und stellten sich zur Schau. Die Männer waren stark und kräftig gebaut, mit breiten Schultern und harten Muskeln; auch sie grinsten und riefen Grußworte.

»Die Mädchen von Tahiti, meine Herren«, sagte Gore.

»Ein Arkadien, Mr. Gore«, meinte Banks, »und wir werden die Könige sein.«

»Der Preis der Liebe ist ein Schiffsnagel«, sagte Gore.

Solander war schockiert. »Schämen Sie sich, Sir.« Bei aller äußerlichen Eleganz war er ein prüder Mensch.

»Sie haben Erfahrung, Sir?« erkundigte sich Banks.

»Was glauben Sie, warum ich zurückgekommen bin?«

»Ich finde es abscheulich, diese einfachen Leute so auszunutzen«, sagte Solander.

»Ich versichere Ihnen, Doktor«, erwiderte Gore, »diese ›einfachen Leute‹ zeigen sich als äußerst entgegenkommend und sind mit Feuereifer bei der Sache.«

»Ein Nagel?« fragte Banks.

»Ein Nagel, Sir. Glauben Sie mir, für einen Nagel verbringen Sie den leidenschaftlichsten und bezauberndsten Abend Ihres Lebens.«

»Darf ich hoffen, Mr. Banks, daß Sie das Hauptziel unseres Besuches nicht vergessen haben?« Cook sah auf die Frauen hinunter.

»Keineswegs, Master Cook.« Banks grinste. »Aber wem die Arbeit soll gedeihen, der muß nicht allzu hastig sein.«

Kräuselnd stieg der Rauch der Strandfeuer auf, und Gesang drang herüber. Cook verließ seinen Platz an der Reling. Die Sonne stand tief am Himmel als feuerroter Ball hinter den Gipfeln, um die seltsame Vögel kreisten. Cook war bedrückt – er wußte, es würde Schwierigkeiten geben.

* * *

In der gleißenden Sonne schritt John Gore unter den Blicken der Seesoldaten im Skiff den Strand hinauf. Auf dem Strand drängten sich Männer, Frauen und Kinder, die Kanus lagen auf dem Sand. Weil Gore schon einmal mit der *Dolphin* hiergewesen war, hatte Cook ihn dazu bestimmt, als erster an Land zu gehen. Gore hoffte zu Gott, daß man sich an ihn erinnerte. Ihm fiel ein, daß die Tahitianer trotz ihrer Freundlichkeit raffinierte Diebe waren, vor denen nichts von dem sicher war, was ihnen unter die Augen kam. Unter den Palmen standen die wandlosen Hütten der Eingeborenen, dazwischen hatte man für seine Ankunft Platz geschaffen. Gore sah zu Gibson und den Seesoldaten zurück, die im Ruderboot mit schußbereiten Musketen warteten. Er spürte den heißen Sand durch die Stiefelsohlen und schwitzte in der ungewohnten Hitze. Die Kinder starrten ihn an, die braunen Männer standen mit ihren Speeren und Keulen vor ihm. Gore suchte nach einem bekannten Gesicht. Endlich sah er unter den älteren Männern ein vertrautes Antlitz. »Owhaa«, sagte er lächelnd, »ich bin John Gore.« Er wartete und wagte nicht, die Augen von dem alten Mann zu nehmen. »John Gore. Erinnerst du dich an mich?«

»Johngore«, sagte der alte Mann, »Johngore. Freund.«

Der alte Tahitianer lachte und trat vor, um den Offizier zu umarmen. Die Menge lachte, schwatzte und gestikulierte, dann machte sie eine Gasse frei, durch die Gore und Owhaa zwischen Palmen und Hibiskus zur *marae* gingen, dem Versammlungsplatz des Dorfes. Alles strahlte Wohlstand und Frieden aus: In Körben lagen Brotfrüchte aufeinandergeschichtet, die Gärten der Eingeborenen waren üppig und gepflegt, die Leute selbst waren gesund und glänzten vor Kokosöl. Dann sah Gore noch eine Person, die er kannte: ein hochgewachsenes Mädchen namens Parita mit geschmeidigen Gliedern, das die Hände vor den Mund geschlagen hatte. Er war zu Hause.

Auf der *Endeavour* war die Besatzung vollzählig angetreten, um die Ansprache zu hören, die Cook vom Vorderdeck aus halten wollte. Neben Cook stand Gore, der daran dachte, was ihn erwartete. »Wir gehen in geordneten Gruppen mit den Booten an Land«, sagte Cook. »Mr. Gore hat mir versichert, daß wir dort mit einem freundlichen Empfang rechnen können.« Er sah seinen Zweiten Offizier an, aber der hielt den Blick unverwandt aufs Ufer gerichtet. »Ich weiß sehr wohl, daß ihr seit acht Monaten auf See seid«, fuhr Cook fort, »und daß nur ein eitler und einfältiger Kommandant versuchen würde, euch daran zu hindern, das Vorhaben auszuführen, das euch gegenwärtig zweifellos am meisten beschäftigt.« Die Männer lachten, und Cook wartete einen Augenblick, bis wieder

Stille eingekehrt war. »Ich werde aber keine Gewalt gegenüber der Bevölkerung von Tahiti dulden; es wird keinen Betrug geben – ihre Sitten und Gesetze dürfen nicht verletzt werden. Denkt daran, wir sind als Gäste hier. Wer das vergißt und dagegen verstößt, wird aufs strengste bestraft werden.«

Die Besatzung trat zum Landgang an und ging in die Boote. Dann ruderten die blaßgesichtigen Ankömmlinge, darunter viele Halbwüchsige aus den Elendsvierteln Glasgows und Londons, die man zum Dienst gepreßt hatte, zum Strand. Cook sah sie gehen: den hageren, sittenstrengen Solander, den schwitzenden Monkhouse, Parkinson mit seinen Aquarellfarben, Green mit seinem Fernrohr und Banks mit seinen Windhunden. Cook war nicht gewohnt zu beten, aber diesmal schickte er ein stummes Gebet zum Himmel, daß alles gutgehen möge. Inbrünstig hoffte er, daß es keinen Ärger geben würde; mit leeren Händen wollte er nicht nach Hause zurückkehren.

* * *

Cook, Banks, Parkinson, Solander und Green beschlossen, einen Marsch ins Hinterland des Dorfes zu unternehmen. Begleitet wurden sie von einer großen Gruppe Einheimischer, die über die weißen Männer in ihren Dreispitzen, den mit Messingknöpfen besetzten Uniformen und den Perücken und Kniehosen höchst belustigt schienen. Banks rannte wie ein Kind voraus; nie hatte er Pflanzen wie hier gesehen. Schwer lagen tropische Düfte in der Luft. Die Frauen mit ihren glänzenden braunen Gliedern und den Blumen im Haar zeigten sich besonders aufmerksam. Solander fühlte sich belästigt, aber Banks badete in jedem Blick, den er ernten konnte. Die Londoner Salons waren himmelweit entfernt angesichts der auf die Felsen donnernden Brandung und der über dem blendenden Sand schaukelnden Palmen.

Nicht immer freilich stimmte der äußere Anschein. Der friedliche Eindruck wurde hier und da unterbrochen: Einige Hütten waren verlassen, und einige der Eingeborenen schienen begierig, ja geradezu versessen auf billigen Plunder. Manche der Gärten landeinwärts waren verwüstet, und als die hinter ihnen herdrängende Menge immer größer wurde, begann Cook sich zu fragen, ob die Insel wirklich ein solches Paradies war. Er äußerte seine Befürchtungen Banks gegenüber, der aber nichts davon hören wollte. Cook konnte nur zum Himmel hoffen, daß Hicks und Gore die Mannschaft nicht aus dem Auge ließen und Sergeant Webb in entsprechender Weise mit den Seesoldaten verfuhr. Auf Gore und Hicks konnte er sich verlassen, auf Webb nicht. Morgen würde die Arbeit am Fort und am Observatorium beginnen. Das würde die Männer beschäftigen.

Am Nachmittag dieses Tages war die *marae* gepackt voll. Männer und Frauen tanzten zum Spiel der Flöten und Trommeln. Die Europäer hatten solche Tänze noch nie gesehen. Die Frauen und Mädchen schienen kaum einen Knochen im Leib zu haben, so drehten und bogen sie sich mit geschmeidigen Hüften und zurückgeworfenen Köpfen. Mit den Füßen stampften sie im Takt zum Gesang der Männer auf den Boden. Cook wußte, daß es früher oder später zu Unruhe und Gewalt kommen würde und daß viele seiner Männer, wenn die Zeit zur Abreise da war, unwillig sein würden, sich wieder den Mühen des Lebens auf See und der Monotonie der Reise auszusetzen. Er bezweifelte, daß die Organisatoren der Expedition sich ein Bild von den Versuchungen gemacht hatten, die von dieser schönen Insel ausgingen.

Cook hatte den Ehrenplatz neben der Königin Oberea erhalten; neben ihm saßen Banks, Solander und die anderen. Die Taschendiebe waren im allgemeinen Durcheinander bereits an der Arbeit: Schnupftabakdosen, Brillenfutterale, Schnallen, Taschentücher – alles verschwand schneller und auf geschicktere Weise, als es im Gedränge der Straßen Londons der Fall gewesen wäre. Der Tanz ging weiter, und die Diebe verschmolzen mit dem Dunkel der tropischen Nacht.

Der Applaus klang ab, und Cook überlegte, was als nächstes kommen würde. Er sah, wie die Königin Owhaa zu sich winkte und mit ihm sprach. Kurz darauf sagte der alte Tahitianer in gebrochenem Englisch, daß die Königin und Cook nach dem Fest in der Hütte der Königin einer alten Sitte nachkommen würden. Cook hatte von solchen Bräuchen der Eingeborenen gehört und überlegte, wie er am besten ... ohne die Gastfreundschaft der Tahitianer zu kränken ...

»Das ist sehr freundlich von der Königin, aber zeige ihr das«, sagte er und zog ein kleines Medaillon mit einer Miniatur Elizabeths heraus.

»Sag der Königin, daß das meine Frau ist. Sie ist eifersüchtig und wäre sehr verärgert. Meine Frau ist die Mutter meiner Kinder, ich könnte sie nie betrügen. Und wenn ich es täte, so würde sie es wissen, auch wenn es so weit weg ist.«

Solander und Green waren über diesen heidnischen Brauch entsetzt, Banks dagegen war amüsiert und sah mit glänzenden Augen den das Essen bringenden Mädchen zu, deren Körper im Licht der Fackeln schimmerten. Bald würde er eine von ihnen haben – dessen war er sich gewiß. War es nicht seine Aufgabe, das Leben der Polynesier von allen Seiten gründlich kennenzulernen?

Das Fest schien endlos; Schweinefleisch, das man in einem in den Boden eingelassenen Ofen gebacken hatte, wurde aufgetischt, dazu Fisch, Austern, verschiedenerlei Obst und Kokosmilch. Sogar gebratene vegetarische Ratten gab es, die zur allgemeinen Überraschung köstlich schmeckten. Sie aßen bis tief in die Nacht. Mit vollem Bauch begann sogar Cook, sich zu entspannen. Er war erleichtert zu sehen, daß die Männer sich offensichtlich korrekt benahmen. Sie fürchteten die Strafe, dachte er, aber wie lange würde diese Furcht anhalten?

Dann, es war spät in der Nacht, trat Hicks zu ihm und sagte: »Entschuldigen Sie, Sir, aber ich fürchte, wir haben es hier mit einem Pack gemeiner Diebe zu tun.«

»Was ist geschehen, Mr. Hicks?«

»Dr. Solander hat eine Schnupftabakdose verloren. Mr. Parkinson ein Brillenfutteral. Mr. Green ein Taschentuch. Und Doktor Monkhouse vermißt eine Schnalle an seinem Schuh.«

Cook zeigte auf die Königin. »Ich kann dieser Dame nicht vorwerfen, daß ihre Leute stehlen, während ich an ihrem Tisch sitze.«

Das Recht auf Eigentum …

…ist für uns selbstverständlich und für viele eine starke Motivation im Leben.

»Sie dürfen nicht straflos ausgehen, Kapitän.«

»Und wir dürfen keinen Zwischenfall provozieren, während wir auf einer Willkommensfeier zu Gast sind.«

»Aber denken Sie doch, Sir, was sie uns noch stehlen können.«

»Danke, Mr. Hicks, ich werde mich darum kümmern.« Cook stand auf. Sie würden sechs Wochen hier sein, ein zusammengewürfelter Haufen Europäer in einem Paradies der Diebe. Aber er war fest entschlossen, den Venusdurchgang zu beobachten, und wenn sich die Pforten der Hölle öffneten oder das Meer sie verschlingen wollte.

3. Kapitel

Einige Matrosen hatten Cooks Gebot, sich den Eingeborenen Tahitis gegenüber anständig zu benehmen, schnell vergessen. Zu ihnen gehörte der Vollmatrose Jeffs. Als Jeffs eine Frau entdeckte, die eine Axt trug, wollte er diese Axt als Souvenir haben, um seinen Freunden zu Hause in Liverpool damit zu imponieren. Er folgte der Frau zum Strand und war sich seiner Eroberung so sicher, daß er nicht einmal überprüfte, ob sie wirklich allein war. Er forderte sie auf, ihm die Axt zu geben, aber die Frau verstand ihn nicht. Im Nu hatte der in solcherart Geschäften erfahrene Matrose ein Messer in der Hand und riß die Axt an sich. Durch die Schreie seiner Frau alarmiert, eilte jetzt allerdings ihr Mann an den Strand, und Matrose Jeffs erkannte, daß er um die Axt kämpfen mußte. Der Tahitianer war untersetzt und kräftig, aber Jeffs war überzeugt, daß er schnell mit ihm fertig werden würde. Die beiden Männer gingen aufeinander los und wälzten sich im Sand, bis die Eingeborenen sie trennten.

Cooks Fähnrich Charles Clerke sah den Vorfall von weitem und rannte zum Strand. »Um Himmels willen, Jeffs, was geht hier vor?« Die Anweisungen Cooks fielen ihm ein.

»Der Hund hat versucht, mich umzubringen.« Die Frau schrie, und der große Tahitianer gestikulierte mit den Armen. Zu Clerkes Erleichterung kam jetzt auch Gore herbeigerannt.

»Glauben Sie ja nicht, was die Wilden Ihnen erzählen, Sir«, keuchte Jeffs. »Ich frage die Frau, ob sie mir ihre Steinaxt verkauft, und schon fällt sie über mich her.«

Gore sprach mit dem Eingeborenen und dessen Frau. Dann drehte er sich um und starrte den Matrosen an. »Tragen Sie ein Messer bei sich?«

»Nur ein kleines, Sir.«

»Die Frau sagt, Sie hätten gedroht, ihr die Kehle durchzuschneiden, wenn sie Ihnen die Axt nicht gebe.«

»Lügen, nichts als Lügen.«

»Die beiden sagen, daß diese Leute hier Zeugen sind«, fuhr Gore fort und deutete auf die Umstehenden, »und daß Sie die Frau an der Hand verletzt haben.«

»Glauben Sie ihr kein Wort, Sir.«

Gore sprach mit der Frau, die daraufhin ihre Handfläche zeigte. Sie blutete aus einem Schnitt. »Bringen Sie diesen Mann auf das Schiff, Clerke«, sagte Gore. »Der Kapitän wird sich um den Fall kümmern.«

Gore sah zu, wie der Matrose den Strand hinunter zur Barkasse gestoßen wurde. Er war froh über die Anwesenheit Clerkes gewesen; der Fähnrich war verläßlich. Bei Gott, dachte er, wenn einer dieser Männer Parita bedrohen würde...

Die Mannschaft wurde an Deck gerufen. Cook stand auf dem Vorderdeck; er hatte dafür gesorgt, daß auch der Tahitianer mit seiner Frau und Owhaa anwesend waren, wenn britischem Recht Geltung verschafft wurde. Das würde ihnen zeigen, daß er zu seinem Wort stand. Die Anweisungen der Royal Society würden bis auf den letzten Buchstaben befolgt werden. »Vollmatrose Jeffs«, sagte Cook, »Sie haben die Freundschaft unserer Gastgeber mißbraucht, meinen strengen Anweisungen zuwidergehandelt und einer Frau Gewalt angetan. Ihre Bestrafung wird allen eine Lehre sein, und ich habe die, die Sie genötigt und angegriffen haben, hierher bringen lassen, damit sie mit eigenen Augen sehen, wie der Gerechtigkeit Genüge getan wird.« Die Sonne stand hoch am Himmel, der Trommler rührte die Trommel. »Bindet den Mann an die Wanten«, befahl Cook, »und gebt ihm zwei Dutzend Hiebe.«

Der Bootsmann hob die neunschwänzige Katze und begann. Nach dem ersten Schlag stieß die tahitische Frau einen entsetzten Laut aus, und als die Peitsche tiefer in den Rücken des Matrosen biß und das Blut hervorschoß, begann sie zu schreien. Der Bootsmann hielt inne.

»Weiter, Mann«, sagte Cook, »machen Sie weiter.«

Aber die Eingeborenen jammerten und heulten, und Gore sagte: »Ich glaube nicht, daß sie den Sinn der Bestrafung verstehen.«

»Sagen Sie ihnen, es sei die Strafe für das, was der Mann ihnen angetan hat.«

»Aber Sie halten es nur für grausam«, sagte Owhaa. »Befehlen Sie, daß er aufhört.«

»Das kann ich nicht.«

Die Tahitianer schluchzten und kreischten, während die Peitsche den Rücken des Matrosen immer weiter zerfleischte.

»Sir«, sagte Gore, »sie verstehen das einfach nicht.«

Cook hob die Hände. »Exekution einstellen!« Er gab Gore ein Zeichen. »Bringen Sie unsere Gäste an Land und erklären Sie ihnen, daß dies britische Gerechtigkeit ist und daß wir keine Barbaren sind.« Dann drehte er sich wieder zu dem an den Wanten hängenden Jeffs um; der Matrose mußte seine Strafe bekommen. »Machen Sie weiter«, wies er den Bootsmann an, »sobald die Eingeborenen das Schiff verlassen haben.«

Am Abend saß Cook allein in der Kajüte, in Gedanken bei seiner lieben Eliza. Er tauchte die Feder ein und schrieb:

Meine liebe Eliza, der Stapel der Briefe, die ich jede Woche an Dich schreibe, wird immer höher, ohne daß ich weiß, ob ich sie je werde aufgeben können. Tahiti ist eine schöne Insel, aber was ich von seinen Bewohnern halten soll, weiß ich nicht. Sie stehlen und haben keine Moral, aber sie verzeihen so leicht wie Kinder und weinen, wenn andere bestraft werden. Ich glaube nicht, daß wir sie je verstehen werden oder sie uns…

* * *

Die Tahitianer liebten sich in aller Öffentlichkeit auf dem Strand oder im Gras, sogar junge Burschen und Mädchen, während die anderen zuschauten und gute Ratschläge erteilten. Die Frauen sahen einem Mann offen ins Gesicht, wenn sie ihn begehrten. Es war eine ganz andere Welt als die der nach Gin stinkenden Prostituierten in englischen Häfen, deren Leiber von der Syphilis zerfressen waren.

Obwohl selbst die liederlichsten Matrosen der *Endeavour* über das offene Treiben der Geschlechter empört waren, wuchs das Zutrauen der Männer, wenn die dunkelhäutigen Frauen in den tropischen Nächten zu ihnen kamen. Die gebildeteren unter ihnen begannen geheime Tagebücher zu führen, in denen sie ihre Affären aufzeichneten. Die warmen, langen Nächte vergingen mit Tanzen und Feiern – wer konnte schon den polynesischen *huris* widerstehen, deren Lachen und Flüstern aus den offenen Hütten drang, während vom Strand das Rauschen der Brandung zu vernehmen war? Die Zärtlichkeiten schienen ohne Ende, und die Männer mochten nicht an den Tag denken, an dem sie würden Abschied nehmen müssen.

Für Joseph Banks boten die tahitischen Frauen köstlichere Versprechungen als die teuersten Kurtisanen der Londoner Salons. Banks war von Cook aufgrund seines gewinnenden Wesens zum Leiter des Tauschhandels gemacht worden und sah nun allabendlich dem Tanz zu, aß gebratenes Fleisch und Obst und genoß in vollen Zügen das Leben eines »Edlen Wilden«. Auch für ihn war die freie Liebe tabu; aber er wurde von der Königin höchstpersönlich umworben – der vierzigjährigen Oberea, die einst an Cook Gefallen gefunden hatte. Sie war eine leidenschaftliche Frau mit dunklen, glutvollen Augen. Der junge Dandy aus Mayfair wurde ihr Favorit, und Banks wurde in mancher Nacht, die auf seine täglichen botanischen Streifzüge folgte, verpflichtet, bei der Königin »Quartier zu nehmen«. Er war ein Schürzenjäger, was viele seiner Kollegen erboste, nicht zuletzt seinen Freund Dr. Solander. An Doktor Monkhouse nagten Neid und Verbitterung; Banks' charmanter und lockerer Umgang mit den sinnlichen Frauen der Insel verfolgte ihn wie ein Alptraum. Aber obwohl alle über Banks' Unternehmungslust lästerten, trug zuletzt doch er, der fast jeden Tag mit einer neuen Eroberung gesehen wurde, den Sieg davon. Selbst der junge Nicholas Young hatte sein Mädchen, und jedermann wußte von Gores Liebe zu der schönen Parita. Nur Monkhouse war leer ausgegangen. Es würde die Männer hart ankommen, die Insel zu verlassen, wenn die Zeit da war, und alle wußten das.

* * *

Auf einer die Matavai-Bucht beherrschenden Landzunge entstand Fort Venus. Gräben wurden ausgehoben und Wälle aufgeschüttet, hohe Palisaden errichtet, eine Schmiede eingerichtet und Hütten gebaut. Schwitzend arbeiteten die Männer in der tropischen Hitze; Sand wehte ihnen ins Gesicht, und Insekten krabbelten in die verdreckten Uniformen. Tag für Tag beobachteten die Eingeborenen neugierig den Fortgang der Arbeit und warteten auf die Gelegenheit, Gegenstände aus Metall zu entwenden. Zwei der Vierpfünder der *Endeavour* wurden ins Fort gebracht, und man baute eine Plattform für den schweren Quadranten aus Messing. Drehbassen wurden aufgefahren, Latrinen ausgehoben und Zelte für die Offiziere aufgeschlagen. Cook war mit dem Ergebnis der Arbeit zufrieden: Fort Venus war ein Vorposten Albions in Polynesien – von einer hohen Stange flatterte der Union Jack, Seesoldaten standen Wache, das Fort schien eine sichere Bastion der englischen Zivilisation.

Eines heißen Morgens stand Soldat Gibson mit seinen Kollegen von der Wache auf seinem Posten und fluchte über die Hitze und die Eingeborenen. Die Tahitianer waren seiner Meinung nach Diebe, Wilde und Kannibalen, nur zu einer Sache zu gebrauchen, und dazu auch nur die Mädchen, sofern sie jung waren. Einige Mädchen hatten sich am Rand der Lichtung versammelt. Sie schwatzten und äugten zu Gibson herüber. Er lehnte seine Muskete an den Zaun und ging zu ihnen. Ein junger Eingeborener, der sich im hohen Gras versteckt hatte, sah seine Chance, pirschte sich lautlos heran und griff nach der Waffe. Gibson sah den jungen Mann zu spät und machte die Seesoldaten durch Rufe auf ihn aufmerksam. Bootsmannsmaat Wilkinson nahm sein Gewehr und feuerte. Die kleine Gruppe stob auseinander, die Mädchen schrieen. Der junge Tahitianer stürzte zu Boden. Leutnant Gore hatte den Schuß gehört und eilte herbei. Der Tahitianer war tot. Aus dem Loch in seinem Rücken sprudelte das Blut in den Sand. Auch Wilkinson rannte herbei.

»Sie haben den Mann getötet«, schrie Gore. »Dafür werden Sie büßen.«

»*Ich* soll büßen?« fragte Wilkinson. »Er hat eine Muskete gestohlen. Was hätte ich denn tun sollen?«

Am nächsten Tag fällte Cook in der Kajüte das Urteil. »Gibson, Sie haben ihre Waffe auf eine Art vernachlässigt, die den Diebstahl herausforderte. Sie bleiben deshalb zwei Wochen auf dem Schiff, Ihr Sold wird bis auf weiteres ausgesetzt.« Der Seesoldat sagte nichts, und Gore stand unbewegt daneben. »Was Sie betrifft, Wilkinson«, fuhr Cook fort, »so haben Sie aus Pflichtgefühl gehandelt, wenn auch unüberlegt und übereilt. Sie trifft keine Strafe. Sie können gehen.«

Gore wartete, bis die Männer die Kajüte verlassen hatten, und wandte sich dann an den Kapitän: »Es war ein schweres Verbrechen, Sir.«

»Wollen Sie damit sagen, daß ich meine Pflicht vernachlässige?« fragte Cook.

»Ich wollte auf die Schwere des Verbrechens hinweisen.«

»Selbst wenn wir ihn bestrafen, Mr. Gore, unsere Gastgeber würden es uns nicht unbedingt als Tugend anrechnen.«

»Dann bitte ich um Entschuldigung, Kapitän.«

»Nein, Sir, das brauchen Sie nicht. Der Bootsmannsmaat mag dumm gehandelt haben, aber schließlich hat der Mann eine Muskete gestohlen. Man muß den Eingeborenen klarmachen, daß ihre Diebereien aufhören müssen, aber sie sollen wissen, daß wir den Tod eines der Ihren bedauern. Sie sind mein Unterhändler, Mr. Gore, ich muß mich auf Sie verlassen können.«

»Das Wesen der Eingeborenen können wir nicht ändern, Kapitän«, erwiderte Gore. »Es liegt in ihrer Art, freizügig mit der Liebe und achtlos mit dem Eigentum umzugehen.«

»Aber hier geht es um *unseren* Besitz. Ich möchte nicht ihre Lebensweise ändern, ich möchte nur, daß sie uns respektieren.«

Gore ging, und Cook blieb mit seinen Gedanken allein. Er durfte nicht warten, bis sie am 3. Juni die Versuchungen und Gefahren der Insel hinter sich lassen konnten.

Am Abend segelte John Gore mit dem Beiboot über die Bucht. Eine leichte Brise trug den Duft des Hibiskus vom Land herüber.

Gore erreichte das seichte Wasser, machte das Boot fest und betrat den Strand. Tief neigten die Palmen sich über das Wasser, und weiter drüben donnerte das Meer auf das Korallenriff. Gore stieg den Strand zum Dorf hinauf. Die *marae* war leer, kein Hund bellte. Hinter den Hütten ging der Mond auf. Gore hielt an und sah sich unsicher um. »Parita?« rief er. »Parita?« Keine Antwort.

Er machte einige Schritte. Vögel flogen auf, und die Dämmerung war erfüllt von der schrillen Musik der Insekten. Vor ihm stand die hölzerne Trage, auf der die Tahitianer den Toten aufgebahrt hatten. Gore wandte sich ab. Dann sah er ein kleines Mädchen über die *marae* auf sich zu laufen, das in der Hand einen kleinen Blumenstrauß hielt. Gore kniete nieder und nahm den Strauß lächelnd entgegen. Daraufhin traten überall Männer und Frauen aus den Schatten, unter ihnen Owhaa und Parita – sie lächelten, und auch Gore lächelte voller Liebe und Zuneigung. Offensichtlich hatte man ihnen verziehen.

* * *

Trotz seiner Verpflichtungen gegenüber der Königin und anderen tahitischen Frauen war Joseph Banks nicht untätig geblieben. Er hatte viele prächtige Vögel mit seiner Vogelflinte vom Himmel geholt und ausgedehnte Märsche in die umliegenden Hügel und den Urwald unternommen, um Pflanzen in Hülle und Fülle zu sammeln. Der Salon war vollgestopft mit Pflanzen und allerlei Sträuchern. Parkinson, der Künstler, den seine religiösen Überzeugungen vor den Sünden des Fleisches bewahrten, beobachtete und malte alles, was ihm vor Augen kam – ein tahitisches Kriegskanu, einen Priester, das glitzernde Meer und die farbenprächtige Welt der Pflanzen und Bäume. Im Salon herrschte jetzt ein geschäftiges, planvolles Treiben, das Cook gefiel. »Lassen Sie sich nicht unterbrechen, Dr. Solander«, sagte er. »Wir sind anscheinend in ein Paradies für Naturforscher geraten.«

»Das ist richtig, Kapitän. Aber hat das Schiff ausreichend Platz für all die Schätze, die uns die Insel bietet?«

»Seien Sie versichert, Sir, wir werden unser Bestes tun.«

Der Botaniker lächelte. »Ich freue mich, das zu hören.«

Cook ging weiter und bewunderte Parkinsons Bilder. »Großartig, Mr. Parkinson. Ich wünschte, ich hätte Ihre Begabung.«

»Sie, Kapitän, verstehen sich auf die Kunst des Segelns und der Navigation, von der ich keine Ahnung habe.«

»Aber Sie«, erwiderte Cook, »vermögen besser als alle anderen den Leuten zu Hause zu zeigen, wie es in der Südsee wirklich aussieht.«

»Aber wie kann ich das Licht einfangen? Wie kann ich die Unschuld der Menschen aufs Papier bringen?«

Cook wechselte einen Blick mit Banks, der neben Parkinson arbeitete. »Versuchen Sie es, Sir. Versuchen Sie es.«

Green, der Astronom, war dabei, den Quadranten und das James-Gregory-Spiegelteleskop zu überprüfen. »Alles ist in bestem, einsatzfähigem Zustand«, sagte er. »Ich muß nur das Fernrohr einstellen, dann können wir die Geräte ins Fort schaffen.«

»Bitten Sie Gott um schönes Wetter für den 3. Juni, Mr. Green.«

So ging jeder einer sinnvollen Arbeit nach, und zufrieden mit seinem Eindruck, verließ Cook die Naturwissenschaftler. Man würde der Royal Society in London nicht mit leeren Händen gegenübertreten.

Vor seiner Kajüte warteten Leutnant Hicks und Doktor Monkhouse. »Treten Sie bitte ein, meine Herren«, sagte Cook. »Was kann ich für Sie tun?«

»Sir«, begann Monkhouse, »auf der Insel ist die venerische Krankheit ausgebrochen.«

»Wenn sie hier ist«, erwiderte Cook, »dann haben wir sie eingeschleppt.«

»Nein, Kapitän, die ganze Mannschaft wurde einen Monat vor unserer Ankunft auf Tahiti untersucht. Keiner hatte die Krankheit.«

»Sie wurde schon vor uns eingeschleppt, Sir«, sagte Hicks. »Durch die Mannschaft der *Dolphin* unter Kapitän Wallis oder durch eine französische Fregatte unter Bougainville. Wer von den beiden es war, werden wir nie herausfinden. Aber jetzt ist die Krankheit da, und immer mehr Eingeborene stecken sich an.«

Cook verfiel in Schweigen und starrte zu der friedlich daliegenden Insel hinüber. »In den kommenden Jahren«, sagte er schließlich, »werden sie sich nur an die Seuche erinnern, die wir ihnen gebracht haben.«

»Aber *wir* waren es nicht, Kapitän«, sagte der Arzt. »Das möchte ich betonen.«

»Aber Europa, Mr. Monkhouse, die Engländer, die Franzosen, die Spanier. Haben wir wirklich das Recht, hier zu sein? Ich nehme an, daß wir ihnen in einigen Jahren auch unseren christlichen Glauben bringen werden.«

»Nur zum Vorteil dieser Menschen, Sir.«

»Wirklich?« entgegnete Cook. »Glauben Sie wirklich, daß der Tag, an dem die Priester mit dem Kruzifix in der einen und dem Degen in der anderen Hand hierherkommen, um die Eingeborenen zu bekehren, für die Insel ein segensreicher Tag sein wird?« Er trat dicht vor Monkhouse. »Sagen Sie mir im Vertrauen, Doktor, hat einer unserer Gäste Ihnen von der Krankheit berichtet?«

»Nein, Sir.«

Cook wandte sich an Hicks. »Die wissenschaftlichen Instrumente werden morgen an Land gebracht. Die Arbeit am Schiff wird aufgenommen. Machen Sie das Schiff seeklar.«

»Aye, aye, Sir.«

»Sobald wir den Durchgang der Venus beobachtet haben, möchte ich diesem Paradies den Rücken kehren – und es wieder seinen Bewohnern überlassen.«

Tags darauf wurden die Kisten an Land gerudert und den Abhang zu Fort Venus hinaufgeschafft. Der Quadrant wurde aufgestellt und eine Wache eingeteilt. Alles war für die wissenschaftliche Observation bereit.

* * *

Wie gewöhnlich bestritt Banks das Tischgespräch ganz allein und aß und trank dazu erlesene Speisen und den mitgeführten Wein.

»Ich habe einen bemerkenswerten Tag hinter mir«, verkündete er, »ich war auf einer polynesischen Beerdigung.« Die Tischrunde bestand neben ihm aus Cook, Solander, Hicks, Gore, Parkinson und dem unausstehlichen Monkhouse. »Ein wahrhaft einmaliges Erlebnis: Der Verstorbene wurde mit seinen irdischen Besitztümern in einem Baum zur letzten Ruhe gebettet; dort werden Vögel ihm das Fleisch von den Knochen picken und die Knochen in alle Winde verstreuen. Alles geschieht auf so geschmackvolle Weise, daß ich davon richtig Appetit bekommen habe.«

»Sie werden der Royal Society daheim in England viel zu erzählen haben«, meinte Solander.

Banks wußte, daß der Freund seine Worte nicht billigte, fuhr aber unbekümmert fort: »Ja, man wird begeistert sein.«

»Was gibt es sonst Neues an Land, Mr. Banks?« fragte Hicks.

»Der Markt hat sich verschlechtert. Der Preis der Liebe ist, wie ich höre, nicht mehr ein Schiffsnagel, sondern deren *drei*.«

Jemand kicherte, aber Doktor Monkhouse war nicht zu Scherzen aufgelegt. »Der Preis der Liebe könnte eines Tages sehr wohl eine äußerst schmerzhafte Krankheit sein.«

»Sie sind mir weiß Gott ein griesgrämiger Bursche«, entgegnete Banks unwillig und wandte sich an Gore. »Ich lerne die Sprache der Eingeborenen täglich besser.«

»Durch persönliche Freundschaften lernt man am schnellsten, Sir.«

Banks lachte, und die beiden wechselten einige Worte auf tahitisch. Plötzlich stieß Monkhouse seinen Stuhl zurück und sagte: »Entschuldigen Sie mich. Ihr Gespräch übersteigt meinen schwachen Verstand.«

»Meine Herren«, warf Cook beschwichtigend ein, »dieser Zwist geht jetzt lang genug.«

»Ich bin völlig Ihrer Meinung«, erwiderte Banks. »Doktor Monkhouse sollte sich an Land begeben, um sich das Heilmittel gegen die Krankheit zu verschaffen, die ihn quält.«

»Ihr Betragen, Sir, verdrießt mich mehr als jede Verstimmung, die ich haben könnte.«

»Sie provozieren ihn, Mr. Banks«, sagte Cook.

»Ich kann nicht anders, Sir.«

In diesem Augenblick wurde die Tür aufgerissen, und Green erschien auf der Schwelle.

»Mr. Green«, rief Cook, »treten Sie ein und leisten Sie uns Gesellschaft.«

»Das ist leider unmöglich, Sir! Jemand hat den Quadranten gestohlen. Die Eingeborenen waren es, diese Diebe!«

Seesoldaten und Matrosen stellten das ganze Dorf auf den Kopf. Sie drehten jede Matte um, durchsuchten die Hütten, durchkämmten das hohe Gras und trampelten über die *marae*. Kinder schrieen, die Frauen standen mit gesenkten Köpfen dabei. Wilkinson leitete die Suche. Er brüllte seine Leute an und wischte sich mit einem schmutzigen Taschentuch die Stirn. Er sah Cook auf sich zukommen und sagte: »Kein Spur von dem Quadranten, Sir.«

»Räumt die Hütten aus. Durchsucht jede Handbreit Boden des Dorfes.«

»He, Jungs, habt ihr gehört, was der Kapitän sagt? Ihr sollt die Hütten ausräumen.«

Auch Midshipman Clerke war zur Stelle. »Ist das klug, Sir?«

»Sie halten den Mund«, erwiderte Cook barsch. »Ich tue nur, was getan werden muß.«

Vier schmutzige, ungekämmte und verschwitzte Seesoldaten unter Gibson hielten vor der Hütte der Königin. Mit dem Schaft ihrer Musketen schlugen sie an die Pfosten. Begleitet von drei Eingeborenen, kam Oberea heraus.

»Packt sie, Jungs«, brüllte Gibson. Zur Königin sagte er: »Sie sind verhaftet.«

Die Königin verstand ihn nicht. Auf Befehl Gibsons wurde eine Muskete in die Luft abgefeuert. Entsetzt schrie Oberea auf; ihre braunen Augen waren wütend aufgerissen, die langen Haare flatterten in der abendlichen Brise. »Banks«, kreischte sie, »Banks.«

»Mr. Banks?« schnaubte Gibson. »Der Gentleman ist nicht hier, und wenn er hier wäre, würde Ihnen das auch nichts nützen.« Er gab ihr einen Stoß. »Kommt, Jungs, bringt sie ins Fort.«

Als sie Fort Venus erreichten, schrie Oberea noch immer, und ihre tahitischen Begleiter schlugen wild um sich. Gore war außer sich. »Wer hat das angeordnet, verdammt noch mal?«

»Das war ich, Mr. Gore, ich persönlich«, ertönte hinter ihm Cooks Stimme.

»Das dürfen Sie nicht, Sir.«

Groß und einschüchternd trat Cook vor Gore. »Sagen Sie mir nicht, was ich zu tun und zu lassen habe.« Er wandte sich an Owhaa, der neben ihnen stand. Der alte Mann zitterte vor Angst. »Sagen Sie der Königin, daß ich den Vorfall bedaure, aber daß ihr Volk mir keine andere Wahl läßt. Sie bleibt als Geisel hier, bis der Dieb gefunden ist.«

Als die Königin Cook verstanden hatte, begann sie wild zu kreischen.

Gore war weiß vor Wut. »Mein Gott, Sir«, keuchte er.

»Mäßigen Sie sich«, donnerte Cook. »Sie bleiben hier, bis der Quadrant wieder da ist, und wenn Sie sich nicht zu benehmen wissen, Mr. Gore, lasse ich Sie in Ihre Kabine sperren.«

»Banks«, stammelte Oberea, »Banks.«

»Mr. Banks, Madame«, erwiderte Cook, »kann Ihnen jetzt nicht helfen.«

Später ging Cook allein zur Spitze der Landzunge hinaus und sah zur *Endeavour* hinüber, die mit schimmernden Lichtern in der Bucht vor Anker lag. Dumpf polterte die Brandung auf das Riff, und der Seewind hatte aufgefrischt. Cook schloß den obersten Knopf seiner Uniform und fluchte leise vor sich hin. Er drehte sich um und starrte auf die wolkenverhangenen Gipfel. Jemand näherte sich. Es war Gore. Cook wartete, bis sein Zweiter Offizier herangekommen war. »Machen Sie sich eines klar«, sagte er dann. »Wenn wir den Quadranten nicht zurückbekommen, sind wir umsonst um die halbe Welt gefahren. Dann haben wir versagt. Wir wären der Spott Londons. In jedem Kaffeehaus und jeder Taverne würde man sich über uns lustig machen.« Diesmal wußte Gore keine Antwort.

»Manche können es sich leisten, zu versagen«, fuhr Cook fort. »Sie kommen aus einer angesehenen Familie oder haben Beziehungen. Ich habe mein Lehrgeld auf einem Kohlenschiff bezahlt. Ich habe nur diese eine Chance, und ich bin auf mich allein gestellt. Ich darf nicht versagen, und ich werde nicht versagen.«

* * *

Cook ließ Parkinson eine Reihe von Zeichnungen des Quadranten anfertigen. Sie wurden an die Matrosen ausgeteilt, die sie den Eingeborenen zeigen sollten. Die Suche unter Wilkinsons Führung dauerte an. Der Bootsmann war hart im Austeilen; er war mit Begeisterung bei der Sache und nahm keinerlei Rücksicht. Mit seinen Männern marschierte er von Dorf zu Dorf, stellte die Hütten auf den Kopf und unterzog deren Bewohner selbst einer Leibesvisitation, allerdings ohne Erfolg. Befand der Quadrant sich irgendwo im flachen Grasland um die Bucht, oder war er, schlimmer noch, in die unwegsamen Berge verschleppt worden? Niemand wußte es.

Ohnmächtig ging Cook im Fort auf und ab. Unaufhörlich kreisten seine Gedanken um die Folgen, die es für ihn haben würde, wenn er sich außerstande erwies, seine Aufgabe auszuführen und den Venusdurchgang zu beobachten. Der Astronomie war bekannt, daß die Venus innerhalb der Umlaufbahn der Erde um die Sonne kreiste und der Durchgang dazu verwendet werden konnte, die Dimensionen des Sonnensystems zu berechnen. Er war zuletzt vom Königlichen Astronomen Edmond Halley im Jahre 1679 beobachtet worden und würde sich in den nächsten neunundneunzig Jahren nicht wiederholen. Außer England hatten einige andere Nationen Vorbereitungen getroffen, um den Venusdurchgang zu beobachten. Frankreich und Rußland hatten bereits Expeditionen ausgerüstet, und es war gut möglich, daß weitere Länder ihrem Beispiel folgen würden. Cook wußte, daß die Messung des Durchgangs für die Navigation von großer Wichtigkeit war und damit von entscheidender Bedeutung für weitere Entdeckungsreisen und den

Aufbau des englischen Weltreichs. Nach Meinung der Royal Society war die britische Nation schon aus Prestigegründen verpflichtet, die Beobachtung durchzuführen. Und wenn Cook nun versagte, weil ein Eingeborener ihm den Quadranten gestohlen hatte? Man würde ihn nie wieder mit dem Kommando einer Expedition betrauen, und diese Aussicht war so schrecklich, daß er gar nicht daran zu denken wagte.

Zu Cooks Sorgen kam das Wetter, das wochenlang gleichbleibend schön gewesen war, jetzt aber wechselhaft wurde. Launisch sprang der Wind um, und die Sonne verschwand hinter Wolken. Cook war kein religiöser Mann, aber jetzt begann er unaufhörlich zu beten. Er hatte eine schreckliche Ahnung kommenden Unheils. Erst jetzt, nach der erfolgreichen Reise in die Südsee, hatte er das Gefühl, von Furien gehetzt zu werden.

Ziellos wanderte er vor dem Fort auf und ab, als er Gore näherkommen sah.

»Neuigkeiten?«

»Nein, Sir. Aber Sie sollten wissen, daß die Seesoldaten in ihrem Eifer mehr tun, als ihnen befohlen wurde, und damit bringen sie die Dorfbewohner gegen uns auf.«

»Meine Befehle«, sagte Cook hart, »haben die Wiederbeschaffung des gestohlenen Quadranten zum Ziel. Was für Mittel dabei angewandt werden, ist mir gleichgültig. Haben Sie mich verstanden?«

»Ich verstehe, wie wichtig der Quadrant ist, Sir.«

»Ich glaube nicht, Mr. Gore. Heute in zwei Tagen sollen wir den Durchgang der Venus zwischen Sonne und Erde beobachten. Der Vorgang wird, wie unsere Naturwissenschaftler mir sagten, erst in hundert Jahren wieder zu sehen sein. Soll ich meine Soldaten also bitten, diese Leute möglichst mit Zartgefühl zu behandeln und nicht zu kränken? Soll ich bei meiner Rückkehr nach England sagen, daß ich meine Aufgabe nicht erfüllen konnte, weil die Eingeborenen ein wichtiges Teil unserer wissenschaftlichen Ausrüstung gestohlen haben?« Cook nahm den Hut ab und wischte sich die Stirn – ein Gewitter lag in der Luft. »Ich bedaure, daß ich gezwungen bin, so zu handeln. Wenn Sie einen besseren Vorschlag haben, wie man den Quadranten wiederbeschaffen kann, dann sagen Sie es mir um Gottes willen.«

Später am selben Tag rief Cook Banks zu sich und schlug einen Spaziergang am Strand vor.

»Ich höre, Mr. Banks«, begann Cook, »daß Sie mit der Königin auf sehr vertraulichem Fuße stehen.«

Banks dachte einen Augenblick nach, bevor er antwortete.

»So könnte man es ausdrücken, Sir, aber leider beschränkt sich unser Umgang auf ein sehr enges Gebiet.«

Der Botaniker zeigte keine Spur von Verlegenheit. Cook war darüber freilich nicht mehr überrascht. Er hatte gelernt, Banks besser zu verstehen. »Ich nehme also an, Sir, Sie haben nichts dagegen, daß ich die Dame als Geisel genommen habe?«

»Warum auch? Ob Sie damit Erfolg haben werden, ist eine andere Frage, aber eine extreme Situation erfordert extreme Maßnahmen.«

»Die Königin nennt manchmal Ihren Namen.«

»Tatsächlich? Sie mag ihn nennen, sooft sie will, ich bin mir vollkommen im klaren darüber, daß wir diesen verdammten Quadranten wiederbekommen müssen. Andernfalls wird es für uns alle unangenehme Folgen haben.«

»Besonders für mich, Mr. Banks.«

Banks sah Cook an. »Ja, besonders für Sie, Sir. Ich werde Ihnen nach Kräften helfen, mein Wort darauf.«

»Ich danke Ihnen, Mr. Banks.«

Banks brachte ein Lächeln zustande. »Wie Sie sicher wissen, genieße ich bei den Eingeborenen eine gewisse Popularität. Vielleicht können wir uns das zunutze machen. Sie sind wie Dohlen, die einfach alles stehlen müssen, was glänzt; aber selbst Dohlen kann man dazu bringen, ihre Schätze wieder herauszugeben.« Er brach ab und sah zu den Bergen der Insel hinüber. »Entschuldigen Sie mich bitte, aber ich habe noch viel zu tun.«

Die Bewohner der Berge machten einen wilderen Eindruck als die der Küste. Einige trugen Knüppel und Stöcke, andere hielten Steine in den Händen. Die Berge waren steil, der Urwald unwegsam, und Banks und Gore waren bald müde. Als sie an ein Dorf kamen, zog Green es vor, mit Parita unter den Bäumen am Rand der *marae* haltzumachen, während Banks furchtlos auf den Dorfältesten einredete und ihm eine von Parkinsons Zeichnungen des Quadranten zeigte. Dann wurden die Eingeborenen auf einmal freundlich und entgegenkommend. Banks und Gore wurden Getränke in Kokosnußschalen angeboten, und sie winkten Green und Parita, zu kommen und mitzutrinken. Als ein tahitisches Mädchen aus einer Hütte auftauchte, bekam Banks große Augen. »Großer Gott«, sagte er, »meine Weste.«

»Tatsächlich, Mr. Banks«, sagte Gore, als er das Mädchen mit der Weste über dem Lendenschurz näherkommen sah. Gore wußte, daß sie eine Spur gefunden hatte und hörte aufmerksam zu, wie Parita zu ihren Landsleuten sprach. Ein anderes Mädchen trat aus einer der Hütten, vor denen Kinder spielten. »Meine Güte«, sagte Green, »das ist doch der Stab des Quadranten.« Eines nach dem anderen kamen die in der Sonne glänzenden Messingteile zum Vorschein. Als das letzte Stück vor ihm lag, stellte Green fest, daß die Teile wieder vollständig beisammen waren und er den Quadranten zusammenbauen konnte.

Das Mädchen zog die Weste aus und wollte sie Banks zurückgeben, aber Banks weigerte sich, sie zu nehmen: »Nein, gnädige Frau, die ist für Sie.«

Daraufhin erschienen zwei Männer mit einem großen Bündel, das sie dem Europäer zu Füßen legten. Als sie es öffneten, wurden eine Muskete, Solanders Schnupftabakdose, Greens Taschentuch und Doktor Monkhouses silberne Schuhschnalle sichtbar.

Banks überreichte die Schnalle dem Dorfältesten und sagte: »Für Sie, Sir. Ich wünschte nur, Mr. Monkhouse wäre hier, um meine Großzügigkeit würdigen zu können.«

* * *

Nach einer bewölkten Nacht dämmerte der 3. Juni 1769 heiß und wolkenlos herauf. Der Quadrant und die anderen Instrumente wurden aufgestellt. Der Durchgang der Venus würde von neun Uhr morgens bis in den Nachmittag hinein dauern. Durch ihre Fernrohre konnten die Männer sehen, wie die Venus über die Sonnenscheibe wanderte. Green, Cook und Solander waren begeistert. Dann kletterte die Temperatur auf 46°, und es wurde unerträglich heiß. Wieder schien es, als sei das Glück nicht auf ihrer Seite: Sie mußten feststellen, daß sie Beginn und Ende des Durchgangs nicht genau genug hatten feststellen können. Green und Solander schwitzten vor Enttäuschung. Für Cook schien ein Schatten auf allem zu liegen, was er anfaßte. Am Ende des Tages saß er allein in seinem Zelt in Fort Venus. Er konnte jetzt nichts weiter tun, als die restlichen Befehle auszuführen, die er bekommen hatte – er mußte das große Südland finden.

Nach der Hitze des Tages war die Nacht klar und kühl. Das Wasser leuchtete, der Vollmond stand hoch am Himmel. Von irgendwo am Strand drang der Gesang der Eingeborenen herüber. Wieder allein, stand Cook auf dem Achterdeck, ohne die Schönheit der Nacht oder die Kanus zu bemerken, die um sein Schiff trieben. Banks, der einen Abendspaziergang über Deck machte, sah Cook einsam dort stehen und kam mitfühlend näher. »Wenn ich jetzt Ihre Gedanken lesen könnte, Sir.«

»Wir konnten die Zeit des Durchgangs nicht genau messen, und weder Green noch Solander vermochten mir zu sagen warum. Vielleicht lag es an den Instrumenten, vielleicht aber auch an deren Benutzern. Wir werden es nie herausfinden.«

»Ich kann Ihre Enttäuschung gut verstehen«, sagte Banks. »Aber niemand kann mehr geben als sein Bestes.« Er zögerte. »Verzeihen Sie mir, wenn ich mich unpassend ausgedrückt habe.«

»Um den halben Erdball zu segeln«, sagte Cook leise, »und dann alles falsch zu machen und zu versagen.«

»In der Wissenschaft der Astronomie ist noch viel zu tun«, sagte Banks. »Unsere Instrumente sind noch lange nicht perfekt. Sie sehen die Lage zu düster, Sir. Wir werden andere Dinge nach Hause bringen, neue Karten und Pflanzen, vielleicht neue Territorien für Seine Majestät und sogar das legendäre Südland.«

»Wenn Sie meinen, Mr. Banks.«

»Mein Freund Tupaia möchte uns auf unserer Fahrt begleiten«, sagte Banks.

»Tatsächlich?« Cook sah Banks an.

»Er ist ein stattlicher Vertreter seiner Rasse und wäre in London eine Sensation.«

»Das schon, Sir, aber wie lange bliebe er dort am Leben?«

»Ich übernehme die volle Verantwortung für ihn. Werden Sie Ihre Zustimmung geben?«

»Wenn er es wirklich will.« Wer wußte, wohin sie noch kommen würden, dachte Cook. Er hatte sich schon überlegt, daß ein Dolmetscher nützlich sein könnte.

4. Kapitel

Es gab noch viel zu tun, bis die *Endeavour* für die lange Fahrt nach Süden gerüstet war. Cook hatte festgestellt, daß der Schiffsbohrwurm den Rumpf des Schiffs zur Hälfte befallen hatte. In den folgenden Tagen wurde die *Endeavour* in der Matavai-Bucht gekielholt, vom Bewuchs gereinigt und neu verpicht. Das Deck wurde kalfatert, die Takelage ausgebessert und die Spieren lackiert. Cook wachte über die Durchführung der Arbeiten und sorgte auch dafür, daß das Schiff für die bevorstehende Reise ausgeschwefelt wurde.

Banks erkundete weiterhin die Berge, Parkinson malte, und Solander sammelte Pflanzen. Verpflegung mußte an Bord genommen werden, und jeder hatte alle Hände voll zu tun. Zur gleichen Zeit hielten die Diebstähle unvermindert an. Es verschwanden Nägel, Werkzeuge und sogar Feuerwaffen. Cook wußte nicht mehr, was er dagegen unternehmen sollte. In seiner Verzweiflung wehrte er sich schließlich, indem er eine Anzahl Kanus beschlagnahmte. Die unfreundliche Maßnahme tat ihm leid, aber wenigsten bekam er so einen Teil des Diebesgutes wieder zurück. Cook wollte jetzt nur noch die Insel verlassen und in See stechen.

Matrosen und Soldaten allerdings sehnten sich überhaupt nicht nach dem entbehrungsreichen und gefährlichen Leben auf See zurück. Sie waren hier mit ihren Frauen glücklich. Cook mußte trotz der angedrohten grausamen Strafen damit rechnen, daß einige Männer desertierten. Ihm war nicht entgangen, daß selbst der gestrenge Solander und Parkinson sich offenbar inzwischen auf Tahiti eingelebt hatten. Deshalb beschloß er, zur Eile zu drängen. Mit Banks würde er keine Probleme haben. Banks war viel zu ehrgeizig, als daß er der Versuchung erlegen wäre, auf den tropischen Inseln zu bleiben.

Endlich war der Tag der Abreise gekommen. Gore verabschiedete sich von der in Tränen aufgelösten Parita. Selbst er dachte jetzt einen Augenblick daran, sich heimlich davonzumachen. Aber noch während sie sich an ihn klammerte, wußte er, daß er seinen Posten niemals verlassen konnte. So blieb ihm nur, auf Gottes Gnade zu hoffen, daß er Parita einmal wiedersehen durfte. Ein Abschiedsfest wurde gefeiert. Flöten und Trommeln erklangen, die Mädchen tanzten ein letztes Mal. Die Diebereien und die Entwendung des Quadranten waren vergessen. Der Rauch der Feuer stieg kräuselnd zum Himmel, und der rhythmische Singsang hallte von den Bergen wider. Cook fühlte sich an diesem Abend erleichtert: Morgen würden sie, wenn der Wind günstig stand, unter vollen Segeln in See gehen.

Nur die Seesoldaten Sergeant Webb und Gibson hatten beschlossen zu bleiben. Beide hatten sie sich »Frauen« zugelegt und wollten in das bergige Hinterland fliehen, um sich dort zu verstekken. Inmitten des allgemeinen Singens und Tanzens schien die Flucht ein leichtes. Die beiden schlichen zu ihren Frauen, schlugen sich in die Büsche und kletterten dann so hoch in die Berge, bis sie schließlich schwitzend und zitternd vor Anstrengung tief unten die Lichter der in der Matavai-Bucht ankernden *Endeavour* sahen. »Wann fahren sie ab?« fragte Webb. Die Männer waren einiges gewohnt, aber noch nie in ihrem Leben waren sie so gerannt und geklettert.

»Mit der Flut, hieß es.« Gibson stand auf und prüfte den Wind. »Der Wind kommt aus Osten, sie werden bei Anbruch der Dämmerung unter Segel gehen.«

»Dann sind wir in Sicherheit?«

Gibson dachte an die Belohnung für ihre Mühen. »Sieht so aus.« Das harte Leben bei den Seesoldaten gehörte für immer der Vergangenheit an.

Als auf der *Endeavour* die Dämmerung anbrach, trat Fähnrich Clerke mit der Mannschaftsliste zu Cook auf das Vorderdeck. »Zwei Männer fehlen, Sir. Es handelt sich um die Seesoldaten Gibson und Webb.«

Cook sagte nichts. »Segeln wir trotzdem, Sir?« fragte Hicks. »Es ist Flut, und der Wind steht in Ost.«

»Wenn wir einen Suchtrupp losschicken, um sie zu holen«, meinte Gore, »kann das Tage dauern.«

»Das weiß ich auch, Mr. Gore.« Cook dachte immer noch nach. »Lassen Sie Königin Oberea und sechs Häuptlinge als Geiseln gefangennehmen. Die Königin kommt erst dann frei, wenn die Männer zurückgebracht werden.«

Am selben Tag wurden Oberea und sechs ihrer Häuptlinge aus dem Dorf abgeholt. Eine zornige Menge sah zu, wie sie in die Barkasse gesetzt und zur *Endeavour* hinausgerudert wurden. Fäuste reckten sich, und drohende Rufe wurden ausgestoßen. Feuer wurden angezündet, und rasch verbreitete sich die Nachricht über die Inseln.

Banks und Hicks waren an Deck, als die Geiseln an Bord kamen. »Ich fürchte, das war ein Fehler.« Banks dachte an die Nächte, die er mit der Königin verbracht hatte. Warum war es jetzt soweit gekommen? Er wagte nicht, sich ihr zu nähern.

»Mit dem Quadranten hat es letztes Mal auch funktioniert«, sagte Hicks.

»Lieber Hicks«, erwiderte Banks, »damals haben die Eingeborenen den Quadranten *gestohlen*. Die Seesoldaten aber haben sie nicht entführt – das ist der Unterschied, und deshalb sind sie wütend.«

Den ganzen Tag und die folgende Nacht wartete am Strand eine große Menschenmenge, und das Dröhnen von Trommeln drang herüber. Der Vollmond stand immer noch am Nachthimmel, als Cook mit Banks an Deck kam.

»Ich bedaure, erneut zu diesem Mittel greifen zu müssen – besonders Oberea gegenüber«, sagte Cook.

Banks hatte seine Zweifel. »Wie lange können wir sie als Geiseln festhalten?«

»Bis wir unser Ziel erreicht haben.«

»Eine Woche? Oder einen Monat? Die Tahitianer werden rebellieren.«

»Glauben Sie, ich tue das nur, um zwei Unruhestifter zurückzubekommen?«

»Dann lassen Sie die Königin frei. Es war ein Fehler, eine Verletzung ihrer *tapu*, ihrer geheiligten Person. Sollen diese Menschen nur schlechte Erinnerungen an uns behalten und nur voll Zorn an uns denken?«

Sogar jetzt brachte Cook ein Lächeln zustande. »Ich bin anscheinend nicht mit Ihrer Fähigkeit gesegnet, Freude zu verbreiten, Mr. Banks.« Dann fuhr er fort: »Aber was, glauben Sie, wird geschehen, wenn ich nichts gegen die Desertion der Seesoldaten unternehme? Ich will es Ihnen sagen. Wir werden jedesmal weitere Männer verlieren, wenn wir an Land gehen. Bekommen wir die beiden nicht zurück, dann ist das nur der Anfang.«

Am nächsten Tag saß Banks mit seinen Gefährten im Salon. Tupaia war anwesend, außerdem Solander, Green und Parkinson. »Ganz gleich, wie wichtig es ihm ist, die armen Teufel zurückzuholen«, sagte Banks, »es ist und bleibt ein Fehler. Eine vorschnelle Entscheidung - und der gute Eindruck, den wir hier gemacht haben, ist zerstört.«

Cook trat ein, aber Banks zeigte nicht die geringste Verlegenheit. »Tupaia«, sagte Cook, »ich brauche Ihre Hilfe.« Alle Augen richteten sich auf den Tahitianer, der nervös aufstand. »Sie werden mit Fähnrich Clerke an Land gehen. Machen Sie den Leuten klar, daß sie ihre Königin verlieren: Ich fahre ab und nehme sie mit, wenn die Ausreißer nicht bis Sonnenuntergang gefunden sind.«

Banks sprang empört auf. »Das können Sie nicht tun.«

»Ich kann und werde es tun. Setzen Sie sich, Sir, und überlassen Sie mir die Führung des Schiffs. Überzeugen Sie Ihre Landsleute, Tupaia, daß ich es ernst meine. Machen Sie es ihnen mit allem Nachdruck klar.«

Eine Stunde später stiegen Clerke und Tupaia aus der Barkasse an Land und teilten der Menge das Ultimatum mit.

Später am selben Tag wurden Gibson und Webb in einem kleinen Dorf hoch in den Bergen gefaßt. Ein eingeborener Führer hatte Clerke und Tupaia dorthin gebracht. Die Seesoldaten hatten sich gerade zu einem Mahl aus Schweinefleisch und Obst niedergelassen, als Clerke mit entsicherter Muskete vor sie trat. Diesmal wußten sie, daß es kein Entrinnen für sie gab.

»Auf, Jungs«, sagte der Fähnrich, »das Schiff wartet. Zwingt mich nicht, euch zu erschießen.«

»Was macht das schon für einen Unterschied«, erwiderte Gibson, »ihr hängt uns ja doch bald genug auf.«

Der Wind kam noch immer aus Osten, und die *Endeavour* lief mit der nächsten Flut aus. Die Segel wurden gesetzt und der Anker gelichtet. Langsam glitt das Schiff aus der Bucht. Banks und seine Freunde standen an Deck und blickten zum Strand zurück. »Leider kein freundlicher Abschiedsgruß für uns«, sagte Banks, »und das alles nur wegen einer Dummheit.«

Der Wind füllte die Segel, und das Schiff nahm Fahrt auf. Die Flagge wurde gehißt und knatterte über dem Achterdeck. Banks traute seinen Augen nicht, als auf der anderen Seite der Landzunge dichtbesetzte tahitische Kanus in Sicht kamen, hinter denen weitere Kanus zu sehen waren, die gerade vom Strand ablegten. Die kleine Armada formierte sich zu einer Eskorte, die die *Endeavour* auf drei Seiten umgab. In der Mitte der Flotte war das königliche Kanu Obereas zu sehen. Die Tahitianer sangen, Oberea war aufgestanden. Tränen liefen ihr über das Gesicht.

Cook nahm Haltung an und grüßte militärisch. »Ein Volk mit einem großen Herzen, Mr. Gore. Sie weinen, weil wir sie verlassen. Vielleicht hätten sie weinen sollen, als wir kamen.«

Die Matrosen schrien und lachten. Banks schwang sich ein Stück in die Wanten und winkte aus Leibeskräften. Dann erreichte die *Endeavour* unter vollen Segeln das offene Meer und die langen, hohen Wellen des Pazifik, und die Bewohner Tahitis blieben zurück.

* * *

Gibson und Webb standen an den Händen gefesselt in Cooks Kajüte. »Haben Sie etwas zu sagen?« fragte der Kapitän.

»Nein, Sir«, murmelte Webb.

Aber Gibson sagte: »Es nützt ja doch nichts – wir wußten, daß es falsch war. Aber so ein Leben wie auf dieser Insel habe ich noch nie gehabt.«

»Gibson«, sagte Cook streng, »Sie haben während der ganzen Reise nur Ärger gemacht. Warum sind Sie zu den Seesoldaten gegangen?«

»Ich bin nicht gegangen, Sir. Das Preßkommando hat mich geschnappt und gezwungen, im Krieg gegen die Franzosen zu kämpfen.«

»Wie alt waren Sie damals?«

»Dreizehn, Sir. Später bin ich vom Schiff abgehauen, aber das Kommando hat mich wieder erwischt. Die Männer sagten, es sei meine Pflicht, England zu dienen. Zehn Jahre habe ich jetzt gedient, Sir, zehn Jahre.«

Cook musterte die beiden Männer und ihre groben Gesichter – er hätte einer von ihnen sein können, wäre er unter ihresgleichen in Yorkshire aufgewachsen. In ihr Schicksal ergeben, standen sie jetzt vor ihm. »Mr. Hicks«, sagte Cook, »ich setze die Anklage von Desertion auf vorsätzliche Abwesenheit vom Schiff herab. Korrigieren Sie das Logbuch entsprechend. Beide erhalten je zwei Dutzend Hiebe.« Er gab seinem Fähnrich ein Zeichen. »Führen Sie sie ab.«

Später am Abend saßen Offiziere und Naturwissenschaftler im Salon. »Ein erstaunlicher Mann«, sagte Banks, »und schwer zu begreifen. Die beiden hätten den Strang verdient.«

»Dann sind wir ausnahmsweise einer Meinung«, sagte Monkhouse. »Der Kapitän war viel zu milde.«

Cook trat ein. »Guten Abend, meine Herren.«

»Doktor Monkhouse und Mr. Banks haben sich versöhnt«, sagte Green zwischen zwei Schlucken Wein. »Sie glauben beide, Sie hätten die armen Teufel hängen lassen sollen.«

»Welche Freude, meine Herren, daß Sie sich wenigstens einmal einigen konnten. Aber es ist leicht, zu sagen ›Aufhängen!‹, wenn man nicht der Richter ist.« Cook nickte und verschwand in seiner Kajüte.

In dieser Nacht schloß Cook das Kästchen auf, in dem er seine persönlichen Dinge aufbewahrte, nahm die geheime Order heraus und erbrach das Siegel. Er setzte sich und begann zu lesen:

Geheim, im Auftrag der Admiralität von Großbritannien... Der Ruhm der britischen Nation wird in hellerem Glanz erstrahlen, wenn Ihr Euch an die folgenden Instruktionen haltet. Es besteht Grund zu der Annahme, daß ein Kontinent oder Land großen Ausmaßes existiert; fahrt also gen Süden, um dieses Land zu entdekken. Ist das erreicht, sollt Ihr es vermessen, die Beschaffenheit des Bodens prüfen, ferner Tiere und Vögel, die es bewohnen, und Fische, Bäume und wertvolle Minerale beschreiben. Berichtet über die Natur seiner Bewohner und nehmt das Land mit ihrem Einverständnis im Namen des Königs in Besitz.

* * *

Da Cook wußte, daß es im Westen weitere Inseln gab, nahm er Kurs auf dieses Ziel. Er vermaß Huahine und Raiatea, hißte die britische Flagge und nahm die Inselgruppe in Besitz, die er, da sie dicht beieinander lagen, Gesellschafts-Inseln nannte.

Siebzehn Inseln wurden gesichtet, und Tupaia sagte, daß es noch viel mehr gebe. Cook aber wollte keine Zeit mehr verlieren und nahm am 9. August Kurs nach Süden. Der Himmel bewölkte sich, der Wind frischte auf. Die häufigen Windböen machten die Beobachtung schwierig. Tag für Tag suchten die Männer im Ausguck den Horizont ab, aber nirgends war Land zu sehen. Auch andere Hinweise fehlten – weder trieb Tang im Wasser, noch waren Vögel zu sehen. Schwer lastete die Eintönigkeit auf allen. Sie erreichten den 40. Breitengrad, und immer noch war der Pazifik leer.

Mißgelaunt saßen die Wissenschaftler im Salon. Green leerte sein Weinglas und sagte: »Entweder segeln wir im Kreis, oder wir finden es einfach nicht. Was glauben Sie, Banks?«

»Ich sehe keinen Grund, warum der Kontinent nicht existieren sollte. Unseren Freund Dalrymple habe ich zwar immer für einen eingebildeten Esel gehalten, aber es gibt zu viele fähige Männer, die an den Kontinent glauben. Sie können nicht alle irren.«

»Und es erscheint logisch, daß eine südliche Landmasse die Welt im Gleichgewicht hält«, fügte Solander hinzu.

»Genau«, sagte Green. »Was für einen Sinn hätten Tausende von Meilen leeren Ozeans?«

Es wurde kalt und stürmisch, und immer noch kein Land in Sicht – auch eine von Süden kommende Dünung, die ihnen die Existenz eines solchen Landes angezeigt hätte, war nicht zu spüren. Der Horizont war dick mit Wolken verhangen, die Aussichten alles andere als vielversprechend. Cook lud zu einer Besprechung in den Salon ein.

»Meine Herren«, begann er, »ich glaube, wir lassen uns zum Narren halten. Unsere Anweisung lautet, Mr. Dalrymples großes Südland zu finden, zu vermessen und in Besitz zu nehmen. Unsere wochenlange Suche hat nur ein Ergebnis erbracht: Es gibt dieses Land überhaupt nicht.« Banks und seine Kollegen sahen einander an. »Ich weiß«, fuhr Cook fort, »daß Dalrymples Theorie seit langem von Gelehrten und Wissenschaftlern vertreten wird – sie ist zu einem europäischen Mythos geworden, und wer bin ich, um mit den bedeutendsten Gelehrten zu streiten?« Er zeigte auf eine Karte. »Aber während der letzten Wochen sind wir hier entlang gefahren und haben gestern nacht diese Position erreicht.« Er zeigte auf einen Punkt in der Mitte des ›Kontinents‹, der auf Dalrymples Karte eingezeichnet war. »Mit anderen Worten, nach Dalrymples Karte stehen wir eben jetzt mitten auf dem Boden des großen Südlandes.« Cook wartete einen Augenblick, bis er sicher war, daß alle verstanden hatten, was er sagen wollte. Er wußte, daß er gegen seine strengen Befehle handelte, aber er war mit seiner Geduld am Ende.

»Mr. Hicks, wir haben genügend Zeit verschwendet. Gehen Sie auf Kurs Nordwest.« Zu den Wissenschaftlern gewandt, fügte er hinzu: »Wir wissen, daß Neuseeland existiert und daß Neuholland irgendwo westlich davon liegt. Hören wir auf, Mythen und Illusionen nachzujagen. Vermessen wir das Land, das es gibt.«

»Kurs Nordwest liegt an, Sir.«

* * *

Als erster sah der junge Nick das Land, das Steuerbord voraus auftauchte. Wer den Streifen zunächst für eine Wolkenbank gehalten hatte, wurde durch Vögel und Dünung eines Besseren belehrt. Bei Sonnenuntergang waren eine von Gebüsch bestandene Küste und hoch zum Himmel aufragende Berge zu sehen. Banks war begeistert, und Nick wurde als Belohnung eine zusätzliche Gallone Rum zugesprochen, die später zum größten Teil die Matrosen tranken. Am nächsten Morgen kam eine große Bucht in Sicht. Rauchsäulen zeigten an, daß das Land bewohnt war. Cook fand einen kleinen Fluß, in dem sie ankern konnten. Banks begab sich sofort in seine Kabine, um in sein Tagebuch zu schreiben, daß »allgemein die Ansicht besteht, dies sei unstreitig der Kontinent, den wir alle suchen«. Cook war davon freilich weniger überzeugt. Am Abend versuchte er, zusammen mit Banks, Parkinson und Tupaia in der Jolle an Land zu gehen, aber als die Gruppe den Strand betrat, wurde sie von Eingeborenen angegriffen, die drohend ihre Speere schwangen. Die tätowierten Eingeborenen sahen aus wie Tahitianer, waren aber viel kriegerischer und angriffslustiger. Sie hatten einen mächtigen Körperbau und schienen sehr stark. Ihre Gesichter waren vor Wut verzerrt, sie streckten die Zunge heraus und rollten wild mit den Augen. Ihre Speere hatten wuchtige Schäfte, die Äxte waren aus einem ungewöhnlichen grünen Stein gefertigt. Mit wildem Kriegsgeschrei versuchten sie, die Barkasse zu umzingeln. Stolz und ohne jede Angst, schienen sie wahrhaft furchtbare Gegner. Cook und seine Männer gingen hinter ihrem Boot in Deckung und fürchteten um ihr Leben.

»Mein Gott«, keuchte Banks, als sie auf dem nassen, kalten Sand knieten, »in der Matavai-Bucht wurde uns ein anderer Empfang bereitet.«

Die Eingeborenen waren ungemütlich nahe gekommen, und Cook befahl den Seesoldaten, ihre Musketen abzufeuern. Eine Weile stand ihr Schicksal auf Messers Schneide, und zu Cooks Bedauern fiel einer der Krieger tödlich verwundet zu Boden. Zitternd und frierend gelang ihnen schließlich der Rückzug zur *Endeavour*. Sie waren auf der Nordinsel Neuseelands angekommen.

Die Maoris sangen und tanzten die ganze Nacht. Cook war klar, daß sie hier nicht an Land gehen konnten. Er befahl deshalb, Anker zu lichten und auf der Suche nach Holz und Wasser nach Westen zu segeln. Aber die wilden Eingeborenen schienen überall die gleichen. Als ein zweiter Versuch unternommen wurde, an Land zu gehen, brachen die Maoris in einen furchteinflößenden Kriegstanz aus und schüttelten ihre Speere. Wieder gab Cook den Soldaten Befehl, zu feuern, und zwei weitere Eingeborene wurden getötet. Cook wollte nicht noch mehr Blut vergießen, aber es kam zu einer regelrechten Schlacht, als zwei Kriegskanus mit reich verziertem Bug auf das Schiff zukamen und an Pinasse und Barkasse längsseits gingen. Als die Maoris sich endlich zurückzogen, konnten die Soldaten drei von ihnen aus dem Wasser fischen. In den Tod ergeben, kauerten die Eingeborenen im Bug der *Endeavour*. Banks ließ Parkinson Bilder von ihnen malen, und Tupaia stellte fest, daß er sich mit den Maoris leicht verständigen konnte, wofür alle dankbar waren. Die gefangenen Krieger zeigten sich sogar einigermaßen zugänglich, als man ihnen gepökeltes Schweinefleisch und Schiffszwieback zu essen gab. Am nächsten Tag ließ Cook sie an Land bringen. Er wußte, daß die Lage nach wie vor gefährlich war. Banks und Solander hatten einige Pflanzen sammeln können, und man hatte frisches Holz und Wasser an Bord genommen. Es war an der Zeit, weiter nach Norden zu segeln. Dort empfingen sie Land und Leute freundlicher. Als sie landeten, zeigten die Eingeborenen sich entgegenkommend, und die Briten lernten, zur Begrüßung die Nasen zu reiben. Das Land war grün und üppig. Für die Männer gab es eine willkommene Abwechslung des Speiseplans. Die Eingeborenenfrauen tauchten in der Bucht und brachten ihnen die größten Hummer, die sie je gesehen hatten; auch die Austern schmeckten vorzüglich, und Banks konnte viele Vögel schießen. Morgens war das Wetter kalt und klar, um die Mittagszeit wurde es milder. Die Einheimischen waren ein gut organisiertes, tatkräftiges Volk und von ganz anderem Charakter als die Tahitianer. Da Tasmans Karte unvollständig war, bestand noch immer die Möglichkeit, daß Neuseeland Teil eines größeren Kontinents war. Cook beschloß deshalb, um das Land herumzufahren.

Auf der südlichen Hemisphäre begann der Frühling. Als sie entlang der Ostküste nach Norden segelten, wurde die Vegetation üppig, und graugrüne Berghänge reichten bis dicht an die Küste. Sie sahen viele Eingeborenensiedlungen und Gärten, in denen Süßkartoffeln angebaut wurden. Die Gewässer waren fischreich, und da ab und zu einige Männer an Land gingen, um wilde Sellerie zu sammeln, aßen sie gut. Obwohl Cook sich immer noch Sorgen um den Speisezettel seiner Männer machte, waren deren Eßgewohnheiten schon viel besser geworden. Hicks allerdings hatte sich einen lästigen Husten zugezogen. Cook glaubte sich zu erinnern, daß er schon auf Tahiti gehustet hatte.

Offiziere und Mannschaft waren gleichermaßen verwirrt von dem unberechenbaren Verhalten der Maoris. Einmal waren sie großzügig und freundlich, dann wieder angriffslustig und kriegerisch. Es war jedesmal ein nervenaufreibendes Unterfangen, an Land zu gehen, um Proviant zu beschaffen. Zwei oder drei Seesoldaten mußten dabei mit schußbereiten Waffen Deckung geben. Das Land im Norden war mit subtropischen Wäldern bedeckt, aus deren hohen, kerzengerade gewachsenen Bäumen man, wie Parkinson feststellte, gute Rundhölzer und Masten schneiden konnte.

Für Cook war es eine glückliche und zufriedene Zeit; er war vollauf mit der Vermessung der Küste, dem Zeichnen von Karten und der Navigation beschäftigt. Am Neujahrstag des Jahres 1770 umrundeten sie das Kap Maria-Van-Diemen im Norden und begannen, sich an der gefährlichen Westküste - einer Leeküste! - nach Süden vorzuarbeiten. Die *Endeavour* fing an, innen und außen zu faulen, und frisches Wasser wurde knapp. Tagelang suchten sie nach einem geeigneten Ankerplatz. Am 14. Januar endlich konnten sie in einer weiten, geschützten Bucht vor Anker gehen. Auf den Landspitzen hatten die Eingeborenen Befestigungen errichtet, über die Felsen ergoß sich ein Fluß ins Meer. Der Ort sah idyllisch aus, und jedermann, vor allem Banks, war begierig, sich nach den Wochen auf See die Beine zu vertreten.

Die Felsen waren dick mit Miesmuscheln und Austern überkrustet. Banks, Green und Parkinson kletterten an Land und verschwanden in den Büschen. Die Luft war hier feucht und schwül, und Tausende von Vögeln ließen ein helles Gezwitscher ertönen. Unter einem Dach wild wuchernder Klematis blieben die Männer stehen und lauschten; keiner von ihnen hatte je etwas so Schönes gehört. Erst dann stolperten sie über die Knochen.

»Großer Gott, Sir, was ist das?« rief Parkinson und beugte sich hinunter. Dort lagen in Moos und Erde eingesunken verrottete Körbe voller Schädel und Knochen.

»Meine Herren, wir befinden uns in einem Land von Kannibalen«, verkündete Banks. Außer dem Tropfen der Bäume war kein Laut mehr zu vernehmen.

»Aber sie fressen doch nur ihre Feinde und nicht ihre Freunde«, flüsterte Green.

»Ich fürchte sehr, wir gehören zur ersten Kategorie«, murmelte Banks.

Der Vorfall dämpfte die Entdeckerfreude der gelehrten Männer. Sie hielten sich fortan in der Nähe der Küste und in Reichweite der Seesoldaten und der Barkasse auf. Als die Matrosen von der Entdeckung erfuhren, verloren sie schnell jegliche Lust auf Frauen. Nur einer ging mit diesem Ziel an Land und kehrte unverrichteter Dinge zurück – man hatte ihm einen Knaben angeboten.

Ein, zwei Wochen später bestieg Cook mit einigen Männern die höchste Erhebung der Umgebung. Von dort sah er, daß die Bucht mit dem Ozean im Osten durch eine Straße verbunden war. Das überzeugte ihn, daß sie um eine große Insel segelten. Der Mythos vom großen Südland war so gut wie tot und begraben. Cook war in gewisser Weise erleichtert. Er beschloß, durch die Meerenge zu fahren und dann weiter Kurs nach Süden zu nehmen.

Je tiefer sie nach Süden kamen, desto höher stiegen die Berge an. Banks meinte sogar, sie seien den Bergen der Schweiz ebenbürtig. Die Gipfel ragten zum Himmel auf, und der Schnee glitzerte in der sommerlichen Sonne. Die Flüsse waren breit und tiefblau, und insbesondere die Fjorde an der südwestlichen Küste der Insel hatten es Banks angetan. Steil fielen die Felsen ab, die Eingänge waren eng, und das Gebüsch reichte bis unmittelbar an den Rand des Wassers. Banks wußte, daß in diesen Meeresarmen gewaltige Schätze verborgen waren.

»Die Fjorde werden für uns eine Fundgrube sein«, sagte er, als er eines Herbstmorgens neben Cook an der Heckreling stand und zum Land hinübersah.

Cook prüfte Strömung und Wind. Sie befanden sich wieder an einer gebirgigen Leeküste. »Ich fürchte, das ist unmöglich.«

»Ich glaube, Sie verstehen mich nicht, James. Solander und ich wollen an Land.«

»Ich verstehe Sie vollkommen«, erwiderte Cook. Sie redeten sich jetzt mit Vornamen an, aber Banks hatte nichts von seiner Arroganz verloren. »Ich habe nicht die Absicht, mein Schiff für weitere Pflanzen mit lateinischen Namen aufs Spiel zu setzen. Und jetzt entschuldigen Sie mich bitte.«

Cook entfernte sich, um mit Clerke zu sprechen, und Banks sah ihm zornig hinterher. Diese verdammten Dickschädel aus Yorkshire, der Teufel sollte sie holen.

»Gehen wir an Land, Sir?« wollte Clerke wissen.

»Nein, Mr. Clerke.«

»Die feinen Herren im Salon haben gestern davon gesprochen.«

»Die ›feinen Herren‹, wie Sie sie nennen, haben mit der Führung dieses Schiffes nichts zu tun. Die ›feinen Herren‹ haben das Recht, sich als Passagiere an Bord aufzuhalten, und werden sich dementsprechend benehmen. Bitte veranlassen Sie, daß die ›feinen Herren‹ den Salon räumen, weil ich mich in einer Stunde dort mit meinen Offizieren allein besprechen will. In einer Stunde, haben Sie verstanden?« Als er sich zum Gehen wandte, sah er Banks noch einmal näherkommen. »Ich glaube, wir haben das Thema erschöpfend behandelt, Mr. Banks.«

»Nicht zu meiner Zufriedenheit.«

»Tatsächlich?«

»Wollen Sie uns das Recht streitig machen, an Land zu gehen und Pflanzen zu sammeln?«

»Sie sammeln, pressen und katalogisieren schon die ganze Zeit«, erwiderte Cook. »Das Schiff ist vollgestopft mit Pflanzen – wir haben mehr Grünzeug an Bord, als es auf dem Markt von London zu kaufen gibt. Manchmal habe ich den Eindruck, daß ich mich auf einem schwimmenden Gewächshaus befinde und nicht auf einem Schiff Seiner Majestät.«

»Ich brauche für mein Tagebuch und meinen Bericht an die Royal Society eine klare Auskunft: Bestreiten Sie mir hiermit das Recht, zu Forschungszwecken an Land zu gehen?«

Cook musterte den Botaniker in seiner vornehmen Kleidung und der gepuderten Perücke. Wie brachte der Mann es fertig, immer so sauber zu sein? »Jawohl. Schreiben Sie das folgende in Ihr Tagebuch, weil ich es mit Sicherheit im Logbuch vermerken werde: ›Um das Schiff nicht in Gefahr zu bringen, weigerte der Kapitän sich, in Gewässer einzudringen, die seiner Meinung nach äußerst gefährlich sind.‹«

»Wodurch eine einmalige Gelegenheit vertan wurde. Sir, unter diesen Gletschern befinden sich vielleicht wertvolle Minerale.«

»Die Küste hier ist eine Leeküste, Mr. Banks – ich hoffe, Sie wissen inzwischen, was das heißt. Im Fjord ist das Wasser wahrscheinlich so tief, daß wir nicht ankern können. Es wäre eine Narrheit, dort hineinzufahren, ein dummes und unnötiges Risiko, auf das ich mich nicht einlassen werde. Schreiben Sie das in Ihr Tagebuch. Auch wenn die Gletscher aus Gold wären, ich würde das Schiff deshalb nicht aufs Spiel setzen.«

Am 24. März umrundete die *Endeavour* die nordwestliche Spitze der Südinsel. Damit war die Umschiffung der beiden Inseln beendet und der Mythos eines Kontinents in diesen Breiten zerstört. Da der Vorrat an Holz und Wasser wieder ergänzt werden mußte, fuhr Cook in den Königin-Charlotte-Sund ein. Es war der letzte Hafen Neuseelands, in dem sie ankerten. Cook verbrachte die meiste Zeit im Salon, wo er seine die gesamte Küste erfassenden Karten vervollständigte. Er war mehr als zufrieden mit sich und hielt die Karte von Neuseeland für ein Meisterwerk der Kartographie. Die Maoris waren zwar ein kriegerisches Volk, zugleich aber geschickte und intelligente Handwerker. Das Land hatte reiche Bodenschätze und war mit einem milden Klima gesegnet. Es würde ein verlockendes Ziel für arbeitswillige Kolonisten abgeben, dachte Cook, und es war jetzt im Besitz Seiner Britannischen Majestät.

Diesmal gestattete Cook Banks und Solander einen letzten botanischen Streifzug an Land. Insgesamt hatten die Botaniker über 360 Pflanzenarten gesammelt. Das Schiff wurde gesäubert und mit Proviant versehen, Holz und Wasser wurden aufgenommen und Segel und Takelage für die Heimreise ausgebessert. Eine Frage war allerdings noch offen: die Route der Heimreise.

Wieder besprachen Cook und seine Offiziere sich unter Ausschluß der anderen im Salon. Auf allen Seiten von einer Fülle von Präparaten, Tabellen und Bildern umgeben, fanden sie kaum Platz für sich selbst. Eine Karte von Neuseeland wurde ausgebreitet, dazu eine der ersten Karten der Südsee, auf der Südamerika und Afrika mit ihren südlichsten Landspitzen eingezeichnet waren. Der Ozean dazwischen erschien als überwiegend leere Fläche. »Wir befinden uns gegenwärtig hier, auf 41° südlicher Breite«, sagte Cook. »Wir haben beide Inseln umfahren und kartographiert und damit unseren Auftrag nach bestem Vermögen erfüllt. Jetzt müssen wir entscheiden, wie wir zurückfahren.« Einen Augenblick studierte er ihre Reaktion, dann gab er ihnen die Alternativen bekannt: »Sollen wir entlang dem stürmischen 40. Breitengrad nach Amerika und Kap Horn zurückkehren? Damit hätten wir zumindest endgültig bewiesen, ob es Dalrymples großes Südland gibt oder nicht.«

»Haben Sie sich für diesen Weg entschieden, Sir?« fragte John Gore.

»Wofür entscheiden Sie sich, Mr. Gore?«

»Wir würden in den Winter hineingeraten. Unsere Segel sind inzwischen fadenscheinig, die Takelage hat einiges mitgemacht. Wenn es zwischen hier und Kap Horn kein Land gibt, bezweifle ich, daß das Schiff die Fahrt übersteht.«

Nun äußerte sich Hicks: »Der Rumpf ist zugewachsen und beginnt zu faulen, Sir. Wir haben Lecks, die nur vorläufig mit Segeltuch gestopft sind, und müssen Reparaturen ausführen.«

»Wenn wir nach Westen fahren«, sagte Cook, »müßten wir auf die neuholländische Küste stoßen. Sie muß irgendwo hier liegen.« Er zeigte auf die Karte. »Wenn wir sie finden, können wir sie nach Norden vermessen, sie an ihrem nördlichen Ende umrunden und die Heimreise über das Kap der Guten Hoffnung antreten.«

»Ich bin für diese Route«, entschied sich Hicks.

»Und Sie, Charles Clerke«, fragte Cook, »wofür sind Sie?

»Wenn wir Neuholland finden und vermessen, Sir, wäre das eine...«

»Was?«

»Eine Entschädigung dafür, daß wir das legendäre Südland nicht entdeckt haben, Sir.« Clerke zögerte. »Was ich damit sagen will... *wir* wissen, daß es dieses Land nicht gibt, aber die Leute zu Hause werden enttäuscht sein.«

»Daß es das Land nicht gibt und wir es nicht entdeckt haben?«

»Ja, Sir.«

»Sie haben vollkommen recht. Man hat so lange daran geglaubt. Gelehrte und Admiralität werden verärgert sein. Sie werden uns nicht dafür lieben, daß wir ihren lang gehegten Traum zerstören. Ich freue mich, daß wir einer Meinung sind, meine Herren. Wir fahren also weiter nach Westen.«

5. Kapitel

Die Ostküste Neuhollands war noch auf keiner Seekarte eingezeichnet, denn in der Zeit nach Tasman hatte sich das Interesse der Niederländer verlagert. Die *Endeavour* bewegte sich also wie bisher in unbekannten Gewässern, und Cook sah voller Tatendrang neuen Küsten entgegen, die er vermessen konnte. Vom Zustand der *Endeavour* ließ er sich nicht schrecken, und für anderthalb Wochen hatten sie auch tatsächlich guten Wind und schönes Wetter. Dann wurde es so windstill, daß Banks sogar von einer kleinen Jolle aus Seevögel schießen konnte. Als er einen über dem Schiff kreisenden Albatros herunterholte, sahen einige Matrosen darin ein böses Omen; einen Albatros zu erlegen bedeutete Unglück. Cook selber ließ sich von solchem Aberglauben nicht beeindrucken. Er wußte, daß die Flaute nur die Ruhe vor dem unausweichlichen Sturm war. Der Sturm kam zwei Tage später. Heulend brauste er von Süden heran und peitschte das Meer zu Wellenbergen auf, die kaum weniger hoch waren als am Kap Horn. Nur die Mannschaft konnte sich noch an Deck aufhalten, Banks und seine Begleiter lagen seekrank in ihren Kojen. Banks erbrach sich und fluchte: Würde er sich nie an rauhe See gewöhnen? Zu gern hätte er gewußt, wie Cook und die Matrosen das geschafft hatten. Es mußte mit dem Gleichgewichtssinn zu tun haben – er würde in London einen der Physiker, die er kannte, mit der Untersuchung des Phänomens beauftragen. Der Sturm ließ nach, aber es blieb windig und kalt. Das Schiff befand sich auf 38° südlicher Breite.

* * *

Als Cook und Hicks eines Morgens mit dem Sextanten arbeiteten, bekam Hicks einen fürchterlichen Hustenanfall. Hilflos krümmte er sich in dem kalten Wind. Cook machte sich Sorgen. Sein erster Gedanke war, Hicks könne sich die Schwindsucht geholt haben. Er erinnerte sich, daß Hicks sogar in der Hitze Tahitis gehustet hatte. Er befahl seinem Offizier, unverzüglich den Arzt aufzusuchen. Einen Offizier zu verlieren bedeutete eine Katastrophe, aber Hicks zu verlieren wäre das allerschlimmste. Cook wagte gar nicht daran zu denken.

Zermürbt vom Wetter der südlichen Hemisphäre, drangen sie weiter nach Westen vor: Zuerst gingen heftige Regenschauer nieder, dann legte sich Nebel wie ein nasses Tuch auf das Meer. Endlich klarte es wieder auf. Blaß stand die Sonne am Himmel, ein schneidender Wind wehte. Sogar die Laune des Kapitäns sank, als der Wind nach Süden drehte und das Schiff zu rollen begann. Hicks hustete ununterbrochen, so daß Cook ihn in seine Koje schickte. Der Leutnant spuckte Schleim und Blut, und Cooks Laune besserte sich kaum, als er von Doktor Monkhouse hörte, es handle sich nur um eine Erkältung. Er hatte Fälle von Schwindsucht schon früher gesehen. Cook verfluchte sein Pech; wenn es nicht Skorbut war, war es etwas anderes. Hicks' Kabine war zu klein, um einen Holzofen darin aufzustellen, und das ganze Schiff war feucht und modrig. Zu Cooks Sorgen kam hinzu, daß Charles Green angefangen hatte zu trinken. Cook fürchtete die Wirkung, die Greens Verhalten auf die Moral der Mannschaft haben könnte. In dieser Nacht brach ein neuer Sturm los; Blitze zuckten über den Himmel und Donner krachte. Die Passage war schlimmer als jene im Süden Feuerlands, dachte Cook. Das Wetter spielte verrückt, es war extrem unbeständig und verschlechterte die ohnehin bereits gedrückte Stimmung noch mehr.

Die Kerzen im Salon flackerten, die Spanten knarrten, und die Gischt schlug gegen die hohen Heckfenster. Eine ratlose Stimmung lastete auf dem Raum. Cook spielte mit Clerke Cribbage, Banks versuchte ein wissenschaftliches Magazin zu lesen, und Parkinson zeigte Tupaia ein Bild. Green trank, und der Geruch des Grogs vermehrte Banks' Übelkeit.

»Möchten Sie ein Glas?« erkundigte sich Green. An seinem Kinn hing ein Speicheltropfen, und Cook bemerkte, daß er sich nicht rasiert hatte.

Die Männer hatten sich jetzt über eine Woche nicht waschen können, ihre Kleider starrten vor Dreck.

»Großer Gott, nein«, erwiderte Banks mit einem Blick auf die halbleere Flasche.

Green rülpste. »Es lenkt von dieser fürchterlichen Öde ab.« Offensichtlich wollte er ein Gespräch anfangen, aber jedermann tat, als sei er beschäftigt. »Wie viele Monate brauchen wir noch bis England, Kapitän?«

Cook spielte mit den Holzstiften des Markierbretts. »Schwer zu sagen.« Es konnte Monate dauern, bis sie Batavia und die Westindischen Inseln erreichten.

»Machen Sie eine Schätzung. Sie sind als einziger dazu in der Lage.«

»Ungefähr ein Jahr.« Cook vertiefte sich wieder in das Spiel.

»Ein Jahr«, schnaufte Green und wippte auf seinem Stuhl. »Haben Sie das gehört, Banks?«

»Ja.«

Green stieß die Flasche um, konnte sie aber noch rechtzeitig auffangen. »Ein verdammtes Jahr – zwölf erbärmliche Monate, und wir fahren nur immer weiter und weiter. Kein sagenhaftes Südland. Kein reicher Kontinent, wie man uns versprochen hat, größer als Asien, herrlicher als Europa. Nichts. Verschwendete Zeit, Banks, wertvolle Zeit unseres Lebens, und das Ganze ist eine totale Pleite.«

Schwankend stand Green auf und versuchte, das Gleichgewicht zu halten. Cook schob das Brett zur Seite und sah Clerke mit einem Schulterzucken an. »Ich glaube, Sie haben gewonnen, Charlie, Sie sind viel zu gut für mich. Begleiten Sie den Gentleman zu seiner Kabine.«

»Aye, aye, Sir.«

Aber Green wies die Hilfe des Fähnrichs unter Protest zurück: »Ich komme selber zurecht. Ein Jahr. Großer Gott, wir sind alte Männer, bis wir das gute alte England wiedersehen. Was gäbe ich jetzt für ein Stück Rinderbraten und Yorkshire-Pudding.«

Banks schluckte. »Seien Sie still, Mr. Green.«

Als Clerke dem Astronomen hinausgeholfen hatte, wandte Cook sich zu Hicks, der blaß und schwitzend neben ihm saß. »Kommen Sie mit, Mr. Hicks.«

Cook zog die Tür der Kajüte hinter sich zu und musterte Hicks. »Der Arzt sagt mir, Sie haben eine leichte Erkältung. Glauben Sie, er hat recht? Ist es eine Erkältung?«

»Nein, Sir, ich glaube, es ist mehr.«

»Der junge Clerke kann einen Teil Ihrer Aufgaben übernehmen.«

»Ich komme schon zurecht, Kapitän.«

»Wir wissen beide, daß dem nicht so ist«, erwiderte Cook. »Ich möchte, daß Sie sich ausruhen und wieder gesund werden. Wir können uns nicht leisten, Sie zu verlieren.«

* * *

Die Sturmschäden wurden behoben. Unter Gores Aufsicht arbeiteten der Schiffszimmermann und der Segelmacher mit ihren Gehilfen rund um die Uhr. Die See hatte sich beruhigt, und die *Endeavour* segelte vor einem schwachen Ostwind. Cook und Clerke standen auf dem Achterdeck. »Da Mr. Hicks schwer erkrankt ist, übernimmt Leutnant Gore die Aufgaben des Ersten Offiziers«, sagte der Kapitän, »und Sie werden Mr. Gore als Zweiten Offizier vertreten.«

Der junge Mann war sichtlich stolz. »Ich danke Ihnen, Sir.« Er zögerte. »Darf ich noch etwas sagen?«

»Das tun Sie doch sonst auch.«

»Es geht um den Astronomen, Sir. Er trinkt zu viel, weil er den Venusdurchgang nicht richtig gemessen hat.«

»Ich weiß, warum er trinkt.«

Unbeirrt redete Clerke weiter: »Ich glaube nur, daß es ihm jemand sagen sollte – wenn er nur noch dummes Zeug redet, dann darf er sich nicht so oft betrinken.«

»Hören Sie ihm nicht zu.«

»Aber das kann ich nicht, Sir«, erwiderte Clerke, »und ich ärgere mich über das, was er sagt, und den anderen geht es genauso. Wir verschwenden keine Zeit, und wir haben nicht versagt. Sie zeichnen Karten von diesem Meer, nach denen andere Männer segeln werden – wahrscheinlich noch lange, nachdem wir alle gestorben sind.«

Cook war gerührt: Wenigsten einer wußte, woran der Kapitän arbeitete. »Gut. Aber der Wind frischt auf, und Sie sind der wachhabende Offizier. Was haben Sie zu tun?«

»Ich lasse Klüver und Besan heißen, Sir.«

»Dann tun Sie das.«

»Aye, aye, Sir.« Clerke eilte nach vorn und begann Kommandos zu brüllen. Cook war stolz auf ihn.

Es wurde neblig. Hicks war gerade aus seiner Kabine an Deck gekommen, und diesmal sah er das Land als erster. Cook mußte zu seinem Bedauern feststellen, daß sie zu weit nördlich gefahren waren, um noch feststellen zu können, ob Van-Diemens-Land eine Insel war oder nicht. Aber dafür war es nun zu spät, und so behielten sie ihren Kurs bei. Das Land war flach und bewaldet, hohe Berge wie in Neuseeland - waren nicht zu sehen.

Banks verbrachte einen Großteil der Zeit damit, die Küste durch sein Fernrohr zu studieren. Es war schwer, einen geeigneten Ankerplatz zu finden. Endlich, am 27. April, wagten sie den Versuch und hielten bei ablandigem Wind auf die Küste zu. Cook, Banks und Tupaia versuchten, in der Barkasse zu landen, aber die Brandung war viel zu hoch und zwang sie zur Umkehr. Sie konnten am Strand allerdings schemenhafte Gestalten und primitive Hütten erkennen. Obwohl sie mit der Barkasse ziemlich nahe herankamen, schienen die Eingeborenen sie nicht zu bemerken, was vor allem Banks über alle Maßen erstaunte. »Aber sie müssen uns gesehen haben«, wiederholte er immer wieder. »Sie müssen uns doch gesehen haben.«

Am 28. April kamen sie auf 34° südlicher Breite an eine Bucht, welche die ansonsten öde Küste unterbrach. Die Einfahrt war breit und tief, und sie konnten mit Wind aus West heraussegeln. Langsam glitt die *Endeavour* durch den Eingangskanal, vorbei an Eingeborenen, die in Strandnähe mit Speeren fischten. Wieder schienen sie das Schiff nicht zu bemerken, sie sahen nicht einmal von ihrer Arbeit auf. Es war, als ob das Schiff und seine europäische Besatzung unsichtbar seien.

Eine Stunde später ankerten sie vor einer winzigen Siedlung, die nur aus einem halben Dutzend Hütten bestand; diesmal sah eine alte Frau zu dem Schiff auf, zeigte aber keinerlei Neugier. Einige Matrosen hofften auf ein zweites Tahiti, aber Cook fürchtete, sie würden enttäuscht werden. Jenseits der Bucht erstreckte sich das Land flach und konturlos nach Westen. Es machte keinen vielversprechenden Eindruck.

Als sie an Land gingen, tauchte eine Gruppe Eingeborener auf, die mit Speeren und gebogenen Holzscheiten bewaffnet waren. Der Tag war ruhig und windstill, kerzengerade stieg der Rauch der Feuer zum Himmel. Nichts rührte sich, die Schwarzen standen da wie Gespenster und starrten die Barkasse an. Tupaia rief sie an, erhielt aber keine Antwort. Cook, Banks, Gore und die Seesoldaten blieben stehen. Tupaia versuchte es noch einmal. Es war, als ob sie alle träumten. Plötzlich warfen zwei der Schwarzen ihre Speere. Gibson hob die Muskete. Cook mußte unwillkürlich an Poverty Bay auf Neuseeland denken, an die Kriegskanus, den Kriegsgesang und die Tänze. Er schwitzte, und seine Uniform klebte ihm am Leib. Er befahl Gibson, die Waffe zu senken. Weitere Speere flogen durch die Luft, einer verfehlte Parkinson nur knapp. Dann war es auf einmal wieder ruhig, und Eindringlinge und Einheimische starrten einander an. Banks verlor als erster die Geduld. »Ich versuche es mit Perlenketten«, meinte er.

»Gibson, Sie begleiten Mr. Banks«, sagte Cook. »Ich will nicht, daß jemand verletzt wird.«

Vorsichtig stieg Banks den Strand ein Stück hinauf und warf die Ketten in den Sand. Die Eingeborenen kamen, hoben sie auf, untersuchten sie und warfen sie achtlos zurück. Von den verkrüppelten Bäumen kreischten Vögel. Dann waren die Schwarzen plötzlich verschwunden. Wahrhaftig ein seltsames Land.

* * *

In der Bucht wimmelte es von riesigen Stachelrochen, und im schlammigen seichten Wasser gediehen üppige Mangroven. Auch Austern und Miesmuscheln waren in großen Mengen vorhanden und als frische Nahrung willkommen. Die Schwarzen sah man selten, und dann nur als Schatten im graubraunen Busch. Sie schienen so schüchtern wie Rehe. Vögel gab es in Massen – einige so schwarz wie Raben, andere buntgefiedert. Als die Männer einige Papageien schossen, rollte das Echo der Schüsse durch das trockene, sandige Hügelland. Cook war noch nie an einem Ort gewesen, an dem eine solche gespenstische Stille herrschte.

Banks, Solander und Parkinson teilten Cooks böse Vorahnungen nicht. Sie gingen in den Busch, als ob er ein Paradies sei. Seit Feuerland hatten sie nicht mehr so ungestört nach Pflanzen suchen können. Von früh bis spät sammelten, klassifizierten und malten sie. Das Schiff nahm frisches Wasser, Holz und Nahrung an Bord, und Cook selbst vermaß die Bucht und fertigte einige Zeichnungen an.

Ein paar Tage später kehrten einige der Matrosen mit reicher Beute von einem Fischzug zurück. Sie hatten genug gefangen, um für die ganze Besatzung ein Festmahl zu bereiten. Am späten Nachmittag ruderten sie zum Ufer, um die Fische zu säubern und auszunehmen. Cook, Banks, Tupaia, Solander und Parkinson sahen ihnen zu. Die Matrosen hatten viele verschiedenartige Fische gefangen, und Cook war zufrieden. Die Männer waren jetzt begierig auf frische Nahrung, sie hatten ihre alten Gewohnheiten aufgegeben. Sie schütteten den Fang auf den Sand, und die Arbeit begann. Plötzlich erschienen lautlos und drohend die Eingeborenen. Gibson war besorgt, aber Cook schien unbekümmert. »In Ordnung, Gibson, aber es gibt keinen Grund zur Aufregung. Sie waren bisher die Freundlichkeit in Person.«

»Nicht diesmal, Sir, treten Sie zurück – Sie auch, Mr. Banks und die anderen Herren.«

»Machen Sie sich nicht lächerlich«, erwiderte Banks. »Die Eingeborenen sind eine scheue Rasse – Parkinson und ich wissen das am besten.«

»Verzeihung, Sir«, sagte der Seesoldat, »aber seien Sie kein verdammter Narr – steigen Sie in das Boot – sie greifen an. Schnell!«

Nervös und ängstlich starrten die Europäer jetzt den näherkommenden Schwarzen entgegen, die ihre Körper mit weißen Streifen bemalt hatten und lange Speere schwangen. Fliegen krabbelten über die Fische, in den Bäumen kreischten die Vögel. Gibson stellte sich mit gespannter Muskete vor Cook.

»Tun Sie, was er sagt«, rief Cook. »Gehen Sie in die Barkasse.«

Als sie in das Boot stiegen, bohrte sich der erste Speer vor Gibsons Füßen in den Boden. »Herrgott noch mal!« keuchte er.

»Erschießen Sie ihn.« Banks' Stimme war fest.

»Wenn ich das tue«, erwiderte Gibson, »stürzen sie sich auf uns, ehe ich neu laden kann.«

»Um Himmels willen, Mr. Banks«, brüllte Cook, »steigen Sie ins Boot.«

»Und die Fische?«

»Lassen Sie sie liegen.« Gibson knirschte mit den Zähnen.

»Jammerschade drum.«

»Aber deshalb greifen sie uns doch an, verstehen Sie denn nicht? Lassen Sie sie liegen. Um Gottes willen, machen Sie schnell!«

Endlich waren alle in der Barkasse versammelt, nur Gibson stand noch am Strand. Der nächste Speer verfehlte ihn nur knapp. Er feuerte, und der Schwarze stürzte zu Boden. Die Eingeborenen hielten und starrten zuerst auf den Toten, dann auf Gibson, während er ins Boot kletterte. Sie kamen näher, um den Toten zu untersuchen, und beobachteten, wie die Barkasse in die Bucht hinausgerudert wurde.

Cook schickte Clerke, um Gibson zu holen. Als der junge Offizier wieder gegangen war, befanden die beiden sich allein in der Kajüte. »Ich gratuliere«, sagte Cook.

»Wie meinen Sie das, Sir?«

»Eine schöne Abwechslung, Gibson, wenn ich Sie, statt Sie zu bestrafen, auch einmal loben kann.«

»Ich hatte geglaubt, Sie hätten mich holen lassen, weil ich zu den Gentlemen grob war.«

»Was immer Sie gesagt haben, ich habe es nicht gehört.«

»Ja, Sir«, sagte der Seesoldat. »Danke, Sir.«

»Was meinten Sie eigentlich, als Sie sagten, die Eingeborenen hätten uns wegen der Fische angegriffen?«

»Ich glaube, daß sie deshalb wütend waren.«

»Weil wir ihre Fische gefangen haben?«

»Weil wir so viele gefangen haben. Sie sind anders als wir. Sie machen sich nichts aus unseren Perlen oder unserem Geld – oder aus uns Fremden. Ich glaube, sie fischen immer nur so viel, daß sie ihre Frauen und Kinder ernähren können.«

»Und weil wir so viele Fische und Schildkröten gefangen haben, hielten sie uns für gierig?« Cook war nachdenklich geworden. Die Sache interessierte ihn.

»Vielleicht, Sir.«

»Wenn Sie recht haben, Gibsôn, heißt das, sie werden uns nicht angreifen, wenn wir sie oder ihre Nahrungsgrundlage nicht bedrohen.«

»Ich bin nicht sicher, ob ich recht habe, Sir.«

»Wir werden sehen.«

Nach dem Zwischenfall am Strand gingen die Männer bei der Beschaffung ihrer Nahrung vorsichtiger vor. Sie speisten trotzdem vorzüglich: das Menü bestand aus Stachelrochenfilet, Austern, Miesmuscheln und wildem Spinat. Warm schien die Maisonne herunter und versüßte ihnen den Aufenthalt. Die Flora des Landes war so vielfältig, daß Banks und Solander auf getrennten Wegen durch die stillen Trockenwälder streiften. Die Schwarzen waren kaum je zu sehen, und wenn man sie sah, waren es bloße Schatten, die geisterhaft durch die Eukalyptusbäume huschten. Cook vermaß die Bucht sorgfältig, und als diese Aufgabe ausgeführt war, gab er Befehl, nach Norden zu segeln. Vorher wurde noch beschlossen, ein schlichtes Zeichen zur Erinnerung an ihren Aufenthalt in Botany Bay zu hinterlassen, und so wurde eines heißen Morgens unter den Augen der Schwarzen, die den Vorgang aus einiger Entfernung verfolgten, ein junger Baum gefällt.

Gibson und die Seesoldaten sicherten den Strand mit schußbereiten Musketen, während die Arbeit voranschritt. Ein Schild wurde geschnitzt und der Union Jack gehißt. Eine kurze Zeremonie folgte, die Männer grüßten die Flagge. Auf dem Schild, das am Strand zurückblieb, war zu lesen: BOTANY BAY. LT. JAMES COOK, BARK ENDEAVOUR, 28. APRIL 1770.

Als die Feier zu Ende war, sahen die Männer sich nach den Schwarzen um und stellten fest, daß sie verschwunden waren. Keiner sagte ein Wort, als sie den langen Weg zur *Endeavour* zurückruderten. Cook hätte nicht genau sagen können warum, aber er war erleichtert, der Bucht mit ihren stummen, unzugänglichen Bewohnern den Rücken kehren zu können.

* * *

In der letzten Maiwoche erreichten sie die Tropen. Es wurde warm und feucht, und es gab Vögel und Fische im Überfluß.

Bereits seit einigen Tagen war es windstill gewesen, die *Endeavour* machte auf der glasigen See kaum Fahrt. Banks verbrachte die Zeit damit, Vögel zu schießen, Parkinson zeichnete die zerklüftete Küste, Cook arbeitete an seiner Karte der neuholländischen Küste, in die er die Namen Point Hicks, Cape Howe, Mount Dromedary, Batemans Bay, Port Jackson und New South Wales einzeichnete. Sie kamen langsam vorwärts und hatten mit rasch wechselnden Strömungen zu kämpfen. In Bustard Bay gingen Banks und seine Gefährten an Land. Die Gruppe wurde aber von Ameisen- und Moskitoschwärmen schnell wieder aufs Schiff zurückgetrieben. Der Mann am Lot sang die unterschiedlichsten Wassertiefen aus, und Cook wußte, daß er auf tückische Untiefen achten mußte. Das Trinkwasser wurde knapp, das Land war dürr und unfruchtbar, und der Schiffsboden begann zu faulen. Immer schwerfälliger lag die *Endeavour* im Wasser, und allmählich begann sie zu schlingern, als sie weiter nach Norden krochen. Eines klaren Juniabends kam eine Korallenbank in Sicht, und Cook hielt die ganze Nacht auf das offene Meer zu, um sie zu umgehen. Aber es sah so aus, als ob sie durch ihren Kurs in Sichtweite der Küste in die Falle eines großen Riffs gegangen wären.

Ein Boot für den Lotgast wurde zu Wasser gelassen; er arbeitete jetzt Tag und Nacht. Über dem Mann im Beiboot hing riesig der Mond, und das Meer leuchtete. Solander und Parkinson hatten keinen Schlaf finden können. Sie wanderten an Deck auf und ab und lauschten den melancholischen Rufen des Lotwerfers. Cook sah sich gezwungen, ständig den Kurs zu ändern. Welchen Kurs sie auch nahmen, immer war ihnen aufs neue der Weg durch Riffe versperrt. Quälend langsam kamen sie voran, jede Meile wurde zu einer Strapaze. Am 1. Juni zog ein Sturm auf. Cook arbeitete bis an die Grenzen seiner Kräfte. Obwohl das Unwetter in ein bis zwei Stunden vorüber war, hatte jetzt auch Banks seine Zuversicht verloren und sah ununterbrochen zum Land hinüber, zu den Korallenbänken und den sich brechenden Wellen. Nie hatten sie auf der bisherigen Fahrt Ähnliches erlebt. Was würde nun geschehen?

In dieser Nacht hatten Clerke und Gore Wache, und Wilkinson half dem Lotgast im Boot. Cook trat aufs Achterdeck, und Gore sah an den tiefen Falten, die sich in sein Gesicht gegraben hatten, unter welcher Anspannung der Kapitän stand. Auch Clerke sah es und machte sich Sorgen. »Neun Meilen zur Küste, Sir«, sagte Gore, »und zwölf Faden Tiefe.«

Cook spähte angestrengt über das mondbeschienene Wasser. »Keine Korallenbänke mehr?«

»Seit der Mittelwache nicht mehr.«

»Eine großartige Küste«, sagte Cook, »aber ich werde nicht gerade traurig sein, wenn wir sie fertig vermessen haben.«

»Und dann?« fragte Gore.

»Batavia, und dann England. Nächste Woche hat meine Tochter Geburtstag. Sie wird fünf.«

»Wir werden auf sie anstoßen, Sir.«

»Danke, Mr. Gore. Vor ihrem sechsten Geburtstag wäre ich gern zu Hause. Meine beiden Söhen werden bald so groß sein, daß ich sie nicht mehr erkenne. Ich glaube, es ist für uns alle Zeit, heimzukehren.« Überdruß schwang in seiner Stimme, und zum ersten Mal während der Reise spürte Cook, wie die Angst ihn packte. Er wandte sich ab und verbarg sein Gesicht im Dunkel.

Clerke ging nach vorn und stellte sich neben Wilkinson. Das Lot wurde ausgeworfen. »Einundzwanzig Faden.« Er ging nach Backbord. »Zehn Faden.«

»Nicht möglich!« Clerke war hellwach.

»Zehn Faden, Sir.«

»Sieben«, sang Wilkinson aus.

»Großer Gott«, sagte der junge Mann.

Cook und Gore hatten aufmerksam zugehört. »Wieder ein Korallenriff, Sir?«

»Reffen Sie alle Segel, Mr. Gore.«

»Aye, aye, Sir.«

»Siebzehn Faden.«

Clerke atmete heftig und ging zum Achterdeck zurück. »Siebzehn Faden, Sir. Wind aus Ostsüdost.«

»Festland in Nord bis West, Halbwest«, sagte Gore.

»Alles in Ordnung, Kapitän«, sagte Clerke. »Ruhen Sie sich aus.«

»Das werde ich. Rufen Sie mich in einer Stunde.«

Alle hörten den Aufprall – Banks in seiner Koje, Cook in seiner Kajüte, der hustende und schwitzende Hicks und die Matrosen in ihren Quartieren im Unterdeck. Die Erschütterung war gewaltig. Alle taumelten in die klare, warme Nacht, Cook zog sich im Gehen die Hosen hoch. Er befahl, die Segel zu streichen und Boote mit Leinen zu Wasser zu lassen, um das Schiff wieder flott zu machen. Die See war glatt, es wehte nur ein schwacher Wind. Schon dafür muß ich dankbar sein, dachte Cook. Dann legte das Schiff sich auf die Seite, Holz knirschte, und im Wasser waren auf einmal Planken zu sehen. Cook wußte, daß sie Flut hatten und keine Hoffnung bestand, vor der nächsten Flut freizukommen.

Gore ging nach unten und zwängte sich zwischen den Proviantfässern hindurch. Er blieb stehen, hielt die Laterne in die Höhe und hörte, wie das Wasser gegen den Laderaum schlug. Er lauschte auf das Ächzen der Spanten und auf das häßliche Geräusch des über die Korallenbank schürfenden Kiels: Die Korallen waren messerscharf, das faulende Holz des Schiffes dagegen weich wie Käse. Als er durch das Dunkel weiterstolperte, hörte er die Ratten umherhuschen. Er schlug sich den Kopf an und fluchte, als das Wasser ihm bis zu den Knien stieg. Schließlich stand er einen Meter tief im Wasser, und der Laderaum füllte sich rasch.

Am Morgen war die See glatt und der Wind kaum spürbar. Die Flut war zurückgegangen und hatte die *Endeavour* fest auf ein Korallenriff gesetzt. Das Schiff krängte, und unablässig strömte Wasser in den Rumpf.

6. *Kapitel*

Seit Stunden standen die Männer mit bleiernen Armen an den Pumpen. Im Schiffsbauch war es dunkel, und die Männer schwitzten, obwohl das Wasser ihnen über die Knie reichte. Gore kam herunter, um ihnen Mut zuzusprechen, doch er fand sie bei guter Laune: Kein Fluch war zu hören. Seevögel schwirrten um das aufgelaufene Schiff und tauchten kreischend weg, als die Männer begannen, Teile der Ladung über Bord zu werfen, um das Schiff zu leichtern. Heiß brannte die Sonne herunter, kein Lüftchen regte sich. Cook sah während der Arbeit wiederholt zum Himmel auf und stellte zu seiner Beruhigung fest, daß weder Regen noch Sturm im Anzug schienen. Das Festland war zwanzig Seemeilen entfernt; vom Schiff aus konnte man die Rauchsäulen der Signalfeuer erkennen, die hoch zum Himmel aufstiegen. Wenn das Schiff sank, würde der Platz in den Booten nicht für alle reichen, dachte Cook. Außerdem würden sie sämtliche Pflanzenpräparate und wissenschaftlichen Aufzeichnungen verlieren, die sie gesammelt hatten, und sie konnten nicht hoffen, daß jemand sie von dieser unbekannten und unwirtlichen Küste retten würde.

Banks stand neben Cook und sah zu, wie die Fässer mit gepökeltem Schweinefleisch über Bord gingen. »Ich möchte Ihnen nur sagen, James«, begann er, »daß ich und meine Kollegen alles tun werden, um Ihnen zu helfen.«

»Dann müssen Sie mit Hand anlegen«, erwiderte Cook. »Sie müssen wie die anderen Männer arbeiten, und Ihre Kleider werden dreckig werden.«

»Wollen Sie damit sagen, daß wir dazu nicht imstand sind?«

»Ich will gar nichts sagen – ich sage Ihnen nur, was Sie erwartet.« Cook dachte an seine erste Begegnung mit Banks und an das gönnerhafte Benehmen der Frauen von Revesby Abbey mit ihren hoch aufgetürmten Frisuren.

»Verdammt, Sir, ich werde mir die Seele aus dem Leib arbeiten, und meine Freunde werden das gleiche tun. Wir kriegen die *Endeavour* wieder flott, und wenn wir bis zum Umfallen arbeiten müssen.«

»In Ordnung, Joseph. Melden Sie sich bitte bei Mr. Clerke, er wird Ihnen Ihre Arbeit anweisen.«

»Das werde ich, James.« Banks eilte zum Niedergang, rief etwas zu Solander und den anderen hinunter und hastete dann zum Vorderdeck, um Clerkes Anweisungen entgegenzunehmen. Mit Genugtuung sah Cook, wie der junge Botaniker kurz darauf begann, Ballast über Bord zu werfen.

Als der Tag zu Ende ging, waren über vierzig Tonnen Ballast dem Meer übergeben worden, darunter naß und unbrauchbar gewordene Lebensmittel, Schiffsbedarf und Ersatzteile. Sogar der Vierpfünder mußte über Bord, während im Bauch des Schiffes pausenlos die Pumpen gingen. Banks arbeitete unter Deck neben den Matrosen; wenn er abgelöst wurde, ging er hinauf, um seine Pflanzen zusammenzupacken, falls das Schiff sinken würde. Keiner der Matrosen versuchte sich vor der Arbeit zu drücken, und Cook kam zu dem Ergebnis, daß er die beste Mannschaft der britischen Navy hatte.

Als die Flut einsetzte, konnten die Männer das hereinströmende Wasser nicht mehr aus dem Schiff herauspumpen. Cook wußte, daß er das Schiff um jeden Preis von der Korallenbank herunterbekommen mußte. Das Wasser stieg. Ächzend legte die *Endeavour* sich auf die Seite, während die messerscharfen Korallen sich in ihre Eingeweide gruben. Fünf Anker wurden ausgebracht und mit Gangspill und Ankerwinde verbunden, um das Schiff von dem Riff herunterzuziehen. Cook hatte seine Männer stets gerecht behandelt, aber er wußte, daß es im Fall eines Schiffbruches nicht selten zu Meuterei kam. Auch zu seiner Mannschaft gehörte eine Reihe finsterer Gestalten, Männer aus den Elendsvierteln von Glasgow, Flüchtlinge aus den Londoner Gefängnissen und Hilfsarbeiter aus den bitter armen Dörfern Irlands. Oft versuchten solche Leute, das Kommando an sich zu reißen, das Schiff zu plündern und dann

Inseln wie Tahiti anzusteuern. Cook hielt die Augen offen für Anzeichen von Ungehorsam und Aufsässigkeit, konnte aber zu seiner Erleichterung nichts bemerken. Die Männer waren ihm treu, und das war ihm ebensoviel wert wie all seine Entdeckungen und Karten oder die Forschungen der Botaniker.

Als der nächste Tag heraufdämmerte, sah die *Endeavour* aus wie ein halbverlassenes Schiff – nackt ragten die Masten zum Himmel, die Segel hatte man in den Lasten verstaut, das Deck war ein einziges Durcheinander. Der Zeitpunkt war gekommen, das Schiff von dem Riff zu befreien, und die Männer am Gangspill standen bereit. Wilkinson überwachte die Lotung der Wassertiefe. Schwitzend und in verdreckten Kleidern trat er zu Cook. »Welche Wassertiefe, Bootsmann?«

»Vier Faden Backbord achteraus, drei Faden mitschiffs, nur wenige Fuß steuerbord voraus, Sir.« Wilkinson hielt inne, aber Cook schwieg. »Ich sagte ›Fuß‹, Sir.«

»Ich habe Sie verstanden, Wilkinson.« Cook wandte sich an Gore: »Wann haben wir Flut?«

»Gegen elf, Sir, in drei Stunden.«

»Die Anker sind ausgebracht, Sir«, meldete Hicks. »Klar zum Warpen.«

Cook überlegte. »Vielleicht reißen wir damit den Rumpf noch weiter auf. Wählen Sie einen Mann aus, der sich das Leck unter Wasser ansieht. Ich gehe unter Deck.«

Im Bauch des Schiffs hatte man alle Luken geöffnet und zur besseren Beleuchtung Laternen angezündet. Die Matrosen arbeiteten an den Pumpen. Clerke stand bis zu den Hüften im Wasser. Die Luft war stickig. Soeben war eine Schicht zu Ende, und die Männer stolperten erschöpft an Cook vorbei nach oben. Banks und Parkinson kämpften sich durch die Trümmer zu Cook. »Wir brauchen mehr Pumpen«, sagte Banks.

»Wir haben nur drei. Das ist alles.«

Nichts an dem jungen Mann erinnerte jetzt noch an den Dandy aus Mayfair. »Dann pumpen wir einfach doppelt so schnell!«

Der Matrose, der unter das Schiff getaucht war und dessen

Rumpf inspiziert hatte, kam wieder nach oben und erstattete Cook Bericht. Der Schaden war größer als befürchtet. Cook entschied deshalb, das Manöver bis zur nächsten Flut zu vertagen. Er war jetzt überzeugt, daß sein Schiff den Versuch, es von dem Riff zu ziehen, nicht überstehen würde, aber er hatte keine andere Wahl.

Im Salon wies Cook Parkinson an, seine Bilder und Zeichnungen einzupacken. Der Maler wollte wieder zu den Pumpen zurück, aber der Kapitän bestand darauf, daß er blieb. Cook selbst suchte seine Logbücher, Tagebücher und Karten zusammen, verstaute sie in einem wasserdichten Beutel und machte sich auf das Schlimmste gefaßt. Trotz unausgesetzter Tätigkeit der Pumpen stieg das Wasser weiter, und die Männer sahen sich gezwungen, auch Eimer und jedes verfügbare Gefäß einzusetzen, mit dem Wasser geschöpft werden konnte. Sie arbeiteten den ganzen Tag. Um das Schiff schwammen Planken und andere Trümmer, vom Himmel stießen Möwen herab, Pelikane tauchten ihre langen Schnäbel in das glasige Wasser. Die Männer, deren Schicht zu Ende war, taumelten an Deck und fielen dort erschöpft in einen tiefen Schlaf.

Cook versammelte die Mannschaft an Deck. Im Westen färbte sich der Himmel bereits tief rot, die Laternen schimmerten. »Die Pumpen können das Wasser nicht mehr aufhalten«, begann er. »Wir haben jetzt fast Flut, und das Risiko, noch einmal vierundzwanzig Stunden zu warten, ist zu groß. Wir müssen versuchen, das Schiff vom Riff herunterzubekommen. Können mich alle hören, auch die Männer in den Booten?« Barkasse, Pinasse und Jolle schaukelten im Mondlicht, als die Männer Antwort gaben. »Ich will, daß ihr euer Letztes gebt«, fuhr Cook fort, »ihr Männer an Gangspill und Ankerwinde – wenn der Augenblick gekommen ist, hievt, was das Zeug hält! Aber ich möchte noch etwas anderes sagen. Ich bin stolz auf dieses Schiff, und ich bin stolz auf euch. Ich habe in den letzten beiden Tagen bei keinem von euch Anzeichen von Angst bemerkt, obwohl wir alle Angst haben – nur ein Narr hätte das nicht. Nie habe ich auf einem Schiff mit einer besseren Mannschaft gedient. Ich danke euch, und jetzt geht auf eure Plätze.«

Kurz nach neun hatte die Flut den höchsten Stand erreicht. Die

Männer hievten nach Leibeskräften, Zahn für Zahn drehten sich Gangspill und Ankerwinde, die Taue strafften sich, und die Planken schürften knirschend über die Korallen. Plötzlich machte die *Endeavour* einen mächtigen Satz und schwamm frei im Wasser. Ängstlich beobachteten die Männer an den Pumpen den Wasserstand. Er stieg nicht weiter an.

Zur Mittagszeit sprang der Wind auf Ost. Die Vormarsstenge wurde aufgebracht, und langsam näherte das Schiff sich zwei kleinen Inseln und der Küste. Cook hatte angeordnet, das Leck zu »füttern«. Dazu nähte man Werg und Wolle auf ein Segel, beschmierte das Segel mit Dreck und Schafsdung, ließ es über den Bug ins Wasser und zog es unter dem Rumpf durch. Das Segel wurde vom einströmenden Wasser in das Leck gedrückt und dichtete so den Rumpf notdürftig ab. Gore übernahm das Steuerruder, und die Suche nach einem Ankerplatz, an dem man die nötigen Reparaturen ausführen konnte, begann. Die Gefahr war überwunden.

* * *

In einem nahen Fluß gingen sie vor Anker. Das Schiff wurde gekielholt und der Schaden besichtigt. Das Leck war nur wenig kleiner, als Cook befürchtet hatte. Der Loskiel war fast vollständig weggerissen. Die Planken, die den Kiel vor dem Schiffsbohrwurm schützen sollten, waren so glatt abgetrennt worden wie mit einer Säge. Dabei hatte Cook noch Glück im Unglück gehabt: Ein Stück der Korallenbank war abgebrochen und in dem Leck stekkengeblieben, das es in die Planken geschlagen hatte. Inmitten der tropischen Mangrovengehölze, die den Fluß säumten, machten die Männer sich an die Arbeit. Ein hölzernes Gerüst wurde um das Schiff hochgezogen und eine Schmiede eingerichtet. Bäume für neue Planken wurden gefällt. Weiter landeinwärts war wieder der Rauch der Signalfeuer der Eingeborenen zu sehen. Doch zu hören war von dort nichts.

Cook vermaß die Küste, Banks und Solander zogen auf der Suche nach Pflanzen landeinwärts.

Sie waren an einer ungastlichen Küste gelandet. Die schlammigen Ufer der Meeresbucht stanken, dahinter erstreckte sich endlos sandiges Hügelland. Nur Fische und Vögel gab es im Überfluß. Banks war darüber hocherfreut. Diese Gelegenheit wollte er nicht ungenutzt verstreichen lassen. Er war gerade damit beschäftigt, Tauben zu schießen, als er ein seltsames Tier im Busch verschwinden sah. Sein Windhund spürte am nächsten Tag ein zweites solches Tier auf, das aber wieder entkommen konnte. Diesmal allerdings hatte Banks es genauer sehen können: Es bewegte sich mit langen seltsamen Sprüngen. Um was für ein Tier mochte es sich handeln? John Gore gelang es schließlich, eines zu schießen. Es hatte zwei mächtige Hinterläufe, zwei kleine Vorderbeine und einen langen Schwanz. Sein Fleisch schmeckte ausgezeichnet. Die Haut wurde sorgfältig aufbewahrt, Banks wollte sie nach London mitnehmen und dort ausstopfen lassen. Außerdem wollte er seinen Freund George Stubbs bitten, das Tier zu malen. Im Fluß sahen die Männer Alligatoren, und im Meer fingen sie große Schildkröten. So war für ihr leibliches Wohl bestens gesorgt, und sie speisten wie die Könige.

Obwohl sie wußten, daß die schwarzen Eingeborenen in der Nähe waren, bereiteten ihnen diese die geringsten Sorgen. Während der ersten vierzehn Tage sahen sie keinen einzigen; dann tauchten eines Tages vier Männer in einem Auslegerboot auf. Sie waren so scheu wie wilde Tiere, und erst nachdem die Matrosen ihnen Perlen und anderen billigen Plunder zuwarfen, kamen sie zögernd näher. Doch sie zeigten keinerlei Neugier: Weder das auf der Seite liegende Schiff noch die Zelte oder die Schmiede schienen sie zu interessieren. Nur über einige Fische, die ihnen die Männer schenkten, waren sie hoch erfreut. Dann paddelten sie stumm zurück, ohne sich umzudrehen. Banks, Cook und Solander konnten sich immer noch keinen Reim auf diese Gleichgültigkeit machen. Es war eine Art selbstgenügsamer Einsamkeit, dachte Banks – als ob sie das Wissen und die Erfindungen der Europäer nicht brauchten. Zu Cook sagte er, er habe in sein Tagebuch notiert, daß die Eingeborenen nur eine Stufe über den wilden Tieren stünden. Sie bauten keine Häuser und liefen nackt herum wie die Tiere. Cook war allerdings anderer Ansicht. Er meinte, die Eingeborenen seien gut an das seltsame Land angepaßt und in Wirklichkeit viel glücklicher als die Weißen. Die beiden Männer diskutierten lang und ausführlich über dieses Thema, und unwillkürlich mußte Banks an den wortkargen Mann aus Yorkshire denken, als den er Cook kennengelernt hatte. Er hatte seine Meinung korrigieren müssen – James Cook war nicht nur ein hervorragender Seemann und Navigator, er hatte auch einen scharfen Verstand und wäre gewiß ein überdurchschnittlich guter Naturwissenschaftler geworden. Banks dachte an Dalrymple und seine Bundesgenossen von der Royal Society und mußte lachen. Wie wären wohl sie mit dieser Robinsonade fertig geworden?

Für die Matrosen war der Aufenthalt an der Mündung des Endeavour River weit weniger interessant als für Banks und seine Gefährten. Cook wußte, daß sie endlich nach Hause wollten, und kein Tag verging, an dem nicht auch er selbst an Elizabeth und die Kinder dachte. Was taten sie gerade? Ging es ihnen gut? Würden die Kinder ihn überhaupt wiedererkennen, wenn er zurückkehrte? Wenn diese Reise vorbei war, nahm er sich vor, wollte er sich um eine Stellung an Land bewerben. Aber insgeheim wußte er, daß er das nie tun würde.

Der Mythos vom großen Südland war noch nicht endgültig aus der Welt, und wer wußte, welche Länder im Südpazifik östlich von Neuseeland noch auf ihre Entdeckung warteten? Auch das Rätsel der Nordwestpassage war noch nicht gelöst. Es gab so viel zu tun, und er hatte erst eine einzige Chance bekommen.

Endlich, nach sechswöchiger harter Arbeit, wurde die *Endeavour* unter dem Jubel der Matrosen wieder ins tiefere Wasser geschleppt. Die Stengen wurden aufgebracht, und das Schiff ging in der Bucht vor Anker. Cook und Banks erstiegen an diesem Nachmittag den höchsten der umliegenden Hügel, um sich zu orientieren.

»Bald, sagen Sie?« fragte Banks. Unruhig zerrte sein Windhund an der Leine. Cook hätte gern gewußt, wie das Tier überlebt hatte.

»So bald wie möglich. Die Männer sehnen sich nach Hause, und ich muß gestehen, daß es mir ähnlich geht.« Cook zog sein Fernrohr aus und betrachtete aufmerksam das Riff unter ihnen. »Wir haben den Rumpf notdürftig ausgebessert. Wenn der Wind günstig steht, kommen wir damit bis nach Batavia. Dort können wir das Schiff richtig reparieren.«

Banks sah Cook an, der durch das Fernrohr beharrlich die Aussicht studierte. »Und Sie glauben, daß wir durch denselben Kanal wieder hinaus kommen?«

»Mein lieber Joseph, welchen Kanal?« Cook betrachtete die Korallenbänke, die sich bis zum Horizont erstreckten. Er würde für die Fahrt nach Norden seine ganze Erfahrung und Willenskraft aufbieten müssen. »Der Wind kommt überwiegend aus Südost, wir können die Bucht deshalb nicht auf demselben Weg verlassen, den wir gekommen sind. Wir müssen es im Norden versuchen.«

Stunde um Stunde verbrachten Cook und Gore in der Pinasse, um einen Durchgang zwischen den Untiefen zu finden, und sie waren schon nahe daran, alle Hoffnungen fahrenzulassen. Heiß brannte die Sonne auf ihre Rücken, während die Matrosen ruderten und mit Kette und Lot die Wassertiefe maßen.

»Drei Faden, Sir.«

»Versuchen Sie es auf der Steuerbordseite.«

»Zwei *Fuß*, Sir.«

Cook wischte sich den Schweiß von der Stirn. »Dieses Riff hat kein System, es ist ein Werk des Teufels.«

»Wir sind vierundzwanzig Meilen von der Küste entfernt«, sagte Gore.

»Das Riff reicht hundert Meilen nach Süden«, erwiderte Cook. »Soviel wissen wir – Gott allein weiß, wie weit es sich nach Norden erstreckt.«

Gore lehnte über das Dollbord und bewunderte die Korallen. »Aber sie sind wunderschön, Kapitän.«

Cook nickte. »Schön, aber tödlich. Das Entzücken des Botanikers, Mr. Gore, und der Alptraum des Navigators. Hier gibt es nur einen Ausweg – wir müssen uns Zentimeter für Zentimeter vorarbeiten.«

Ende Juli kam ein leichter Landwind auf. Die Zeit der Abfahrt war gekommen. Cook ließ Segel setzen, und Clerke und Green stiegen in die Pinasse, um die Wassertiefe zu loten. Stunde um Stunde schwangen sie das Lot und sangen die Tiefe aus – eine zermürbende, langweilige Arbeit. Cook saß im Großtopp. Aufmerksam hörte er auf die Rufe der Männer im Boot und behielt zugleich die schattenhaft unter dem klaren Wasser vorübergleitenden Korallenbänke im Auge. Rechtzeitig sah er die Gefahr und schrie nach unten: »Großes Korallenriff auf Steuerbord, seichtes Wasser Steuerbord voraus, Ruder hart Backbord!«

Eintönig drangen die Stimmen durch die schwüle Luft: »Drei Faden, sechs Faden, vier Faden, seichtes Wasser ...« Der Tag schien ohne Ende, und als am Abend die schweren Ankerketten aus der Klüse polterten, hatte die *Endeavour* nur eine kurze Strecke zurückgelegt.

Cook lag angekleidet auf seiner Koje. Vergeblich hatte er versucht, Schlaf zu finden. Zu seinen anderen Sorgen kam die Gewißheit, daß die Moral der Mannschaft an einem gefährlichen Tiefpunkt angelangt war. Vielleicht würde ein Spaziergang über Deck in der kühlen Abendluft gegen seine Schlaflosigkeit helfen. Cook stand auf. Droben war es still, nur um die Laternen flatterten riesige Motten. Banks sah Cook heraufkommen und begrüßte ihn: »Sie sollten sich ausruhen.«

»Sobald wir das Riff hinter uns haben.«

»Und wann wird das sein? Es scheint ewig weiterzugehen. Seichtes Wasser und Korallen – wie viele Wochen noch?«

»Nicht mehr viele, davor bewahre uns Gott. Die Männer sind erschöpft.«

»Sie haben ihnen die Kraft zum Durchhalten gegeben«, sagte Banks. »Kein anderer hätte uns hier durchgebracht.«

»Es war meine Pflicht – ich war schuld, daß es überhaupt soweit kam.«

»Unsinn.«

»Ich meine es ernst«, erwiderte Cook. »Ich mache mir Vorwürfe. Es war vermessen – der erste sein zu wollen, der die Ostküste

Neuhollands kartographiert, und die Ehre zu haben, sie für England in Besitz zu nehmen. Ich hätte nicht an der Küste entlangzufahren brauchen.«

»Man hätte Ihnen Feigheit vorgeworfen.«

»Aye. Auch so werden wir uns zu Hause noch genug Vorwürfe anhören müssen – und man wird uns mit Mißtrauen begegnen.«

»Zum Henker«, rief Banks, »Sie sind heute abend in düsterer Stimmung!«

Cook stützte sich schwer auf die Reling. Sein Rücken schmerzte von den vielen Stunden, die er im Großtopp verbracht hatte. »Glauben Sie mir, es wird Streit und Klagen geben. Unsere Beobachtung des Venusdurchgangs erbrachte nicht die erhofften Ergebnisse, und Mr. Dalrymples viele Freunde werden nicht zufrieden sein, daß wir sein Südland nicht gefunden haben. Was haben wir also erreicht?«

»Wir haben neue Länder entdeckt, wir bringen neue Karten nach Hause und reiche Schätze für Naturwissenschaftler und Botaniker. Es war eine bedeutende Reise, James. Auf der ganzen Reise hatten wir nur wenige Tote zu beklagen. England wird Ihr Lob singen – und das meine. Sie werden sehen, daß ich recht behalte.«

* * *

Cook hoffte immer noch, daß eine Durchfahrt nach Nordosten sie aus dem Labyrinth des Riffs herausführen würde. Die Tage schleppten sich dahin. Ununterbrochen wurde das Lot geworfen, in kurzen Abständen mußte der Kurs geändert werden. Als am Morgen des 6. August heftiger Wind aufkam, wurde ein Anker ausgebracht, die Bramrahen wurden gestrichen. Wieder kletterte Cook in den Großtopp, aber alles, was er sah, war der endlose Saum der Brandung, die auf das Riff donnerte. Ein größerer Anker wurde gefiert, und nachdem Cook sich mit Gore, Clerke und Hicks besprochen hatte, kam man überein, der Küste zu folgen, bis sich eine Gelegenheit bot, aus der Falle auszubrechen. Das Wetter spielte ihnen mit Nebel, heftigen Böen und Dunst einen Streich nach dem anderen. Einige Tage später gingen Banks und Cook in die Pinasse und verbrachten, von Sandfliegen geplagt, eine unbequeme Nacht auf einer kleinen, öden Insel. Am nächsten Tag erreichten sie nach einem erschöpfenden Aufstieg die höchste Erhebung der Insel und mußten feststellen, daß der Dunst jede Aufklärung des Riffs unmöglich machte. Wortlos begaben die Männer sich zum Schiff zurück. Sie schwitzten, ihre Kleider waren zerrissen, und sie konnten sich der Mückenstiche und Insektenbisse kaum erwehren. Ihre Lage erschien fast ausweglos, doch dann kam Gore mit der Meldung vom Festland zurück, daß es im Osten eine Durchfahrt gebe, obwohl der Kanal für ein Schiff wie die *Endeavour* sehr eng sei. Cook schob alle Bedenken beiseite, und als der Wind auffrischte, nahmen sie Kurs nach Osten. Es war ihre einzige Chance. Der Wind blies stetig, als sie sich der Passage näherten. Eine halbe Stunde später hatten sie es geschafft und befanden sich auf dem offenen Meer. Am nächsten Morgen war die Küste unter dem Horizont verschwunden.

* * *

Langsam drangen sie nach Norden vor. Sie begegneten weiteren Untiefen und Inseln, die sie in Karten eintrugen. Nachts mußten sie ankern, da es viel zu gefährlich war, im Dunkeln zu fahren. Einige Tage später allerdings hatten sie die Inseln anscheinend endgültig hinter sich gelassen und hielten nun geradewegs Kurs auf die nördlichste Spitze des Kontinents. Dort angekommen, gingen Cook, Banks und Solander in der Barkasse an Land. Der Kontinent endete hier, und sie nahmen die gesamte Ostküste im Namen Seiner Majestät König Georgs III. in Besitz. Die Erforschung und Vermessung dieses Teils von Neuholland war beendet.

Das Meer, in das sie jetzt kamen, war bereits von Dampier und Torres kartographiert worden, und einige Männer aus Cooks Mannschaft waren schon unter Wallis auf der *Dolphin* hier gewesen. Verglichen mit den vergangenen Monaten, war die Fahrt ein Kinderspiel. Die Mannschaft konnte neue Kräfte schöpfen, und

Cook brachte viele Stunden damit zu, sein Schiffstagebuch zu ergänzen. Die Eingeborenen waren ihm nach wie vor ein Rätsel, und er machte sich große Sorgen um Hicks, dessen Zustand sich beständig verschlechterte. Tupaia war an Skorbut erkrankt, so daß Cook seine Zweifel hatte, ob Banks den Tahitianer in London würde vorzeigen können. So oder so, dachte Cook, das Schicksal des armen Teufels war besiegelt.

Am 29. August kam die Küste Neuguineas in Sicht, und sie gingen vor Anker, um Wasser an Bord zu nehmen. Die dortigen Eingeborenen waren im Gegensatz zu denen Neuhollands ziemlich kriegerisch, doch ihr Angriff konnte leicht abgewehrt werden. Cook und Banks sahen keinen Grund, länger zu verweilen, zumal die *Endeavour* jetzt dringend ausgebessert werden mußte. Die Takelage war verrottet, der Rumpf nahm immer noch Wasser, die Segel rissen bei der leichtesten Brise, und Gott allein wußte, in welchem Zustand sich die Planken befanden. Am 17. September erreichten sie die Insel Savu, drei Wochen später gingen sie im Hafen von Batavia in Holländisch-Ostindien vor Anker. Sie waren zu einer schlechten Zeit gekommen: In Batavia wüteten Malaria und Ruhr.

* * *

Von einem britischen Ostindienfahrer erfuhren sie, daß Rußland die Türkei angegriffen hatte und daß die amerikanischen Kolonien sich weigerten, ihre Steuern zu zahlen: Krieg lag in der Luft. Daheim in England war es zu Aufständen gegen den König gekommen; trotzdem wünschten sich alle Männer nach Hause. Die Männer des Ostindienfahrers bestanden nur noch aus Haut und Knochen. Cook verglich sie unwillkürlich mit seiner eigenen, gesunden Mannschaft: Die Gewässer, in denen sie angelangt waren, schienen nicht weniger gefährlich als die, aus denen sie gerade kamen.

7. *Kapitel*

Batavia, die einst vornehme und elegante Kolonialstadt, war in einem desolaten Zustand. Ein Erdbeben hatte die Stadt verwüstet und das System von Abwasserkanälen zerstört. Die Stadt war zu einer Brutstätte zahlloser Stechfliegen geworden, und mit den Fliegen war die Malaria eingeschleppt worden. Auf der Reede drängten sich die Handelsschiffe, darunter drei Briten. Auch die Matrosen dieser Schiffe waren zu Skeletten abgemagert, und Cook dachte daran, seinen Männern den Umgang mit ihnen zu verbieten. Am Ufer standen verrottete Werften und Lagerhäuser; abgemagerte Eingeborene gingen im Unrat der Kaianlagen ihren Geschäften nach, und ein dampfender Regen fiel auf baufällige Baracken und Häuser mit bröckelndem Putz. Cook fühlte Widerwillen gegen den Schmutz und die Krankheit in sich aufsteigen. Er hatte Hicks an Land geschickt, um sich einen Liegeplatz zuweisen zu lassen und sich der Hilfe des Gouverneurs zu versichern, und Hicks war mit frischem Obst und dem Gruß des Gouverneurs zurückgekehrt – Reparaturen könnten durchgeführt werden, müßten aber natürlich angemessen bezahlt werden. Am Nachmittag erging die Aufforderung an Cook, im Gouverneurspalast zu erscheinen.

Die Frau des Gouverneurs war fettleibig und pockennarbig und hatte faulige Zähne. Ihre mit Ringen übersäten Hände hielt sie im Schoß gefaltet. Draußen regnete es, aber Cook schwitzte.

»Die *Endeavour*?« erkundigte sie sich mit hochgezogenen Augenbrauen. »Aber wie wir hörten, wurde das Schiff versenkt.«

»Das ist nicht der Fall, Madame.«

Der Gouverneur hatte ein Dutzendgesicht und machte auf Cook keinen vertrauenerweckenden Eindruck. Er war so fett wie seine Frau – die beiden hätten Geschwister sein können. »Aber das wurde uns berichtet. Jedes Schiff, das hier festmachte, brachte sichere Nachricht vom Untergang Ihres Schiffes.«

»Das entspricht nicht der Wahrheit, Sir.«

»Wie verwirrend für Ihre Frau«, sagte die Gouverneursgattin. »Sie sind doch verheiratet, Leutnant?«

»Jawohl, Madame.« Cook wurde allmählich ungeduldig und wollte so schnell wie möglich zum geschäftlichen Teil der Unterredung kommen.

»Kinder?«

»Vier, eins davon habe ich allerdings noch nie gesehen. Wir sind seit zweieinhalb Jahren auf See.«

»Ihre arme Frau.«

Auch der Gouverneur war ungeduldig. »Also gut. Sie haben Ihre Papiere im Hafenbüro hinterlegt, Mr. Cook?«

»Jawohl, Euer Exzellenz. Ich bitte um Entschuldigung, daß ich beim Einfahren in den Hafen nicht mit dem vorschriftsmäßigen Salut gegrüßt habe. Ich hatte keine funktionstüchtigen Kanonen mehr.«

»Wie außergewöhnlich! Keine Geschütze an Bord.«

»Ich habe Kanonen, Sir, aber sie funktionieren nicht«, erwiderte Cook mit Nachdruck. »Mein Schiff ist leck, Sir. Der Rumpf ist notdürftig geflickt und bricht auseinander. Takelage und Segel sind in schlechtem Zustand. Wir müssen das Schiff kielholen und es dringend reparieren, sonst kommen wir damit nicht mehr nach Hause.«

»Sie haben Glück«, sagte der Gouverneur, »wir haben das beste Trockendock außerhalb Europas.«

»Deshalb sind wir nach Batavia gekommen, Sir.« Cook traute dem Mann nicht und versuchte zu erraten, was als nächstes kommen würde.

»Natürlich müssen wir Ihrer Regierung die Kosten für die Reparaturen in Rechnung stellen. So lauten nun einmal unsere Vorschriften.«

Cook überlegte. »Natürlich. Aber meine Männer sind in guter Verfassung, sie können die Arbeit selbst machen.«

»Das ist leider unmöglich. Nach niederländischem Gesetz müssen von uns beauftragte Handwerker die Reparaturen durchführen, während Sie für deren Bezahlung garantieren.«

»Ich verstehe.« Cook kam zu Bewußtsein, daß er wieder unter geldgierigen Europäern war.

»Ich handle nur im Auftrag meiner Regierung, Mr. Cook. Ich hoffe, Sie haben dafür Verständnis.«

»Gewiß.« Cook stand auf und grüßte die Frau des Gouverneurs.

Sie sah ihren Mann an: »Glaubst du nicht, daß wir es ihm sagen sollten?«

Der Niederländer zuckte zusammen. »Keineswegs.«

»Aber er sollte es wissen.«

Der Gouverneur und seine Frau wechselten einige Sätze auf holländisch. Dann wandte der Gouverneur sich wieder an Cook: »Nichts von Bedeutung, Leutnant. Lassen Sie sich nicht aufhalten.«

Cook verbeugte sich und ging verwirrt hinaus.

Die *Endeavour* wurde auf die nahe Insel Kuyper verbracht. Alles bewegliche Gut an Bord wurde ausgeladen, dann kam das Schiff zur Inspektion ins Trockendock. Umfassende Reparaturen des Rumpfes waren nötig, wenn sie die Fahrt nach England überstehen sollte. Für die Mannschaft wurden an Land Zelte aufgestellt. Die Gegend war sumpfig und von Stechfliegen verseucht. Banks verbrachte die erste Nacht in einer Herberge der Regierung; er war aber über den Zustand seiner Unterkunft so entsetzt, daß er sich in der Nähe ein Haus mietete. Dann mietete er einen Pferdewagen und zeigte dem kränkelnden Tupaia die Stadt. Parkinson war tief beeindruckt von den breiten Boulevards und Ziergärten. Batavia konnte es an Pracht mit jeder europäischen Stadt aufnehmen, meinten die Männer. Die Kanäle allerdings waren verstopft und stanken. Als die Männer von Malaria und Ruhr hörten, schoben sie das auf die mangelnde Hygiene der Einheimischen. Unaufhörlich fiel der warme Regen, und überall krabbelten Insekten herum.

Tatenlos saßen die Männer in der drückenden Hitze und sahen den Holländern bei der Arbeit zu. Die Speisen des Landes schmeckten eigenartig und waren für ihren Geschmack zu scharf gewürzt. So verstrichen die Tage. Zwischendurch schlenderten die Matrosen durch die Straßen Batavias, auf denen reiche Kaufleute mit ihren Frauen promenierten – elegant gekleidet und sorgfältig frisiert, aber mit bleichen, kränklichen Gesichtern. Es war eine seltsame Stadt, und die Matrosen zählten die Tage, bis sie wieder in See stechen konnten.

Bei seinem zweiten Besuch im Gouverneurspalast erfuhr Cook, daß die Reparaturen 5000 Reichstaler kosten würden. Das Geld sollte zunächst von den niederländischen Behörden vorgestreckt und dann der britischen Admiralität in Rechnung gestellt werden. Der Preis war maßlos, aber Cook hatte keine andere Wahl.

Beim Verlassen der Residenz sah er, daß die Frau des Gouverneurs im verwilderten Garten auf ihn wartete. Es hatte aufgehört zu regnen, aber das Wasser tropfte noch von den dunkelgrünen Blättern. »Leutnant Cook?«

Er hielt an. »Madame?«

»Gehen Sie auf Ihr Schiff und fahren Sie ab.«

»Was sagen Sie da?«

»Mein Mann hätte es Ihnen sagen sollen, Sie haben ein Recht darauf, es zu wissen. Sie befinden sich in einem Friedhof.« Cook starrte sie verständnislos an. »Letztes Jahr«, fuhr sie fort, »sind fünfzigtausend Menschen an der Malaria und der Ruhr gestorben. Nur wenige Schiffe kommen noch hierher. Ich beschwöre Sie, fahren Sie ab, ehe Ihre Männer krank werden.«

»Aber ich kann nicht fahren«, erwiderte Cook.

»Sie müssen.«

»Madame, ohne Reparaturen kämen wir nicht einmal bis zum westlichen Ende von Java. Ich danke Ihnen, aber wir haben keine Wahl – wir müssen bleiben.«

Die Frau machte einen Schritt auf ihn zu. Cook dachte schon, sie wolle noch etwas sagen, da drehte sie sich abrupt um und ging ins Haus. Wieder verließ Cook die Residenz in tiefster Verwirrung.

Heftige Monsunregen gingen über dem Zeltlager nieder. Cook und Gore saßen im Zelt und hörten das Wasser rauschen. Die *Endeavour* lag verlassen und von Gerüsten umgeben im Trockendock.

»Der Hafenbeamte behauptet, der Regen behindere die Arbeit am Schiff«, sagte Gore. »In Wirklichkeit fehlt es an Werftarbeitern. Hier stimmt einiges nicht.«

»Zum Beispiel die verstopfte Kanalisation.« Cook dachte an die Frau des Gouverneurs und schlug nach einer Fliege. »Wenigstens hat sich noch keiner krank gemeldet.«

»Nein, Sir«, erwiderte Gore lächelnd. »Laut Doktor Monkhouse sind alle Männer wohlauf – bis auf ihn selbst. Er meint, diesmal sei er selber krank.«

Cook inspizierte das Schiff und stellte wie erwartet fest, daß dic Arbeit langsam vonstatten ging. Ein großer Teil des Rumpfes war von den Planken befreit worden und dem Wetter ungeschützt preisgegeben. Der Vorarbeiter ratterte etwas auf holländisch herunter, und der Hafenbeamte übersetzte.

»Er sagt, daß sie nicht schneller arbeiten können. Sie müssen einen neuen Kiel einsetzen. Die Planken sind morsch und mit Muscheln verkrustet. Es sei ein Wunder, daß Sie es bis hierher geschafft haben.«

Aber Cook ließ sich nicht abwimmeln. »Wann können wir auslaufen?«

»Ich weiß, daß Sie so schnell wie möglich fort wollen«, sagte der Beamte beschwichtigend, »aber glauben Sie nicht alles, was Sie über Batavia hören. Wenn es hier Malaria gibt, so gibt es dieselbe Krankheit doch auch in allen anderen tropischen Häfen der Welt. Bilden Sie sich Ihre Meinung nicht vorschnell.«

»Sir, ich bilde mir meine Meinung grundsätzlich nicht vorschnell. Ich weiß nur, daß ich nicht freiwillig hier bin. Meine Männer haben Heimweh, und dagegen gibt es nur ein Mittel.« Er nahm sein Ölzeug. »Machen Sie die Arbeit schnell, damit ich die Männer nach Hause bringen kann.«

* * *

John Gorc rannte im Regen zum Zelt und tauchte durch den Eingang ins Innere. Clerke und William Perry, der Gehilfe des Arztes, knieten neben der Bahre, auf der Dr. Monkhouse im Fieber lag.

»Wie geht es ihm?«

»Wir brauchen Chinin, aber in Batavia können wir keines bekommen. Ich gebe ihm nicht mehr viel Zeit.« Perry stand auf. »Sie müssen mich entschuldigen, ich habe noch andere Patienten.«

Es war die Malaria. Das Fieber breitete sich rasch aus, über zwanzig Männer waren bereits infiziert. Der junge Maat eilte pausenlos von einem Patienten zum anderen. Doktor Monkhouse starb noch in derselben Nacht. Die Krankheit schlug erbarmungslos zu, nichts konnte sie mehr aufhalten.

Banks ging ungeduldig auf der Veranda seines Bungalows auf und ab, als Perry eintraf. Der Maat ließ sein Ölzeug fallen und kippte das Wasser aus der Mütze. Dann trat er wortlos ein, gefolgt von Banks. Fiebernd und schwitzend lag Solander auf einem Sofa.

»Lieber William«, begann Banks, »ich habe nach Doktor Monkhouse geschickt und nicht, mit Verlaub, nach seinem Gehilfen.«

Perry hatte sich über Solander gebeugt, doch nun sah er auf. »Seien Sie froh, daß überhaupt jemand gekommen ist, Sir. Halten Sie Ihren Patienten mit Decken warm. Ich habe keine Arzneien.«

»Ich habe Chinin.«

»Dann geben Sie es ihm. Nehmen Sie selbst auch davon und seien Sie froh, daß Sie Chinin haben.«

Banks war beleidigt. »Jetzt hören Sie mir einmal zu, junger Mann.«

»Dazu habe ich keine Zeit.«

»Ihr Benehmen kränkt mich, Master Perry. Warum ist Doktor Monkhouse nicht selbst gekommen?«

»Er ist tot«, erwiderte Perry ausdruckslos.

Banks sah Tränen in den Augen des jungen Mannes schimmern. »Monkhouse?«

»Er starb als erster.«

Banks mußte sich setzen. »Großer Gott.«

»Gibt es hier noch einen Patienten, um den ich mich kümmern muß?«

Banks vergrub das Gesicht in den Händen. »Ich kann es gar nicht fassen.«

»Es werden noch mehr sterben, Mr. Banks. Dieser Ort ist eine Fieberhölle. Wenn Sie noch etwas brauchen...«

»Tupaia liegt nebenan, er hatte gestern abend Durchfall. Ich sagte ihm, er solle sich ausruhen.« Die beiden Männer gingen in das kleine Nebenzimmer, in dem Tupaia auf einem schmalen Bett lag. »Er hat den ganzen Tag geschlafen«, fuhr Banks fort, »und bat mich, ihn vor Einbruch der Dunkelheit zu wecken.«

Perry beugte sich über den Tahitianer. Dann sah er zu Banks auf. »Er ist tot.«

Tupaia wurde auf dem Friedhof der Insel Edam beerdigt, auf dem europäische Schwerverbrecher lagen. Banks war untröstlich. Cook ging Tupaias Tod weniger nah. Er hatte stets daran gezweifelt, ob die Entscheidung, Banks' »edlen Wilden« an Bord zu nehmen, richtig gewesen war. Banks' Absicht, den Polynesier in die Londoner Salons einzuführen, hatte er für eine verantwortungslose Laune gehalten. Außerdem hatte er den Mann nicht gemocht; obwohl Tupaia sich als Dolmetscher nützlich gemacht hatte, hatte Cook ihn für eingebildet, dickköpfig und streitsüchtig gehalten.

Banks beschloß, etwas gegen die abscheuliche Krankheit zu unternehmen. In Batavia trieb er einen Arzt auf, der Solander zur Ader ließ und ihm Senfpflaster verschrieb. Dann kam die kritische Nacht. Der Schwede schwebte zwischen Leben und Tod, während Banks die ganze Zeit bei ihm wachte. Am nächsten Morgen ging es Solander besser. Kurz darauf zogen die beiden Männer in ein an einem Fluß gelegenes Haus, das vom Seewind umfächelt wurde.

Als das Schiff zur Abfahrt bereit war, waren sieben Mann tot und über vierzig krank. Nur ein knappes Dutzend konnte zum Dienst antreten. Die *Endeavour* glich einem schwimmenden Hospital. Hicks lebte noch, wurde aber zusehends schwächer. Sydney Parkinson, der Zeichner, lag ebenfalls schwerkrank in seiner Koje. Von holländischen Kapitänen bekam Cook allerdings zu hören, er habe Glück gehabt, nicht noch viel mehr Männer zu verlieren. Cook nahm neunzehn neue Matrosen an Bord. Das Schiff wurde mit Proviant versehen und stach am Tag nach Weihnachten 1770 in See.

Ein britischer Indienfahrer verabschiedete die Bark mit einem Salut von vierzehn Kanonenschüssen.

* * *

Krankheit und Tod folgten ihnen, daran konnte auch der frische Seewind nichts ändern. Als nächste starben Sporing, Banks' Sekretär, und Sydney Parkinson. Hicks klammerte sich zäh an sein Leben, aber Charles Green, der Astronom, starb am 29. Januar einen qualvollen Tod. Die Mannschaft war inzwischen so dezimiert, daß Cook das Schiff kaum noch manövrieren konnte. Die Stechfliegen waren weiterhin eine Plage. Es stellte sich heraus, daß sie ihre Eier im Trinkwasser ablegten, wo sich die Larven entwickelten. Den letzten Todesfall verzeichnete Cook am 27. Februar. Die Kranken wurden aus dem übelriechenden Schiffsbauch an Deck gebracht. Viele von ihnen erholten sich während der Fahrt durch den Indischen Ozean. Dann machte Cook merkwürdigerweise einen schlimmen Navigationsfehler und setzte das Schiff beinahe vor der südafrikanischen Küste auf Grund. Der Fehler machte ihm schwer zu schaffen. Verlor er die Kontrolle über das Schiff? Am 10. März endlich tauchte das Kap der Guten Hoffnung am Horizont auf. Cook blieb einen Monat in Kapstadt, bis der überlebende Teil der Mannschaft wieder bei Kräften war.

Im milden Klima des südafrikanischen Sommers begann Cook Bilanz zu ziehen. Die Expedition näherte sich dem Ende. Cook fürchtete Vorwürfe wegen des Verlustes von achtunddreißig Männern, und das, nachdem er zuerst den Skorbut mit solchem Aufwand bekämpft hatte. Was würde die Admiralität dazu sagen? Und was die Royal Society? Und am schlimmsten, was würden die Zeitungen berichten? Schon während der Arbeit an seinem umfangreichen Expeditionsbericht wußte er freilich, daß die Lords der Admiralität noch keine vergleichbare Dokumentation gesehen haben konnten. Obwohl er die Fahrt der *Endeavour* insgeheim für eine der bedeutendsten Entdeckungsreisen der neueren Geschichte hielt, achtete er darauf, bei der Darstellung seiner Leistungen bescheiden zu bleiben. Er hatte, oft unter schwierigen Bedingungen, über 5000 Meilen Küste vermessen und war überzeugt, daß seine Berechnungen im großen ganzen stimmten. Zu den Karten kamen Beschreibungen der Meere, Winde und Flüsse, der bisher nicht auf Seekarten verzeichneten Riffe und der Eingeborenenstämme, denen sie begegnet waren. Seines Wissens hatte das noch kein Seemann geleistet. Freilich nagten auch geheime Zweifel in ihm. Er hatte Tahiti, Neuseeland oder Neuholland nicht als erster entdeckt, und vor allem war es ihm nicht gelungen, auch nur einen Zipfel des großen Südlandes zu finden. Was würden Wissenschaftler und Geographen dazu sagen? Und der Pazifik hatte noch längst nicht alle seine Geheimnisse preisgegeben. Trotz seiner Erschöpfung begann Cook sich bereits Gedanken zu machen, wie auch diese Rätsel noch gelöst werden könnten.

Am 1. Mai erreichten sie die Insel St. Helena. Im Hafen lag ein Konvoi von zwölf Indienfahrern, der sich auf dem Heimweg nach England befand. Cook beschloß, sich den Indienfahrern anzuschließen; wenigsten würde die *Endeavour* dann nicht mehr allein sein. Am 14. Mai gingen sie unter Segel. Trotz ihres Zustandes – der Rumpf war mit Muscheln zugewachsen, die Takelage verrottet, die Segel fadenscheinig – konnte die *Endeavour* zur Freude der Mannschaft mit den anderen Schiffen mithalten. Die Fahrt war leicht, und es war tröstlich, Tag für Tag die anderen Schiffe zu sehen. Dann trat ein Ereignis ein, das Cook schon lang befürchtet hatte: Zur großen Trauer der ganzen Mannschaft starb Zachariah Hicks. So war er zuletzt doch noch das Opfer der Schwindsucht geworden, die seit Tahiti seine Lungen zerfressen hatte. Hicks wurde mit großem Zeremoniell auf See bestattet – ein großer Verlust, für alle, die ihn gekannt hatten. Wenig später gab Cook Charles Clerkes vorläufige Beförderung zum Zweiten Leutnant bekannt. In dieser Nacht verschwanden die Indienfahrer, und die *Endeavour* war wieder einmal allein auf dem weiten Meer.

Im Juli herrschten für einen Rahsegler wie die *Endeavour* beste Segelbedingungen. Cook kam rasch voran, und die Seestraßen füllten sich allmählich mit Handelsschiffen, die gleichfalls auf dem

Weg zu den Kanalhäfen waren. Je näher die Männer der Heimat kamen, desto besser wurde ihre Laune. Das Schiff wurde von vorn bis achtern sauber gemacht, Masten und Spieren frisch gestrichen, das Tauwerk ausgebessert und die Segel geflickt. Banks war in Hochform, und auch sein Freund Solander hatte sich mittlerweile vollständig erholt. Daß der letzte Windhund starb, und noch dazu im Salon, war der einzige Schatten, der in dieser Zeit auf das Schiff fiel. Doch auch diesmal konnte Cook die Trauer Joseph Banks' nicht teilen. Auch bei der Heimkehr war es der junge Nick, der vom Masttopp die südwestliche Spitze Cornwalls sichtete. Die Mannschaft brach in ein Freudengeheul aus, als kurz darauf die vertraute Küste Südenglands auftauchte. Am 12. Juli gingen sie vor der Themsemündung vor Anker. Am Tag darauf bestiegen Cook, Banks und Solander die Kutsche nach London.

* * *

Unter dem Vorsitz des Earls von Morton hielten Joseph Banks und Daniel Solander ausführliche Vorträge vor den Mitgliedern der Royal Society. Ihre Berichte wurden mit Beifall aufgenommen, wohin sie auch kamen. In den zwei Jahren und elf Monaten ihrer Abwesenheit hatten sie die umfassendste und großartigste Sammlung von Pflanzen und Tieren angelegt, die die Menschheit je gesehen hatte. Hinzu kamen die zahlreichen Gemälde und Zeichnungen Sydney Parkinsons. Und Joseph Banks sagte, die Welt liege wie ein aufgeklapptes Buch vor ihnen.

Für James Cook gab es einen weniger freundlichen Empfang durch die Öffentlichkeit, und was seine Familie betraf, so gab es traurige Nachrichten. Joseph, das Baby, das geboren worden war, als Cook sich in der Öde Feuerlands aufgehalten hatte, hatte nur wenige Wochen überlebt, und auch seine Tochter Elizabeth war gestorben. Cook kniete vor dem kleinen Grabstein eines Friedhofs im Süden Londons. *Dem Gedächtnis an Elizabeth Cook, der geliebten Tochter von James und Elizabeth Cook. Gestorben im Alter von vier Jahren. RIP.* Von Schuldgefühlen geplagt stand Cook auf. Warum konnte er nicht wie andere Männer sein? Warum war er besessen von der unermeßlichen Weite des Pazifik und dem Rätsel jenes sagenhaften Kontinents? Die Faszination der Winde, Gezeiten, Strömungen und unbekannten Küsten ließ ihn nicht mehr los, er war ihr wehrlos ausgeliefert. So sehr ihn verlangte, bei Elizabeth und den Kindern in England zu bleiben, er wußte, daß er die nächste Gelegenheit ergreifen würde, wieder in See zu stechen.

Als sie an diesem Abend im Wohnzimmer ihres Hauses in Stepney saßen, reichte Elizabeth Cook eine Zeitung. »Hast du das gelesen?«

»Ja.«

»›Joseph Banks' Reise: ein triumphaler Erfolg‹«, las Elizabeth vor. »›Mr. Banks' Rückkehr aus dem Unbekannten. Mr. Banks und Dr. Solander beim König.‹«

»Ich habe es gelesen.«

»Und es ärgert dich nicht, daß du mit keinem Wort erwähnt wirst?«

»Liebe Elizabeth«, erwiderte Cook, »ich bin glücklich, wieder bei dir zu Hause zu sein. Laß uns nach Yorkshire zurückgehen; dort werde ich darüber nachdenken, ob ich überhaupt je wieder zur See fahren will.«

Elizabeth nahm seine Hand. »Ich freue mich auf Yorkshire. Das andere wäre mehr, als ich je zu hoffen wagte.«

Er überlegte, bevor er ihr antwortete. »Nicht mehr zur See zu fahren? Wir werden sehen.« Aber Cook war erst dreiundvierzig Jahre alt, und seine Gedanken kreisten unaufhörlich um Riffe, Untiefen und Küsten, die ihrer Vermessung harrten.

8. Kapitel

Ein frischer Nordwind blies über die hügelige Heide, und die Luft war erfüllt vom Geschrei der Brachvögel, Kiebitze, Möwen und Goldregenpfeifer. Die beiden Jungen waren den geschotterten, von Scheunen und Bauernhäusern gesäumten Landweg vorausgerannt, und James und Elizabeth Cook schlenderten Arm in Arm hinterdrein.

Cook war an den Ort seiner Kindheit zurückgekehrt, aber er war nicht mit sich zufrieden. Die Freuden der Kindheit waren weit weg, er vermißte den Seegang, den Wind und den Salzgeruch der Luft. Immer noch mußte er an den Empfang von Banks und Solander beim König denken und an das Lob, mit dem Zeitungen und Royal Society die beiden Männer überhäuft hatten. Dabei war die erfolgreiche Fahrt der *Endeavour* allein sein Verdienst. Cook war stolz auf seinen Erfolg, den ihm keiner nehmen konnte. Übermütig lachend verschwanden die Jungen hinter einer Mauer, der Wind trug ihre Rufe herüber. Auf der Heide leuchtete das Wollgras, und die Sonne stand hoch am Himmel, aber Cook war in Gedanken im Süden, in den unwirtlichen Regionen der Antarktis. Welche Rätsel bargen jene Gefilde? Und würde es eine zweite Expedition unter seinem Kommando geben, um sie zu lösen?

Sie sahen den Reiter über dem Hügelkamm auftauchen und blieben stehen, als er näher kam. Was hatte ein Reiter in dieser Gegend zu suchen? Elizabeth wunderte sich, obwohl sie die Antwort in ihrem Innersten bereits wußte. Der Reiter kam von der Admiralität. Er grüßte und händigte Cook einen Umschlag aus. Cook öffnete ihn rasch und überflog den Inhalt. »Meine Beförderung ist bekanntgegeben worden«, sagte er dann so leise, daß Elizabeth sich anstrengen mußte, ihn zu verstehen.

»Zum Kapitän?«

»Nein, zum Schiffsführer.«

»Schiffsführer? Aber das ist doch keine Beförderung. Das ist ja beinahe eine Beleidigung.«

Cook runzelte die Stirn. »Meinst du?«

»James, es ist nicht das, was du erwartet hast.«

»Das stimmt. ›Beförderung zum Schiffsführer mit der Auflage, sofort nach London zurückzukehren‹.«

Tiefes Mitgefühl stieg in Elizabeth auf. Auch wenn er es nie zeigen würde, wußte sie, daß er tief und bitter enttäuscht war.

* * *

Die Besprechung fand im Zimmer des Ersten Lords der Admiralität statt. Sir Edward Hawke war in Pension gegangen. An seinem Tisch saß jetzt der forsche Earl von Sandwich. Ihm gegenüber saßen Kapitän Palliser und James Cook. Der Earl sah Cook an: »Sie kennen Kapitän Palliser also?«

»Ganz recht, Mylord. Von Quebec und Neufundland.«

Palliser lächelte. »Mr. Cook war Schiffsführer unter meinem Kommando.« Dann kam Sandwich zur Sache: »Meine Herren, wir bereiten eine neue Entdeckungsfahrt in die Südsee vor. Der König wünscht es, die Royal Society wünscht es, und der Minister hat die nötigen Mittel versprochen. Unsere alten Rivalen Marion und Kerguelen aus Frankreich geben keine Ruhe, und die Spanier haben die Osterinsel annektiert und fürchten jetzt, daß wir im Pazifik allgegenwärtig werden könnten.« Er lachte. »Was wir auch sein werden; es ist von größter Bedeutung, daß unser Land seinem Anspruch auf neue Territorien Nachdruck verleiht. Außerdem wäre noch die Frage von Mr. Dalrymples großem Südland zu klären.«

Cook unterbrach ihn: »Es gibt dieses Land nicht, Mylord.«

»Sie bezweifeln es, Sir? Ich bin bis jetzt noch nicht wirklich vom Gegenteil überzeugt worden. Banks hält es immer noch für möglich, daß Sie den Kontinent verfehlt haben. Dalrymple behauptet, Sie hätten gar nicht danach gesucht, sondern seien knapp daran vorbeigefahren.«

Du lieber Gott, dachte Cook. Das hatte er befürchtet. Er konnte gerade noch verhindern, daß sich sein Gesicht zu einer verächtlichen Grimasse verzog. »Dann müssen Euer Lordschaft entscheiden, ob Sie Mr. Dalrymple glauben wollen oder mir.«

»Die Meinung bedeutender Gelehrter steht gegen Sie.«

Cook suchte nach einer Antwort. Der Earl von Sandwich war ein einflußreicher Mann – und inzwischen mehr Politiker als Seemann. Manche hielten ihn für aalglatt und gerissen, und sein Landgut in Lincolnshire grenzte an das von Joseph Banks. »Gestatten Sie mir die Bemerkung, Sir, daß die meisten dieser Gelehrten ein Schiff nicht einmal aus der Themsemündung hinaussegeln könnten.«

Der Earl grunzte. »Wenn ich Sie recht verstehe, wären Sie also im Fall eines neuen Kommandos nicht bereit, noch einmal nach dem Südland zu suchen?«

»Das will ich damit nicht sagen. Wenn Sie mir ein Kommando geben, würde ich die ganze südliche Hemisphäre von den Tropen bis zur Polarregion vermessen. Ich würde es als meine Aufgabe betrachten, alles zu kartographieren, was in diesen Meeren liegt.« Cook stand auf und zeigte auf die große Pazifikkarte an der Wand. »Ich würde mit westlichen Winden um Afrika und das Kap der Guten Hoffnung segeln und im Königin-Charlotte-Sund und später vor Tahiti und den Gesellschafts-Inseln vor Anker gehen. Und ich würde diesmal um zwei Schiffe bitten.« Cook glaubte zu hören, wie die *Endeavour* über das Korallenriff schürfte.

Sandwich beugte sich vor: »Das würden Sie?«

»Nur für den Fall, daß Sie *mir* das Kommando geben.«

Sandwich räusperte sich, sagte aber nichts.

»Zwei Schiffe wären sicherer«, sagte Palliser. Er hatte auch als Mitglied der Admiralität die gefährlichen Sandbänke und Untiefen Neufundlands nicht vergessen.

»Was für Schiffe?« fragte Sandwich.

»Handelschiffe aus Whitby«, erwiderte Cook. »Umgebaute Kohlenschiffe wie die *Endeavour*. Sie hat ihre Tauglichkeit bewiesen, Mylord.«

»Zwei solcher Schiffe wären verfügbar, Sir.«

»Überstürzen Sie die Sache nicht, Palliser. Es gibt noch vieles zu bedenken.« Nachdenklich sah der Earl Cook an. »Wenn ich Ihnen nun das Kommando gebe, was denken Sie über die Begleitung von Joseph Banks?«

»Mylord?« Cook wußte, was kommen würde.

»Es ist vorgesehen, daß er an der Reise teilnimmt. Er selbst wünscht es, und der König und ich sind der Meinung, daß er geeignet ist.«

»Mr. Banks und ich sind gute Freunde«, erwiderte Cook. »Er wäre an Bord willkommen.«

»Gut.«

Cook versuchte, die Gunst der Stunde zu nutzen: »Vorausgesetzt, *ich* führe das Kommando.«

Der Earl lehnte sich zurück. »Sie können davon ausgehen, daß es so sein wird, Mr. Cook.«

* * *

Kommandant Cook bekam seinen Willen: Er wurde zum Leiter der zweiten Expedition bestimmt, und die britische Navy kaufte zwei in Nordengland gebaute Schiffe – die *Resolution* mit 462 Tonnen und die *Adventure* mit 340 Tonnen. Die Lords der Admiralität gaben dadurch zu erkennen, daß sie das Glück zu schätzen wußten, einen Entdecker und Navigator vom Format Cooks zu besitzen. Außerdem bekam Cook für seine Mannschaft hervorragende Offiziere zugeteilt; einige von ihnen kannte er bereits von früheren Fahrten, die anderen schätzte er aufgrund ihres Rufes. Cook übernahm das Kommando der *Resolution*, Tobias Furneaux, der bereits auf der *Dolphin* unter Kapitän Wallis gefahren war, das der *Adventure*.

Joseph Banks fand sich zwar damit ab, nicht selbst der Leiter der Expedition zu sein, fuhr aber unverdrossen mit den Vorbereitungen für andere ehrgeizige Projekte fort. So wollte er eine fünfzehnköpfige Gesellschaft mitnehmen, darunter Musiker, um die Langeweile zu vertreiben. Für die Ausstattung der Schiffe, die er selbst aussuchen wollte, hatte er 7000 Pfund bereitgestellt. Die beengten Zustände auf der *Endeavour* sollten der Vergangenheit angehören. Banks hatte bei diesen Plänen den Earl von Sandwich auf seiner Seite. Immerhin war der Earl mit seiner Mätresse häufig Gast in Banks' Stadthaus in der New Burlington Street. Joseph Banks jedenfalls würde seinen Fuß nicht mehr auf ein umgebautes Kohlenschiff setzen.

Cook stand auf dem Achterdeck der *Resolution* und überwachte die Arbeiten der Zimmerleute und Segelmacher. Die *Resolution* war größer als die *Endeavour*, aber die *Endeavour* würde immer seine erste Liebe bleiben. Wie vor der ersten Fahrt widmete Cook den Arbeiten an Bord die größte Aufmerksamkeit: nicht das kleinste Detail sollte unberücksichtigt bleiben. Vom Ufer sah er eine Pinasse auf die *Resolution* zuhalten. Es war Joseph Banks. »Willkommen an Bord«, rief Cook, als sein Freund das Fallreep heraufkletterte.

»Meinen Glückwunsch zu Ihrer Ernennung als Leiter der Expedition«, erwiderte der Botaniker.

»Danke.«

»Allerdings *nicht* zu dem Schiff, das Sie gewählt haben.«

»Wie bitte?«

»Sind Sie vom Teufel besessen? Dieses Schiff ist vollkommen ungeeignet.«

In diesem Augenblick kam Charles Clerke an Deck. »Mr. Banks! Ich freue mich, Sie an Bord der HMS *Resolution* zu begrüßen.«

»Clerke wurde befördert«, erklärte Cook, »er fährt als Zweiter Offizier mit uns.«

Banks blieb unbeeindruckt. »Es wird sich zeigen, ob überhaupt jemand fährt. Das Schiff entspricht meinen Vorstellungen in gar keiner Weise.«

Cook und Clerke tauschten einen Blick. »Ich schlage vor, Mr. Banks, daß wir unser Gespräch im Salon fortsetzen. Dort sind wir ungestört.«

Banks schwieg, bis sie im Salon waren und Cook die Tür hinter ihnen geschlossen hatte. Dann sagte er: »Es bleibt dabei. Ein Kohlenschiff ist kein Aufenthaltsort für einen Gentleman.«

»Nein?« Cook erinnerte sich, wie Banks an den Pumpen gestanden hatte, als die *Endeavour* auseinanderzubrechen drohte. Würde er diesen Mann jemals verstehen?

»Auf keinen Fall.«

»Die *Resolution* ist dazu nicht weniger geeignet als die *Endeavour*.«

»Die *Endeavour* war schlimm genug. Vielleicht nicht für Ihre Verhältnisse, sehr wohl aber für uns, die wir Besseres gewohnt sind. Die *Endeavour* war zu klein und unstabil bei stürmischem Wetter, und sie fiel auf dem Heimweg fast auseinander. Ich habe nicht die Absicht, noch einmal in einem Kohlenfrachter in See zu stechen.«

»Ich verstehe.«

»Das will ich hoffen«, sagte Banks. »Das Schiff ist für meine Bedürfnisse nicht geräumig genug und muß deshalb gegen ein anderes ausgetauscht werden.«

»Dann tragen Sie Ihren Wunsch besser der Admiralität vor. Ich jedenfalls gedenke mit diesem Schiff und der *Adventure* als Eskorte in See zu gehen.«

»Sie werden tun, was Ihre Vorgesetzten Ihnen befehlen«, rief Banks mit erhobener Stimme. »Ihre Vorgesetzten werden Sie schon daran erinnern, daß schließlich ich der Zweck der Reise bin. Ich stelle das Geld zur Verfügung, ich suche die Wissenschaftler und ihre Ausrüstung aus, ich bestimme, wer als Maler und Naturforscher mitfährt. Ich bin der einzige Mann in England, der seine Zeit und sein Vermögen in derartige Unternehmen steckt. Wenn *ich* mich bei der Admiralität beschwere, fahren *Sie* vielleicht überhaupt nirgendwo hin.«

Cook blieb sitzen, als Banks aus der Kabine stürmte. War das der Mann, den er kannte?

Noch in derselben Woche lud Banks den Earl von Sandwich zum Essen in sein Stadthaus ein. Erlesene Weine wurden kredenzt, und die Unterhaltung mit den Damen war bei Tisch sehr anregend. Im Laufe des Abends wurde der Earl in Banks' Reisepläne eingeweiht. Er erfuhr die Namen der Künstler, Wissenschaftler und Musiker, die Banks ausgewählt hatte, und hörte von der reizenden jungen

Dame, die als persönliche Sekretärin des Botanikers vorgesehen war. Der Earl schien tief beeindruckt. Geld und ein Name, dachte Banks, damit konnte man alles erreichen.

* * *

Der Earl von Sandwich wurde von zwei hohen Beamten der Admiralität und Cooks altem Kollegen und Mentor Kapitän Hugh Palliser begleitet. Cook saß mit ausdruckslosem Gesicht im Schatten von so viel Glanz und hörte den Ausführungen Joseph Banks' zu.

»Lassen Sie mich eines von vornherein klarstellen: Kommandant Cook und ich sind Freunde. Wir hätten nicht drei Jahre zusammen auf See verbracht, wenn dem nicht so wäre.« Er warf seinem Freund einen Blick zu, aber Cook verzog keine Miene. »Auch unter Freunden gibt es freilich Meinungsverschiedenheiten. Ich brauche ein Schiff mit viel Platz, mit zusätzlichen Kabinen und zusätzlichem Lagerraum, ein Linienschiff oder einen Ostindienfahrer, oder wenigstens eine Fregatte. Ein würdiges Schiff, das über ein Mindestmaß an Bequemlichkeit verfügt. Schließlich riskiere ich Kopf und Kragen für Entdeckungen zum Ruhme unseres Landes. Es wäre eine Zumutung, wenn ich die Fahrt auf einem so ungeeigneten Schiff antreten müßte.«

Sandwich versuchte mit einem Blick auf seine Kollegen deren Reaktion abzuschätzen. »Gibt es Fragen?« Seiner Meinung nach war das eine verdammt heikle Angelegenheit.

Palliser meldete sich zu Wort: »Meinen Sie ungeeignet oder unbequem?«

»Ich meine unzulänglich, Sir, unpassend, unsinnig, zu klein, zu langsam, in jeder Beziehung unzureichend.«

Palliser hielt Banks für einen ausgemachten Dummkopf, aber jetzt kam die Reihe an Cook. »Mylord, meine Herren, ich kenne die Gründe, die für ein größeres Schiff, für einen Ostindienfahrer oder eine Fregatte, sprechen. Ich weiß, sie sind geräumiger, haben bessere Segeleigenschaften und sehen zweifellos auch besser aus. Aber ich kann keine Küsten vermessen, wenn ich nicht ein stabiles

Schiff mit geringem Tiefgang besitze, mit dem ich dicht an die Küste herankomme. Ich kann keine neuen Länder entdecken, wenn ich nicht ein Schiff bekomme, das Proviant für ein Jahr aufnehmen kann und jeden Sturm aushält. Solche Schiffe sind die im Norden Englands gebauten Kohlenschiffe – und nur diese. Ich darf Sie daran erinnern, daß wir bei der Erforschung der Meere den Franzosen und Spaniern jahrelang hinterherhinkten. Sie wissen so gut wie ich, daß daran nicht unbedingt unsere Männer schuld waren, sondern unsere ungeeigneten Schiffe.«

Banks sah, welchen Eindruck Cooks Antwort hinterließ, und sprang wütend auf. »Sir, ich steche mit diesem Schiff nicht in See. Ich fahre erst, wenn ein anderes Schiff bereit steht. Das gleiche gilt für die von mir ausgewählten Künstler und Wissenschaftler, und das Geld, das ich zur Ausrüstung der Reise aufgebracht habe...«

»Mylord«, sagte Palliser, »kein Zivilist darf sich anmaßen, der Admiralität und den Seelords auf diese Weise zu drohen.«

»Sie haben recht«, erwiderte der Earl. »Mr. Banks, ich rufe Sie zur Ordnung.«

Auch die anderen Lords waren unruhig geworden. Sie hatten jetzt genug. Einer von ihnen meldete sich zu Wort: »Das ist unerhört und verstößt gegen alle Regeln.«

Aber Sandwich war Diplomat. »Mylord, wir versuchen, eine Meinungsverschiedenheit beizulegen.«

»Und um wessen Meinung geht es dabei? Ich gebe in Fragen der Seefahrt der Meinung unseres besten Seemanns den Vorzug.«

Sandwich hob beschwichtigend die Hände: »Keiner bezweifelt die Verdienste von Kommandant Cook, Mylord.«

Der Kollege des Earls war nicht überzeugt. »Worüber streiten wir dann? Wenn das so weitergeht, werde ich die Sache im Parlament zur Sprache bringen.«

»Dafür gibt es keinen Grund«, entgegnete Sandwich. »Wir stimmen überein, daß die Fahrt mit dem von Cook ausgesuchten Schiff durchgeführt werden muß.«

Banks protestierte: »Dann war das ganze Gespräch eine Farce.«

Palliser riß der Geduldsfaden: »Und daran sind nur Sie schuld, Sir.«

»Gentlemen«, warf Sandwich besänftigend ein, »eins nach dem andern. Ich bin sicher, daß wir eine Lösung finden werden.« Er wandte sich an Cook. »Kommandant?«

Fragend sah Cook auf: »Sir?«

Der Earl spreizte die Finger auf der Tischplatte. »Mr. Banks, wenn die *Resolution* nun nach Ihren Vorstellungen umgebaut würde? Hätten Sie etwas dagegen, Kommandant Cook?«

Cook blieb mißtrauisch. »Nicht, wenn es vertretbare Änderungen sind, Mylord.«

»Und Sie würden es sich noch einmal überlegen, Banks?«

»Umbauten? Verbesserungen der Unterkünfte? Das scheint mir ein vernünftiger Gedanke.« Banks erwärmte sich zusehends für die Idee. »Mylord, ich danke Ihnen, daß Sie uns an die englische Kunst des Kompromisses erinnert haben. Ich werde den Umbau unverzüglich in die Wege leiten und damit diese kleine Meinungsverschiedenheit aus dem Weg räumen.« Er stand auf. »Das Schiff umbauen! Welch glänzende Idee. Dann haben wir beide, was wir wollen: Mr. Cook hat seinen geringen Tiefgang und ich den Aufbau. Aus dem häßlichen Entlein wird noch ein Schwan, das versichere ich Ihnen.«

Die Besprechung war zu Ende. Fragend sahen Cook und Palliser einander an. Sie hätten zu gern gewußt, welcher Art die Veränderungen waren, die Banks vorschwebten.

* * *

Die *Resolution* wurde ins Dock verbracht. Die Masten wurden niedergelegt, die Decksplanken entfernt. Dann begannen die Zimmerleute mit dem Bau einer großen Achterkajüte mit zusätzlichen Kabinen. Die Londoner Zeitungen berichteten täglich über den Umbau. Der französische Botschafter wurde auf dem Vorderdeck empfangen, Banks' Freunde speisten dort zu den Klängen eines Streichquartetts. Die Umbauten waren das Hauptgesprächsthema der Saison. Sir Edward Hawke, Hugh Palliser, Charles Clerke und Elizabeth dagegen waren entsetzt. Cook selbst sagte nichts; er wartete ab und schien ganz unbesorgt. Als der Umbau fertig war, lud Banks Freunde ein, um mit ihnen bei der Probefahrt an Bord zu feiern.

Strahlend stand die Sonne am Himmel, als Banks am Kai eintraf. Clerke wartete auf ihn. »Leutnant Clerke«, sagte Banks überrascht, »wo ist mein Schiff?«

»Wenn Sie die *Resolution* meinen, Sir, so warten Sie vergeblich.«

»Reden Sie keinen Unsinn.« Banks zeigte auf seine Freunde, die mit ihm gekommen war. »Wir wollen alle an der Probefahrt teilnehmen.«

»Die Probefahrt wurde abgesagt, Sir.«

»Abgesagt? Auf wessen Anordnung?«

»Auf Geheiß des Kommandanten, Sir. Er hat das Schiff ins Dock nach Greenwich zurückbeordert. Alle neuen Aufbauten und Decks sollen wieder entfernt werden.«

Ungläubig riß Banks die Augen auf: »Was?«

Clerke genoß das Gespräch sichtlich. »Alles soll wieder so werden, wie es war, Mr. Banks. Damit habe ich meinen Auftrag hier erledigt.« Er ging zu seinem Pferd und schwang sich in den Sattel. »Mehr habe ich nicht zu sagen.«

»Cook? Cook denkt, er kann sich das erlauben?«

»Jawohl, Sir. Er denkt es nicht nur – er tut es.«

Geblendet von der hellen Morgensonne, starrte Banks zu Clerke hinauf. »Wir sprechen uns noch, Leutnant. Ihr Ton gefällt mir nicht. Und Cook ist verrückt geworden. Ich lasse ihn ersetzen.«

»Ich wünsche Ihnen dabei viel Erfolg, Sir.« Clerke gab seinem Pferd die Sporen, das mit polternden Hufen über die Holzplanken des Kais galoppierte.

»Fahren Sie zur Hölle!« schrie Banks ihm nach.

* * *

Im Dock von Greenwich hatten die Zimmerleute die Arbeit wieder aufgenommen. Banks, Cook, Palliser und der Themselotse standen an einer ruhigeren Stelle. »Was soll das heißen: Sie fährt nicht!?« rief Banks mit erhobener Stimme, um den ohrenbetäubenden Lärm zu übertönen.

Der Lotse ließ sich nicht beirren. »Sie fährt nicht.«

»Und wer zum Teufel sind Sie?«

»Der Lotse«, sagte Cook.

Der Hüne zeigte auf das Schiff. »Damit würde ich mich nicht einmal auf die Themse wagen, geschweige denn aufs offene Meer, und Ihre Fahrt ans andere Ende der Welt können Sie sich aus dem Kopf schlagen.«

»Sir«, sagte Banks, »wovon reden Sie eigentlich?«

»Das Schiff ist unbrauchbar, eine schwankende, tödliche Falle. Es ist topplastig.«

»Die zusätzlichen Aufbauten«, erklärte Cook, »waren zu schwer.«

»Was?«

»Das Schiff war zu schwer, es zog zu viel Wasser. Wir mußten das Gewicht verringern, indem wir Ballast ausluden.«

»Was die Sache nur noch verschlimmert. Das wüßten Sie, wenn Sie sich mit Schiffen auskennen würden«, sagte Palliser. »Es wurde noch topplastiger und schlingerte wie verrückt.«

»Wenn wir ein Segel gesetzt hätten, wäre das Schiff wahrscheinlich gekentert.« Cook genoß das Gespräch sichtlich.

Der Loste knackte mit den Fingern. »Sage ich doch. Topplastig. Ein Windstoß, und das Schiff macht Kopfstand.«

»Was?«

»Kopfstand. Es kippt um. Das unsicherste Schiff, das ich je gesehen habe. Einen solchen Unfug habe ich noch nicht erlebt.«

»Und meine Offiziere«, sagte Cook bedauernd, »haben erklärt, daß sie mit diesem Schiff nicht in See stechen werden.«

Banks starrte ihn an. »Das waren Sie!«

»Wie bitte?«

»Sie sind daran schuld. Sie haben zugelassen, daß ich das Schiff umbaue, obwohl Sie wußten, was geschehen würde.«

»Soweit ich mich erinnern kann, waren Sie nicht bereit, auf mich oder sonst jemanden zu hören.«

»Sie wollten mich demütigen, Cook. Aber wir werden sehen, wer zuletzt lacht.«

* * *

Lord Sandwich sah von seinem Schreibtisch auf. »Bitte nehmen Sie Platz, Joseph.«

»Sie wissen, was mit dem Schiff geschieht?«

»Mit welchem Schiff?«

»Verdammt, Sir, mit der *Resolution* natürlich.«

»Ich hörte, daß sie nicht seetüchtig war. Das konnten wir nicht zulassen.«

»Meine Geduld ist zu Ende. Ich verlange jetzt mit allem Nachdruck ein angemessenes Schiff. Und ersetzen Sie Cook durch einen anderen Kapitän.«

Sandwich beugte sich vor: »Lieber Joseph...«

»Sonst fahre ich nicht. Und das können Sie weiß Gott nicht zulassen. Ganz England fiebert meiner Reise in den Pazifik entgegen. Und tüchtige Seeleute gibt es noch mehr. Mit einem Wort: Cook kann man ersetzen, mich nicht.«

Der Earl räusperte sich. »Ich befinde mich in einer außergewöhnlich schwierigen Situation.«

»Es gibt eine einfache Lösung: Entlassen Sie Cook.«

»Nein.«

»Dann sagen Sie ihm, daß er meinen Anordnungen Folge zu leisten hat.«

»Nein.«

Banks war jetzt ganz ruhig: »Ich versichere Ihnen, mein Freund, ich bin fest entschlossen, andernfalls auf die Teilnahme zu verzichten.«

»Dann sehe ich keinen anderen Ausweg.«

»Wie?«

»Dann müssen Sie verzichten, Mr. Banks, wenn Sie mich denn

zwingen, zwischen Ihnen und Kommandant Cook zu wählen. Ich wähle Cook.«

»Das ist nicht Ihr Ernst.«

»Aber natürlich. Wenn ich den besten Seemann des Königreichs hinauswerfe, geht ein Schrei der Entrüstung durchs Parlament. Deshalb nehme ich mit großem Bedauern Ihr Angebot an, auf die Teilnahme an dieser Expedition zu verzichten.«

»Politischer Opportunist. Verdammter Heuchler!«

Bedauernd schüttelte der Earl den Kopf. »Es täte mir leid, deshalb Ihre Freundschaft zu verlieren. Aber Cook zu verlieren wäre eine Katastrophe. Ich wünsche Ihnen einen guten Tag.«

Zweite Reise

9. *Kapitel*

Am 13. Juli 1772 lagen die *Resolution* und die *Adventure* bereit zum Auslaufen im Hafen von Plymouth. Die Instruktionen, die Cook erhalten hatte, folgten der Route, die er dem Earl von Sandwich vorgeschlagen hatte. Mit Beginn des Sommers auf der südlichen Hemisphäre sollte er Kapstadt verlassen, nach Süden bis zum 54. Breitengrad vorstoßen, das Kap der Beschneidung suchen und feststellen, ob es Teil eines südlichen Kontinents war. Wenn er Land sichtete, sollte er die Küsten vermessen und Kontakt mit den Bewohnern aufnehmen. Anschließend sollte er in Richtung Osten weitersegeln und so tief wie möglich in südliche Breiten vordringen. Die Fahrt würde ihn einmal um die Welt führen, und über das Kap der Guten Hoffnung sollte er nach England zurückkehren. Zum ersten Plan kam ein zweiter, der vorsah, nach Norden zu fahren, um an geeignetem Ort die Schiffe auszubessern und dann im Südpazifik neue Inseln und Territorien zu entdecken. Strengste Geheimhaltung war befohlen, denn England wollte mit dieser Reise die Entdeckungsfahrten der Franzosen und Spanier in den Schatten stellen.

Knatternd stiegen die Wimpel in die Höhe, die Pfeifen der Bootsleute schrillten. Cook hatte tüchtige Offiziere an Bord der *Resolution*. Zu dem getreuen Clerke kamen die Leutnants Cooper und Pickersgill, Schiffsarzt war James Patten. Statt Banks, der verärgert nach Island abgereist war, waren der deutschstämmige Botaniker Johann Reinhold Forster und, als sein Assistent, sein Sohn Georg an Bord. Der Astronom hieß William Wales.

Cook musterte die Mannschaft, die sich an Deck versammelt hatte, und suchte nach bekannten Gesichtern. Bei den Seesoldaten sah er Gibson, der zum Korporal aufgestiegen war. Der Kapitän der *Adventure*, Tobias Furneaux, befand sich ebenfalls an Bord. Sie führten eine letzte, kurze Besprechung durch, während die Segel angeschlagen wurden und die Matrosen sich zum Lichten des Ankers am Gangspill versammelten. Plötzlich bemerkte Cook, daß ihn jemand ansprach.

»Ich bin Johann Reinhold Forster, Botaniker. Das ist mein Sohn Georg, und das ist Mr. Wales.«

Furneaux verbeugte sich. »Willkommen, Gentlemen.«

»Das ist Leutnant Furneaux«, sagte Cook. »Er befehligt unser Begleitschiff HMS *Adventure*.«

Wieder verbeugte sich Furneaux. »Ich werde hinter Ihnen herfahren – wenn wir uns nicht aus den Augen verlieren.« Er grüßte Cook und ging.

Forster faßte Cook am Ärmel. »Ein Wort zu unserem Quartier, Sir.«

Aber der Kapitän hatte keine Zeit. »Nicht jetzt«, erwiderte er kurz und ging nach vorn zu den Seesoldaten. »*Korporal* Gibson?«

»Jawohl, Sir. Ich verdanke meine Beförderung Ihrem Bericht. Sie haben nur das Gute erwähnt und alles Schlechte weggelassen.«

»Sie sind als Freiwilliger an Bord?«

»Ja, Sir.«

»Ich freue mich, daß Sie mitfahren.«

»Danke, Sir. Die Seesoldaten werden diesmal keinen Anlaß zum Ärger geben. Und sie werden sich waschen – dafür sorge ich persönlich.«

Cook sah ihm nach. Der kurze Wortwechsel hatte ihm Mut gemacht.

Aus Ost blies ein steifer Wind. Der Anker wurde gelichtet und die Leinen eingeholt. Langsam nahm das Schiff Fahrt auf. Cook stand neben Clerke und sah zur *Adventure* zurück, die ihnen folgte. Die neue Reise hatte begonnen, und er konnte die Erregung des Steuermanns spüren. »Lassen Sie alle Segel setzen, Mr. Clerke.«

»Aye, aye, Sir.«

»Kurs nach Süden – nach Madeira, Kapstadt und dann ... wir werden sehen.«

Wie auf der ersten Reise hatten sie Hühner, Schafe und Rinder an Bord. Nur Windhunde waren diesmal nicht dabei. Cook ging auf dem Achterdeck auf und ab und dachte daran, wie es wohl Banks in Island ergehen mochte. Plötzlich hörte er laute Stimmen und wandte sich an Clerke: »Ärger?«

»Unser neuer Botaniker stellt hohe Ansprüche, Sir.«

Dann gleicht er dem letzten, dachte Cook. Er sah Patten in heftigem Wortwechsel mit Forster. »Was gibt es, Mr. Forster?«

»Reinhold Forster, wenn ich bitten darf.«

Cook beachtete ihn nicht. »Doktor Patten?«

»Der Herr ist mit seiner Kabine nicht zufrieden, Sir.«

»Die Luft ist schlecht«, sagte Forster, »und es ist feucht und modrig. Ich möchte deshalb in die Krankenstation umziehen.«

»Leider kann ich Ihrer Bitte nicht entsprechen.«

»Ich werde dafür bezahlen. Ich kann es mir ohne weiteres leisten.«

»Nein danke.«

»Dann werde ich bei meiner Rückkehr die Admiralität und den König davon in Kenntnis setzen, daß Sie sich mir gegenüber unhöflich und abweisend verhalten haben.«

»Tun Sie das ruhig.«

»Darauf können Sie sich verlassen.«

Cook sah Forster nach und wandte sich dann an Patten. »Haben Sie Mr. Banks je kennengelernt?«

»Ich habe genug über ihn gehört.«

»Er war ein schwieriger Mensch – leicht erregbar, egoistisch und herrschsüchtig. Aber er hatte eine Eigenschaft, die für alles entschädigte: Charme. Ich fürchte, wir werden ihn bald vermissen.«

* * *

Ende Juli erreichten sie Madeira, und wieder nahm Cook große Mengen von Zwiebeln an Bord, dazu Ziegen, Schweine, weitere Hühner und Trinkwasser. Cook hatte der Mannschaft denselben Speiseplan verordnet, mit dem er schon einmal Erfolg gehabt hatte. Auf der *Endeavour* hatte es keinen Skorbut gegeben. Und Batavia würden sie diesmal vermeiden, es mochte kommen, wie es wollte. Als es regnete, ließ er das Schiff ausräuchern und den Schiffsbauch mit Öfen trocknen. Er hoffte, daß Furneaux auf seinem Schiff zu denselben vorbeugenden Maßnahmen griff. Am Kap der Guten Hoffnung erfuhr er, daß Marion und Kerguelen einige Zeit vor ihm dagewesen waren. Die Franzosen waren also auch unterwegs. Aber das machte seine Fahrt nur um so wichtiger.

Je tiefer sie nach Süden vordrangen, desto kälter wurde es. Die Matrosen mußten dicke wollene Jacken anlegen. Es wurde so stürmisch, daß sie die Segel reffen mußten. Die Hühner erfroren, die Rinder konnten sich in ihren Verschlägen kaum auf den Beinen halten. Eines Morgens stellten die Männer fest, daß es geschneit hatte und das Tauwerk steifgefroren war. Die Kälte drang ihnen bis ins Mark, kein Mittel schien dagegen zu helfen. Doktor Patten, der die Vorurteile des armen Monkhouse nicht teilte, sorgte für eine kontinuierliche Versorgung mit Zitronen und Orangen. So waren die Männer trotz allem bei guter Gesundheit, und Cook beschloß, so weit wie möglich nach Süden zu segeln. Bald waren sie in unbekannte Gewässer vorgestoßen.

Als sie den 50. Breitengrad erreichten, trafen sie zum erstenmal auf Packeis, das sich weit nach Süden erstreckte. Trotz aller Bemühungen fand Cook keine freie Passage und mußte sehr zu seinem Ärger nach Norden fahren, bis das Ende des Eisfelds erreicht war und er wieder auf südlichen Kurs gehen konnte. Aufgeben kam nicht in Frage. Riesige Eisberge ragten drohend aus dem Wasser – sie waren so hoch wie Kirchtürme, und der Wind hatte sie zu bizarren Gestalten geformt. Einige maßen zwei oder drei Meilen im Durchmesser und waren mehrere hundert Fuß hoch. Wie vorsintflutliche Ungeheuer trieben sie durchs Wasser, hoben und senkten sich schwerfällig, und an ihren blendend weißen Klippen brachen sich die Wellen. Mit donnerndem Getöse lösten sich riesige Eisbrocken und stürzten einer Lawine gleich ins aufbrodelnde Meer. Vorsichtig hielten die Schiffe Abstand. Cook suchte in dieser Zeit das geheimnisvolle Kap der Beschneidung, allerdings ohne Erfolg. Wales bestimmte ihre Position: Sie befanden sich auf dem 60. Breitengrad. Die beiden Schiffe arbeiteten sich nach Osten vor, um anschließend wieder auf südlichen Kurs zu gehen.

Johann Reinhold Forster und sein Sohn Georg standen neben Wales an der Reling und starrten auf das Eis, das sich vor ihnen ausbreitete. Sie wagten nicht, das Metall der Reling zu berühren, aus Angst, mit ihren Fingern festzufrieren. »Großer Gott«, seufzte Forster, »was für eine unwirtliche Gegend. Hätte ich das gewußt...«

»Vater, du vergißt, daß wir Geschichte machen«, sagte Georg. »Niemand ist bisher so tief im Süden gewesen.«

»Das stimmt«, bestätigte der Astronom. »Nach meiner Berechnung befinden wir uns auf dem 66. Breitengrad, und die Temperatur beträgt minus 34 Grad.«

»Man hätte uns warnen sollen«, jammerte Forster. »Wenn ich gewußt hätte, was mich erwartet, wäre ich auch für 4000 Pfund nicht bereit gewesen, an der Expedition teilzunehmen.«

Überrascht sah Wales ihn an. »Das sollte eigentlich geheim bleiben«, sagte Georg und warf seinem Vater einen verärgerten Blick zu.

»Dann würde ich es an Ihrer Stelle auch geheimhalten«, sagte Wales. »Mein eigenes Gehalt für diese Reise beträgt 800 Pfund. Der Kapitän bekommt sechs Shilling pro Tag. Er kann zufrieden sein, wenn er am Ende der Reise auf 300 Pfund kommt. Viertausend? Da würde ich mich nicht beklagen.«

Georg war noch sichtlich verstimmt, als Wales gegangen war. »Das hast du absichtlich gesagt.«

»Sie sollen ruhig wissen, wieviel ich wert bin. Vielleicht behandeln sie mich dann besser.«

Einige Tage später überquerten sie den südlichen Polarkreis. Wieder war ihnen der Weg durch ein riesiges Eisfeld versperrt, und sie mußten umkehren. Dichter Nebel hüllte sie ein. Eiszapfen hingen an den Tauen, und die Männer froren erbärmlich. Schließlich betrug die Sichtweite nur noch wenige Yards. Die *Resolution* mußte beidrehen. Von der *Adventure* war beim besten Willen nichts mehr zu sehen. Konnte Furneaux auf seinem Schiff die Signalkanone nicht hören? Cook, Clerke und die anderen Offiziere standen an Deck und lauschten angestrengt auf eine Antwort der *Adventure*, um ihre Position bestimmen zu können. Wieder war der dumpfe Schlag der Signalkanone zu hören, aber es kam keine Antwort.

»Wir haben sie verloren, Sir.«

»Wir treiben auseinander.«

»Ich glaube, sie ist nach Nordost abgetrieben«, sagte Pickersgill.

Eine Weile war es totenstill. Dann ertönte hinter ihnen eine Stimme.

»Was ist los? Sind wir verloren?« Es war Forster.

Cook drehte sich um. »Gehen Sie bitte unter Deck, Mr. Forster. Leutnant Cooper, Sie lassen alle halbe Stunde einen Signalschuß abfeuern.«

»Aye, aye, Sir.«

»Was zum Teufel geht hier vor?« Forster stand immer noch hinter ihnen.

»Wir versuchen, dieses Schiff zu manövrieren, mein Herr«, sagte Clerke barsch. »Verlassen Sie sofort das Achterdeck.«

»Wer hat das gesagt?«

»Einer meiner Offiziere«, schaltete sich Cook ein. »Und ich bin ganz seiner Meinung. Gehen Sie jetzt nach unten, bevor Sie über Bord gehen oder einen Tritt bekommen.«

»Was fällt Ihnen ein, Sir!«

Wieder wurde ein Schuß abgefeuert, dann noch einer, aber sie hatten die *Adventure* verloren.

Unruhig flackerten die Kerzen im Dämmerlicht des Salons, als Clerke, Forster, Georg und Wales sich zum Essen setzten. Einige Plätze waren leer, das Essen war kalt.

»Dann haben wir also obendrein auch noch das andere Schiff verloren«, klagte Forster.

Clerke sah auf. »Vorläufig.«

»Aber wie sollen wir sie in diesem Nebel finden?«

»Das ist unmöglich, wir werden es deshalb auch gar nicht versuchen.«

»Dann sind wir also ganz allein in dieser gottverlassenen Eiswüste?«

Der Leutnant stieß seinen Teller zurück. »Jawohl, Sir. Ganz allein.«

»Und keiner kann uns helfen, wenn wir in Not geraten. Was passiert, wenn wir mit einem Eisberg zusammenstoßen?«

Wales ließ das Messer auf seinen Teller fallen. »Sir, ich versichere Ihnen, wenn Sie jetzt keine Ruhe geben, esse ich in meiner Kabine.«

»Essen Sie, wo Sie wollen. Ich mache mir Sorgen um unsere Sicherheit. Wo ist der Kapitän?«

»Er schläft«, sagte Clerke. »Er war achtzehn Stunden im Dienst.«

»Er hätte nie so weit nach Süden fahren dürfen.«

»Vater«, sagte Georg, »von Navigation verstehst du zu wenig.«

»Man braucht nichts davon zu verstehen, um zu wissen, daß wir im Nebel stecken und von Packeis umgeben sind. Und daß wir unser Begleitschiff verloren haben. Wenn unser Schiff gegen einen Eisberg fährt, gibt es dann noch Hoffnung für uns?«

Wales warf Messer und Gabel hin, stand auf und marschierte wütend hinaus.

»Gibt es dann noch Hoffnung, Leutnant?«

»Kaum. Entschuldigen Sie mich.« Auch Clerke stand auf und ging hinaus.

Als sie allein waren, sagte Georg: »Vater, wir sind Botaniker. Können wir nicht einfach unsere Arbeit tun? Mußt du uns so unbeliebt machen?«

»Die Wahrheit zu sagen macht unbeliebt. Denn es ist die Wahrheit, daß Cook unser Leben durch seinen Leichtsinn gefährdet. Und was kann ein Botaniker hier tun? Nichts.«

Der Nebel hielt sich, und ein Treibanker wurde ausgebracht. Cook besprach sich mit Clerke und Pickersgill im Salon. Einige Stunden vorher hatte er plötzlich stechende Schmerzen verspürt, aber jetzt war er in warme Decken eingewickelt und fühlte sich besser. Eine kleine Unpäßlichkeit, die vorübergehen würde – er war robust und brauchte keinen Arzt.

»Wir treiben langsam ab, Sir«, meldete Pickersgill. »Nach Südsüdwest.«

»Haben Sie die Wassertiefe gelotet?«

»Immer noch zu tief, Sir. Wir kommen nicht auf Grund.«

»Ich glaube, der Nebel lichtet sich«, sagte Cook.

»Ja, Sir.«

»Furneaux werden wir kaum finden, aber er hat meine Karten und Befehle. Wir treffen ihn in drei Monaten im Königin-Charlotte-Sund.«

Plötzlich kehrten die Schmerzen wieder und nahmen Cook den Atem.

Clerke war sofort bei ihm. »Was ist los, Sir?«

»Eine leichte Kolik, weiter nichts.«

»Ich hole den Arzt.«

»Es ist weiter nichts, Mr. Clerke. Lassen Sie mich schlafen. Der Arzt soll mich morgen untersuchen.«

Clerke hatte seinen Kapitän noch nie so bleich gesehen. Cook zitterte vor Schmerzen. Clerke beschloß, dafür zu sorgen, daß der Kapitän Wort hielt und Doktor Patten aufsuchte.

»Sie können sich jetzt wieder anziehen«, sagte Patten. »Behalten Sie bei sich, was Sie gegessen haben?«

»Nur wenig.«

»Ich sollte Ihnen Ruhe verschreiben, Kapitän Cook, aber wie kann ich *Sie* dazu bringen, sich auszuruhen? Die Ursache Ihrer Beschwerden ist der Magen. Zu viele Jahre Pökelfleisch, Nitrate und fettes Schweinefleisch, und zu viel Löffelkraut gegen den Skorbut, weil Sie der Mannschaft mit gutem Beispiel vorangehen wollten. Außerdem sind die Beschwerden meiner Meinung nach die Folge übermäßiger Belastung und Anstrengung.«

»Ist es ernst?«

»Noch nicht, Sir, aber es könnte ernst werden.«

»Dann brauchen weder Sie noch ich es in unseren Berichten zu erwähnen. Und wir brauchen es niemandem zu sagen, nicht wahr, Mr. Patten?«

Der Arzt stimmte zu, und Cook verließ den Arzt in der Überzeugung, noch viele Jahre vor sich zu haben.

Endlich lichtete sich der Nebel, und die *Resolution* konnte bei klirrender Kälte ihre Fahrt nach Osten fortsetzen. Cook hatte geplant, in Van-Diemens-Land Station zu machen, aber die Winde machten ihm einen Strich durch die Rechnung. Die *Resolution* überquerte die Tasman-See und fuhr am 26. März 1773 in den Dusky Sound in Neuseeland ein. Die Männer hatten 117 Tage lang kein Land gesehen. Sie gingen an einem sicheren Platz vor Anker, ruhten sich aus und nahmen Holz und frisches Wasser an Bord. Nur vereinzelt bekamen sie in den hohen, stillen Wäldern Maoris zu Gesicht. Die Samen einiger europäischer Pflanzen wurden ausgesät, und sieben Wochen später machte Cook sich auf den Weg zum Königin-Charlotte-Sund, in der Hoffnung, dort Tobias Furneaux und die *Adventure* vorzufinden.

* * *

Mit den Händen auf dem Rücken spazierte Furneaux über das Deck der *Adventure*. Sie ankerte im Königin-Charlotte-Sund. Seine Männer erholten sich, einer spielte auf seiner Fiedel, andere fischten im glasklaren Wasser. Die Barkasse lag am Strand. Furneaux war mit sich zufrieden: Der Sund war ein geeignetes Winterquartier. Ein Kanonenschuß ertönte. Langgezogen rollte das Echo über die Hügel, dann folgte ein zweiter. Furneaux fuhr herum und sah einen Rahsegler näherkommen. Die Männer an Bord lachten und schrieen, die Pfeifen schrillten, dann polterten die Ketten aus der Klüse, und die *Resolution* ging eine Kabellänge von der *Adventure* entfernt vor Anker.

Sie trafen sich in Cooks Kajüte. »Skorbut?« fragte der Kapitän. »Wie viele?«

»Nur vier, Sir. Nicht viele.«

»Schon einer ist zuviel. Sie müssen die Männer zwingen, Zitronensaft zu trinken und Löffelkraut, frisches Fleisch und Fisch zu essen, Mr. Furneaux. Wer sich weigert, wird ausgepeitscht. Bitte erklären Sie mir, warum Sie abgetakelt haben.«

»Die Mannschaft ist erschöpft, Kapitän. Ich hoffte hier zu überwintern.«

»Sie werden Ihr Schiff so schnell wie möglich wieder auftakeln, Sir. Ich schicke Ihnen einige Männer hinüber, die Ihnen dabei helfen werden. Wir gehen auf dieser Fahrt in kein Winterquartier, Leutnant. Wir segeln weiter nach Osten.« Cook stand auf und zeigte auf die Wandkarte. »Wir fahren diese Route, um der Welt zu beweisen, daß es Mr. Dalrymples Südland nicht gibt. Wir werden dabei bis zum 46. Breitengrad vordringen und dann auf Nordkurs nach Tahiti gehen, um frischen Proviant aufzunehmen und die Schiffe zu reparieren. Überwintern, Mr. Furneaux? Dafür haben wir keine Zeit.«

Die Monate Juni und Juli bescherten ihnen stürmisches Wetter. Sie erreichten den 133. Längengrad, aber immer noch kam kein Land in Sicht. Cook befahl Doktor Patten, die Mannschaft der *Adventure* zu untersuchen. Er traute Tobias Furneaux nicht. Der Mann hielt die Zügel nicht straff genug und hatte nicht genügend Weitblick. Doktor Patten erstattete in Furneaux' Kajüte Bericht.

»Wie viele Kranke?«

»Zwanzig, Sir.«

»Mein Gott! Und wie viele davon haben Skorbut?«

»Alle.«

Cook sah Furneaux böse an. »Ich habe Ihnen bereits auf Neuseeland gesagt, was Sie tun müssen, Leutnant. Haben Sie das vergessen?«

»Ich habe versucht, Ihren Anweisungen zu folgen.«

»Nicht entschieden genug. Sie führen ein nachlässiges Regiment, Mr. Furneaux.«

»Das betrachte ich als Beleidigung.«

»Betrachten Sie es, als was Sie wollen. Schreiben Sie es in Ihr Logbuch. Ich schreibe es mit Sicherheit in meines.«

»Ich habe mein Bestes getan.«

Cook erhob sich. »Das bezweifle ich sehr. Wenn Sie meinen Anordnungen gefolgt wären und Ihre Männer mit Ascorbinsäure versorgt hätten, wäre das alles jetzt unnötig. Sind Sie sich darüber im klaren, daß Ihre Männer sterben werden, wenn wir hier kein Land finden? Nein, Mr. Furneaux, Ihr Bestes haben Sie nicht getan. Nicht im entferntesten.«

Cook wandte sich nach Norden, und am 25. August fuhren sie in die Matavai-Bucht ein. Auf Tahiti schien alles beim alten: Kanus kamen ihnen entgegen, um sie willkommen zu heißen, die Eingeborenen hatten sich mit Blumen geschmückt und sangen, es war warm und mild, die Brandung donnerte auf das Riff, und die Frauen waren wunderschön. Cook mußte an den Diebstahl des Quadranten und die Geiselnahme denken. Inbrünstig hoffte er, daß er diesmal von solchen Schwierigkeiten verschont bleiben würde.

* * *

Die Tahitianer wurden auf Deck der *Resolution* empfangen. Unter ihnen befand sich Owhaa; er hatte jetzt graue Haare, war aber immer noch eine würdevolle Erscheinung. Der neue Herrscher war ein stattlicher junger Mann namens Tu. Korporal Gibson hielt sich in der Nähe, als die Begrüßung zwischen Cooks Offizieren und den Häuptlingen der Eingeborenen begann. Tu sagte etwas, und Owhaa übersetzte. »König Tu heißt Großen Freund willkommen.«

»Richte ihm meinen Dank aus«, erwiderte Cook. »Auch ich begrüße euch alle herzlich. Wo ist Königin Oberea? Ist sie tot?«

Owhaa und Tu wechselten einige Worte, und Gibson versuchte zu verstehen, was sie sagten. »Sir«, sagte er dann zu Cook, »ich glaube, sie ist abgesetzt worden.«

Dann sprach Owhaa: »Oberea ist weg. Schlechte Frau. Jetzt befiehlt König. Wir müssen uns alle freuen.«

Cook und seine Männer wurden begeistert aufgenommen. Die Einheimischen folgten ihnen überallhin, und viele fragten nach Banks und Solander. Sie erkannten Charles Clerke wieder, und Korporal Gibson konnte sein Mädchen in die Arme schließen. Wieder erklangen Trommeln und Lauten, und am Nachmittag war die *marae* vollgepfropft mit Menschen, die gekommen waren, um zu feiern und zu tanzen. Wie beim ersten Mal waren die Männer entzückt: Hier, so schien es, war das Paradies.

James Cook war der Ehrengast und saß zusammen mit Pickersgill, Forster und dessen Sohn neben Tu. Die Backöfen rauchten, und die Frauen wurden immer zutraulicher.

»Hinreißend, Sir«, murmelte Pickersgill andächtig. »Eine traumhafte Insel.«

»Abstoßend!«

»Was haben Sie denn, Mr. Reinhold Forster?« fragte Cook, ohne die Augen von den Tänzerinnen vor ihm zu nehmen.

»Schamloses Treiben! Es ist abstoßend.«

Cook seufzte und widmete sich wieder seinem Schweinebraten. Aus den Augenwinkeln sah er Gibson Arm in Arm mit seinem Mädchen vorbeispazieren. Pickersgill beugte sich interessiert vor, aber der Botaniker schnaubte verächtlich: »Ich kann diesem lasterhaften Tun wirklich nicht länger zusehen. Mich wundert, daß Sie Ihre Männer nicht besser unter Kontrolle haben, Kapitän.«

»Meine Männer waren eine lange Zeit auf See, Sir.«

»Das ist kaum eine Entschuldigung für solche Ausschweifungen. Mein Sohn und ich wünschen zum Schiff zurückzukehren.«

Georg sah enttäuscht auf, aber Cook zuckte die Achseln. Er war froh, Forster los zu sein. »Wenn Sie unbedingt gehen wollen, dann tun Sie das bitte so taktvoll wie möglich.«

»Was?«

»Vermeiden Sie, unsere Gastgeber zu kränken.«

»Ich bin erstaunt, Sir. Unsere Gastgeber, wie Sie sie nennen, sind primitive Wilde.«

Als Forster sich mit seinem widerstrebenden Sohn entfernt hatte, mußte Cook an Banks, Solander und Monkhouse denken. Was machte einen Mann zum zivilisierten Menschen? Obwohl auch Banks seine Spleens gehabt hatte, wünschte Cook jetzt, er wäre hier.

Fort Venus war noch in relativ gutem Zustand und wurde wieder bezogen. Die kranken Matrosen der *Adventure* wurden ins Fort gebracht und kamen durch eine Diät von frischem Obst und Gemüse langsam wieder zu Kräften. Frischfleisch und Kokosmilch standen im Überfluß zur Verfügung. König Tu zeigte sich überaus hilfsbereit, und auch die anderen Häuptlinge machten freundliche Gesichter. Nur was Oberea zugestoßen war, konnte Cook nicht in Erfahrung bringen.

Ihr Aufenthalt in Tahiti war diesmal viel angenehmer als beim erstenmal. Die Eingeborenen stahlen anscheinend weniger, und die Männer hatten keine so schwierige Aufgabe wie die Beobachtung des Venusdurchgangs zu bewältigen. Die Schiffe nahmen Proviant an Bord, Forster sammelte mit seinem Sohn Pflanzen, und Wales war an klaren Nächten mit seinen Fernrohren beschäftigt. Furneaux' Matrosen erholten sich zusehends, und Cook drängte zur Abreise. Wenn sie zu lange blieben, riskierten sie, in den antarktischen Winter zu kommen. In der letzten Woche ihres Aufenthalts erfuhr er, daß Königin Oberea bei einer Rebellion gestürzt worden war. Auch bei den Polynesiern schien es Politik zu geben. Als Männer von der *Adventure* einige Eingeborene mißhandelten, ließ Cook sie streng bestrafen. Wenigstens diesmal wollte er, mehr noch als beim letztenmal, als gerechter und menschlicher Führer von den Eingeborenen scheiden. Am 17. September stachen sie in Begleitung einer großen Kanuflotte von Tahiti aus in See.

Sie fuhren nach Südwesten: nach Tonga und zu den Freundschafts-Inseln. Sie gingen einige Male an Land und wurden jedesmal von den Eingeborenen mit aufrichtiger Herzlichkeit empfangen. Dann nahmen sie Kurs auf Neuseeland. Das Wetter verschlechterte sich, die Schiffe mußten wiederholt gegen schwere Sturmböen ankämpfen. Offiziere und Mannschaft waren erschöpft. Cook ließ die *Adventure* unter Tobias Furneaux nicht aus den Augen. Zu gern hätte er gewußt, wie dort die Stimmung war.

Die Schiffe standen auf Höhe der Poverty Bay vor der neuseeländischen Küste, als der Sturm kam. Der Himmel bezog sich mit einem schmutzigen Grau, das Meer wurde bleifarben. Cook fiel auf, daß Hühner und Schweine aufhörten zu fressen und sich seltsam benahmen. Als der Himmel ein fahles Grün annahm, ließ Cook die Segel dicht reffen und alles bewegliche Gut an Deck festzurren. Der Wind fegte in heftigen Böen über das Wasser, im Süden wetterleuchtete es, und die Farbe der Wolken wechselte von Violett zu Schwarz. Cook wußte, was das bedeutete, und beorderte sämtliche Passagiere unter Deck. Die *Adventure* stand achteraus. Er konnte nur hoffen, daß Furneaux' seemännisches Können dieser Herausforderung gewachsen sein würde.

Um Mittag wurde es stockfinster und der Sturm wurde immer stärker. Blitzartig schlug der Wind von Süden nach Osten um. Regen prasselte herunter, das Echo des Donners rollte über die See, und Blitze zuckten über den Himmel. Das Unwetter hatte sie eingeholt. Pechschwarz türmten sich die Brecher auf, schlugen über dem Vorderdeck zusammen und nahmen alles mit, was nicht niet- und nagelfest war. Die Tiere wurden mitsamt ihren Verschlägen weggespült, die Stagsegel rissen sich los. Unter Aufbietung aller Kräfte versuchten die beiden Rudergänger, das stampfende und rollende Schiff unter Kontrolle zu halten. Unter Deck zerbrach Geschirr; die Laternen fielen von der Decke, und auslaufendes Petroleum verdarb Bilder und Gerät. Endlos schleppte der Tag sich dahin, bis er unmerklich in die Nacht überging. Das Schiff hob und senkte sich so heftig, daß es selbst Cook unheimlich wurde. Ein- oder zweimal brach der Mond durch die Wolken, aber ringsum war nichts zu sehen.

Am nächsten Morgen hatte sich der Sturm gelegt. Ruhig lag die *Resolution* in der kabbeligen See. Cook und seine Offiziere standen auf dem Vorderdeck und suchten mit ihren Fernrohren den Horizont ab. Die *Adventure* war verschwunden.

»Keine Spur von ihr.« Cook setzte das Fernrohr ab.

»Nehmen wir die Suche auf, wenn der Wind günstig steht?« fragte Clerke.

»Ich glaube nicht, Mr. Clerke. Ich fürchte, daß wir sie nicht finden würden. Von jetzt an sind wir wieder allein.«

Schlingernd trieb die *Resolution* dahin, während Schiffszimmermann und Segelmacher sich an die Arbeit machten. Über dem leeren Meer zog einsam ein Albatros seine Kreise.

10. Kapitel

Anfang November 1773 lag die *Resolution* wieder sicher an ihrem alten Ankerplatz im Königin-Charlotte-Sund. Der größte Teil des Proviants war ungenießbar und mußte weggeworfen werden, aber zum Glück gab es an Land reichlich wilde Sellerie und einiges Gemüse aus dem Garten, den die Männer bei ihrem letzten Aufenthalt angelegt hatten. Die Eingeborenen hatten sich inzwischen an die Europäer gewöhnt, und Cook schenkte ihnen einige Hühner und Schweine und hoffte, daß sie sich vermehren würden. Von der *Adventure* gab es immer noch keine Spur. Trotzdem war Cook entschlossen, die nächste Etappe der Reise so früh wie möglich anzutreten. Drei Wochen später waren sie gerüstet.

Bevor sie ausliefen, schrieb Cook eine Mitteilung für Furneaux: *...Ich sehe mich deshalb verpflichtet, jetzt, da mein Schiff ausgebessert und mit frischem Proviant versehen ist, ohne weitere Verzögerung unter Segel zu gehen ... Ich werde Kurs auf das Polargebiet im Süden nehmen ... Ich hoffe, Sie sind wohlauf und finden diese Nachricht dort, wo wir sie hinterlegen. Fahren Sie nach England zurück, wenn Sie können, und haben Sie die Freundlichkeit, meiner Frau von meiner guten Gesundheit Mitteilung zu machen.*

Die Botschaft wurde in einer Flasche unter einem markierten Baum im Gemüsegarten vergraben. Am 25. November verließ die *Resolution* ihren sicheren Ankerplatz, um in unbekannte Gewässer zwischen Neuseeland und Kap Horn vorzustoßen. Ein letzter Kanonenschuß wurde abgefeuert, in der Hoffnung, daß die *Adventure* vielleicht doch in der Nähe sei, aber alles blieb still.

Cooks Gesundheitszustand schien sich gebessert zu haben, aber von Zeit zu Zeit spürte er noch heftige Schmerzen. Die Mannschaft dagegen war in blendender Verfassung. Bisher hatte sich niemand bei Patten krank gemeldet. Die Moral war dementsprechend gut.

Nur Reinhold Forster schimpfte ununterbrochen vor sich hin und klagte, daß es für ihn in solch kalten und ungastlichen Regionen nichts zu botanisieren gebe. Der Kapitän mußte ihn daran erinnern, daß sie sich auf einer geographischen Entdeckungsreise befanden, deren Ergebnisse für die Wissenschaft und das britische Empire von großer Bedeutung sein würden. Der mürrische Botaniker hatte sich außerdem auf Tahiti einen kleinen Hund zugelegt, dessen Gekläff der ganzen Mannschaft auf die Nerven ging. Cook dachte jetzt oft an Banks mit seinen schwarzen Dienern und den Windhunden. Wie kam es, daß die Männer der Wissenschaft so exzentrisch waren? Am häufigsten allerdings weilten seine Gedanken bei Elizabeth und den Kindern. Womit waren sie gerade beschäftigt? Er hatte die geduldigste und verständnisvollste Frau von ganz England geheiratet.

Auf dem 66. Breitengrad kam das erste Eis in Sicht. Was zunächst loses Packeis war, wuchs bald zu mächtigen Eisbergen an, die an Größe die Eisberge des vorigen Sommers noch übertrafen. Das Schiff wurden von einem leichtem Wind nach Osten getrieben. Cook war sorgfältig darauf bedacht, den von Pinguinen, Sturmvögeln und Seehunden bevölkerten Kolossen nicht zu nahe zu kommen. Wale tauchten auf und spritzten Dampf-Fontänen in die Luft. Einige der Eisberge sahen aus wie mittelalterliche Schlösser, andere wie Ungeheuer aus grauer Vorzeit. Die Stille war unheimlich und legte sich den Männern aufs Gemüt. Trinkwasser wurde knapp, große Eisblöcke mußten an Bord gehievt und in Kesseln geschmolzen werden. Die Sonne ging in diesen Breiten nicht unter. Der Himmel war täglich vierundzwanzig Stunden von einem überirdischen Leuchten erhellt, und niemand konnte schlafen. Am Weihnachtstag zählte Wales über hundert Eisberge in Sichtweite des Schiffs. Es wurde so bitter kalt, daß Cook der Mannschaft eine Extraration Rum zubilligte.

Die frischen Lebensmittel gingen zur Neige, die Männer mußten wieder Pökelfleisch und verschimmeltes Brot essen. Als Clerke sah, wie blaß und kränklich der Kapitän war, wußte er, daß Cook wieder unter Schmerzen litt. Aber Cook verfolgte unbeirrbar den eingeschlagenen Kurs, bis sie den 71. Breitengrad erreichten. Sie kamen in die wüsteste Gegend der Welt.

Die Temperatur sank auf minus 37 Grad. Auf den Segeln lag ein dicker Panzer aus Eis, der Schnee auf Deck türmte sich fünf Fuß hoch. So behindert, wurde es immer schwerer, die *Resolution* zu manövrieren. Schließlich wurde dem Schiff der Weg durch ein Eisfeld verlegt, das so dick und ausgedehnt war, daß Cook nichts anderes übrigblieb, als zu wenden und nach Norden zu segeln. Er war inzwischen zu dem Schluß gekommen, daß ein südlicher Kontinent, falls es ihn geben sollte, viel zu kalt sein mußte, um für Menschen bewohnbar zu sein. Damit war bewiesen, daß es in den Meeren des Südens keine größere Landmasse gab, deren Inbesitznahme sich lohnte. Mr. Dalrymple und seine gelehrten Freunde waren endgültig widerlegt.

Zu entdecken gab es im Pazifik freilich noch viel, und es war durchaus möglich, daß es statt des Kontinents eine Reihe größerer Inseln gab. Cook besprach sich mit Clerke, Pickersgill, Cooper und Wales und beschloß dann, nach Norden zu fahren, die genaue Position der Osterinsel zu bestimmen, noch einmal Tahiti anzulaufen und im November nach Osten zum Kap Horn zu segeln, um im folgenden Sommer im Südatlantik zu kreuzen. Das bedeutete ein weiteres Jahr auf See, aber vorerst war jedermann dafür. Das Vorhaben war mehr als kühn, aber Cook glaubte an dessen Durchführbarkeit. Man würde den größten Ozean der Welt vermessen, die letzten Legenden zerstören, die diesem Teil der Erde noch anhafteten, und allen späteren Seefahrern damit einen unschätzbaren Dienst erweisen.

Als sie nach Norden fuhren, schmolz das Eis auf Deck und an den Tauen, und der Wind verlor seine beißende Kälte. Nur Cooks Zustand verschlimmerte sich. Die Magenschmerzen wurden so heftig, daß er das Bett hüten mußte. Schwitzend lag er in seiner Koje und zitterte am ganzen Leib. Doktor Patten untersuchte ihn und kam zu dem Ergebnis, daß sein Zustand ernst sei. Insgeheim hielt der Arzt es sogar für möglich, daß Cook sterben würde, aber das wagte er nicht laut zu sagen.

Eines kalten Morgens paßten Clerke und Cooper den Arzt nach der Visite ab. »Wie geht es ihm?« fragte Cooper.

»Immer schlechter.«

»Pickersgill meint, er könnte sterben«, fiel Clerke Patten ins Wort.

»Durchaus möglich. Alles ist möglich.«

»Aber dann tun Sie doch etwas, um Himmels willen.«

Patten hob die Hände. »Was soll ich tun? Sein Organismus ist vollständig zusammengebrochen. Ich kann ihn nicht behandeln. Wir haben keine frische Nahrung, keine Hühner, kein Fleisch, kein Gemüse. Pökelfleisch bringt ihn um, und ohne frische Lebensmittel stirbt er auch. Also sagen Sie nicht, ich solle etwas tun.«

Als die Matrosen von Cooks Zustand erfuhren, versuchten einige von ihnen, Fische zu fangen, aber sie hatten keinen Erfolg. Bedrückt gingen die Männer ihrer Arbeit nach, und als Cook bewußtlos wurde, begannen sie zu beten. Patten konnte ohne frische Lebensmittel nur warten und hoffen. Niedergeschlagen standen Clerke und Patten zwei Tage später an der Reling. Es sah ganz danach aus, als ob sie nichts tun könnten.

»Er hat jetzt innere Blutungen«, sagte Patten.

»Können Sie ihm noch helfen?«

»Nein«, erwiderte der Arzt. »Ich habe weder die entsprechenden Instrumente noch die Ausbildung.«

»Wissen Sie, daß die Matrosen beten? Dieser gottlose Haufen von Heiden betet.«

»Ich habe auch gebetet.«

In trübe Gedanken versunken, standen sie da, als sie hinter sich Schritte hörten. Es war Forster mit seinem Hund. »Was gibt es Neues?«

»Sein Zustand ist unverändert, Mr. Forster.« Argwöhnisch sah Patten zu, wie der Hund seine Füße beschnüffelte. Es war ein garstiges Vieh – warum hatte der Kapitän Forster erlaubt, den Köter mitzunehmen?

»Ich möchte helfen«, sagte Forster.

»Das ist nett von Ihnen, Sir, aber wir können nichts tun.«

»Da bin ich anderer Meinung. Ich bin Naturwissenschaftler, wie Sie wissen. Der Kapitän braucht Fleischbrühe. Wenn er keine Nahrung zu sich nimmt, stirbt er.«

Patten verlor die Geduld. »Glauben Sie denn, daß ich das nicht weiß? Wir haben versucht, Vögel zu schießen und Fische zu fangen, alles ohne Erfolg. Sie brauchen mir nicht zu sagen, was der Kapitän braucht. Das weiß ich selbst nur zu gut.«

»Aber Sie müssen mir glauben, Mr. Patten. Ich sagte, ich wolle helfen.«

Clerke und der Arzt sahen Forster nach, wie er sich mit ruhigen Schritten über Deck entfernte, den kläffenden Hund auf den Fersen.

Am nächsten Morgen war Patten bei Cook, als Forster mit einem dampfenden Topf auf der Schwelle der Kajüte erschien.

»Geben Sie dem Kapitän davon«, sagte er.

»Was ist das?«

»Frische Fleischbrühe.«

»*Frische* Fleischbrühe? Aber wir haben kein frisches Fleisch mehr, Sir, nur noch Pökelfleisch.«

»Jetzt schon, Mr. Patten.«

»Woher haben Sie das?«

»Darf ich bemerken, daß die Brühe kalt wird, wenn wir noch lange reden?«

Zwei Tage lang bekam Cook die Brühe zu essen, am dritten konnte er bereits im Bett aufsitzen. Zur allgemeinen Erleichterung hielt die Besserung an, und eine Woche später, als sich das Schiff der Osterinsel näherte, kam Cook an Deck. Die Matrosen ließen ihn begeistert hochleben. Cook genoß den Südwind auf seinen Wangen.

»Guten Morgen, Mr. Clerke.«

»Guten Morgen, Sir. Wie ich sehe, geht es Ihnen wieder besser.«

»Das ist richtig. Welcher Kurs liegt an?«

»29° südlicher Breite und 95°20' westlicher Länge, Barometer steigend.«

Cook sah sich um. »Danke, Mr. Clerke. Machen Sie weiter. Ich muß sagen, ich komme mir beinahe überflüssig vor.« Langsam ging er nach achtern. Er sah Forster allein an der Heckreling stehen und trat zu ihm.

»Guten Morgen, Sir«, sagte Forster. »Es freut mich, daß die Behandlung anschlug.«

»Wie ich höre, stehe ich in Ihrer Schuld«, erwiderte Cook. »Sie haben durch das Studium der Naturwissenschaften gelernt, Fleischbrühe zu bereiten?«

»Ja.«

»Bemerkenswert, wie gut ich mich erholt habe. Der Arzt sagt, daß ich alles Ihnen zu verdanken habe, weigert sich aber, mir die Zusammensetzung des Elixiers zu nennen.«

»Sie ist unwichtig. Dicke Brühe und frisches Fleisch – diesen beiden Dingen verdanken Sie Ihre Rettung.«

Forster wandte sich zum Gehen, als Cook plötzlich fragte: »Übrigens, Mr. Reinhold Forster, wo ist Ihr Hund?«

* * *

Zehn Tage später wurden die geheimnisvollen Kolossalstatuen der Osterinsel gesichtet. Wales bestimmte die Position der Insel mit großer Genauigkeit; dann wurde die Barkasse zu Wasser gelassen. Die Insulaner, von denen einige spanische Hüte und Halstücher trugen, nahmen die Engländer freundlich auf, aber die Insel selbst war öde und unfruchtbar. Verwilderte Pflanzungen waren dem Wind schutzlos preisgegeben, hier und da wuchsen einige verkrüppelte Bäume. Die Statuen wurden von den Eingeborenen nicht mehr verehrt, und keiner schien zu wissen, wer sie geschaffen hatte. Cook und Clerke wanderten über das rauhe Gelände und blieben vor einem der Monolithen stehen.

»Wer könnte diese Statuen geschaffen haben, Charlie?«

»Vielleicht die Bewohner einer versunkenen Stadt, Sir.«

»Glauben Sie?« Cook dachte an die Bewohner der Botany Bay und des Endeavour River – sie hatten keine Häuser gehabt und sich von den Weißen ferngehalten. Der Pazifik war ein seltsames Meer.

Konnte ein Zusammenhang zwischen so weit voneinander entfernten Völkern bestehen? Vielleicht hatten die Eingeborenen vor langer Zeit große Reisen unternommen, die sie noch weiter geführt hatten als die Europäer. Wales trat mit seinem Fernrohr zu ihnen und schloß sich den Männern an, aber er wußte auch keine Erklärung.

Die Osterinsel war ein verlassener und trostloser Ort, und es gab kaum Trinkwasser und Holz. Die Männer wollten sie so schnell wie möglich wieder verlassen; die Insel hatte sie melancholisch gestimmt, und sie dachten an zu Hause.

Am 16. März verließen sie die Osterinsel und gingen auf nordwestlichen Kurs zu den Marquesas und nach Tahiti. Die Bewohner der Marquesas erschienen den Europäern als die schönste Rasse der Südsee. Wasser und frisches Obst waren reichlich vorhanden, und am 22. April schließlich gingen sie wieder in der vertrauten Matavai-Bucht vor Anker. Die Herrschaft Tus hatte der Insel Wohlstand gebracht, aber die Diebereien waren diesmal schlimmer als je zuvor. Einer Abteilung Seesoldaten wurden die Musketen gestohlen, Pickersgill, Cooper und Clerke büßten ihre Kleider ein. Cook nahm wieder Geiseln, und nach und nach wurde das Diebesgut zurückgebracht. Während ihres Aufenthalts zogen die Tahitianer eine große Kriegsflotte zusammen, um die Nachbarinsel Moorea anzugreifen. Cook war von der militärischen Organisation und dem seemännischen Können der Insulaner beeindruckt. Die Tahitianer begegneten ihm inzwischen mit Verehrung und Liebe, denn er war der erste Entdecker, der ihnen Menschlichkeit und Verständnis entgegenbrachte. Sie baten ihn, zurückzukommen, aber Cook sagte, dies sei sein letzter Besuch. Er sehnte sich nach Hause zu Elizabeth und den Kindern zurück. Keinem seiner Offiziere wagte er anzuvertrauen, wie müde er in Wirklichkeit war und welch namenlose Erschöpfung über ihn gekommen war.

* * *

Als die *Resolution* am 14. Mai von Tahiti in See stach, hatte sie immer noch eine ungeheure Reise vor sich. Am 20. Juni erreichten sie die Insel Niuë. Von dort fuhren sie in nordwestlicher Richtung zu den Neuen Hebriden, dann stießen sie nach Süden nach Neukaledonien vor und trafen schließlich am 17. Oktober wieder im Königin-Charlotte-Sund in Neuseeland ein. Jetzt sollte sich noch die Fahrt durch den Südpazifik und vorbei am Kap Horn in den Atlantik anschließen.

Im Königin-Charlotte-Sund stellten sie fest, daß die Flasche, die sie unter dem Baum für Furneaux hinterlassen hatten, entfernt worden war. Von den Maoris erfuhren sie, daß die *Adventure* eingetroffen war, kurz nachdem sie abgefahren waren. Cook war erleichtert zu wissen, daß Furneaux den Sund glücklich erreicht hatte, und hoffte zu Gott, daß Furneaux' Rückreise nach England ebenso gut verlaufen würde. Die *Resolution* wurde instandgesetzt. Der Garten, den sie angelegt hatten, war zugewachsen, sie konnten aber trotzdem genügend Löffelkraut und Sellerie ernten. Drei Wochen später traten sie die Fahrt nach Südamerika auf dem 55. Breitengrad an. Am 17. Dezember erreichten sie die Magellanstraße und fuhren an der öden Küste Feuerlands entlang, bis sie im Südatlantik waren. Elf Tage später nahm Cook Süd-Georgien für die britische Krone in Besitz – eine trostlose Insel, die die Männer zunächst für einen Eisberg gehalten hatten.

Die bergige Insel erschien ihnen als der schrecklichste Ort auf Gottes weiter Erde. Trotz der bitteren Kälte und des völligen Mangels an Pflanzenbewuchs gab es allerdings wilde Tiere im Überfluß, darunter die verschiedensten Seevögel, Gänse, Seelöwen, Robben und Pinguine. Es war nicht schwer, die Tiere auf dem Eis zu erlegen. Einige der Seelöwen waren über 1000 Pfund schwer. Forster und Wales konnten sich den Reichtum an Leben in dieser Eiswüste nicht erklären.

Die *Resolution* war jetzt in schlechtem Zustand: Entenmuscheln hatten sich an den Planken festgesetzt, das Schiff zog einen Schwanz aus Seetang hinter sich her, und das Tauwerk begann sich aufzulösen. Die Mannschaft war erschöpft, es konnte nicht mehr lange dauern, bis der erste Matrose an Skorbut erkranken würde. Cook segelte deshalb nach Norden, nach Kapstadt, wo sie am

21. März 1775 vor Anker gingen. Der südafrikanische Herbst tauchte das Land in leuchtende Farben, der Himmel war klar, und das Land duftete nach wilden Blumen. Nach fast drei Jahren auf See genossen die Männer es, über Felder zu streifen, am Wegrand in der Sonne zu dösen, Tee zu trinken und frischgebackenes Brot zu essen. Es gab Neuigkeiten von zu Hause, und Cook erfuhr, daß die *Adventure* ein Jahr vor ihnen in Kapstadt gewesen war.

Die Heimreise führte über St. Helena, Ascension und die Azoren und verlief ohne Zwischenfälle. Am 29. April warf die *Resolution* im Spithead Anker. Die zweite und größte Entdeckungsfahrt durch den Pazifik war zu Ende.

11. Kapitel

Großer König des Himmels und der Erden,
Herrscher über Meer und Land,
Keine Seele soll entrissen werden
Deiner treuen Hirtenhand.

Volltönend stieg der Gesang der kleinen Gemeinde von St. Michael in Stepney zum Himmel auf. Elizabeth stand neben Nathaniel und James, während über ihnen die Orgel jubilierte.

Christus, der mit starker Hand
Regieret Wind und Woge,
Führet uns zum sichern Strand,
Errettet uns vom Tode.

Draußen im Friedhof stand Cook eine Weile mit gefalteten Händen vor dem kleinen Grab. Dann kniete er hin und legte die Blumen an den Fuß des Grabsteins. Er erhob sich wieder und ging über den gekiesten, von Eiben und Zypressen gesäumten Weg zur Kirche.

Der Küster sah ihn als erster durch die Tür treten; lächelnd verbeugte er sich, während Cook ruhig durch das Schiff nach vorn schritt. Die Strahlen der Sonne erweckten das Altarkreuz zu funkelndem Leben. Einer nach dem anderen drehten die Kirchgänger sich nach dem Neuankömmling um, und als der Vikar den heimkehrenden Seemann erblickte, sang er mit verdoppelter Kraft. Cook erreichte seinen Platz und stellte sich neben Elizabeth und seine beiden Söhne. Überwältigt sah Elizabeth auf, lächelnd nahm sie seine Hand und dankte Gott für seine sichere Rückkehr. Das Lied war zu Ende, und der Priester begann: »Aus dem Buche *Jesus Sirach*: Sie alle sind zu ihren Zeiten gepriesen und zu ihren Lebzeiten gerühmt worden.‹ Lasset uns mit frohen Herzen Gott danken ...«

Er ist älter geworden, dachte Elizabeth, als sie zu Hause waren. Seine Haare waren an den Schläfen angegraut, tiefe Falten hatten sich in sein Gesicht gegraben, und die Adern traten dick auf den starken, rauhen Händen hervor. Seine Augen lagen tiefer in den Höhlen, sein Mund hatte sich verhärtet. Auch Elizabeth war älter geworden, aber ihre Augen waren so lebendig wie früher, und sie hantierte mit geschickten Bewegungen in der Küche. Wo sollte er anfangen zu erzählen? »Ich habe den Pazifik erforscht«, sagte er schlicht. »Es gibt dort nicht mehr viel zu entdecken.«.

Aber Elizabeth sagte: »Drei Jahre und achtzehn Tage! Ich habe jeden Tag einzeln gezählt. Dem Himmel sei Dank, daß ich das nie wieder tun muß.« Fest hielten sie einander in den Armen. »Du hast mehr getan als jeder andere, und damit ist es jetzt genug.«

* * *

Diesmal rissen sich Gelehrtenwelt und Aristokratie um Cook: Er war zu einer Berühmtheit geworden. In der Admiralität pries Lord Sandwich ihn in Gegenwart der anderen Lords in den höchsten Tönen. Banks empfahl ihn aufs wärmste seinen Kollegen von der Royal Society – Cook wurde daraufhin zum Mitglied der Akademie gewählt und erhielt die Copley-Goldmedaille, die höchste Auszeichnung, die die Akademie zu vergeben hatte. Der König empfing James und Elizabeth Cook; außerdem wurde Cook zum Kapitän befördert, und man sprach von einer angemessenen Pfründe an Land. Cook war, darin herrschte allgemeine Übereinstimmung, der größte Entdecker der Nation.

Joseph Banks gestand freimütig ein, daß er damals falsch geurteilt hatte, und seine Freundschaft mit Cook blieb ungetrübt. Banks machte sich allerdings Gedanken um die Zukunft: Nie würde er seine eigenen Erlebnisse an Bord der *Endeavour* vergessen können, die zermürbende Routine, die schreckliche Last der Verantwortung und das tägliche Pökelfleisch, wenn der frische Proviant zu Ende war. Die Mitglieder der Royal Society, die Seelords und der König hatten keine Ahnung, wie endlos sich die Zeit auf See zwischen den Landgängen hinzog, wie monoton die Reise war und mit welchen Mühen und Gefahren die Vermessung unbekannter Meere und Küsten verbunden war. Politiker und Gelehrte sahen nur, wie die weißen Flecke auf der Karte des Pazifik nach und nach kleiner wurden und die Legenden, die sich um den Stillen Ozean rankten, eine nach der anderen als Ammenmärchen entlarvt wurden. Der Mann aus Yorkshire hatte die Führungsqualitäten eines Generals, aber alle großen Führer wurden einmal müde. Und Banks wußte, daß auch die größten Männer Fehler machten, wenn sie müde waren. Aber wußten das auch die Seelords, und vor allem, wußte es Cook selbst?

Eines Morgens schlenderten die beiden Männer durch Kew Gardens, die botanischen Gärten, zu deren Leiter der König Banks bestellt hatte. Banks hatte wie Elizabeth gemerkt, daß Cook sich verändert hatte, daß er älter geworden war. »Lieber James«, begann er, als sie vor den exotischen Pflanzen und Bäumen der Südsee standen, »was soll nun aus Ihnen werden?«

»Es geht die Rede von einer Pfründe – einer Stellung an Land im Seemannsspital von Greenwich.« Cook mußte daran denken, wie Elizabeth die Arme um ihn geschlungen hatte. *Das würde das Ende sein.*

»Eliza wird sich freuen.«

»Ganz bestimmt.«

»Ist sie immer noch die Frau, die sagt, was sie denkt?«

»Daran wird sich nichts ändern.«

Sie näherten sich den Gewächshäusern. »Lieber Freund«, sagte Banks nach einer Weile, »Sie sind jetzt siebenundvierzig Jahre alt.«

Cook blieb stehen und starrte ihn an. »Was hat das mit meiner Zukunft zu tun?«

»Sie haben sechs der vergangenen sieben Jahre auf See verbracht. Zwei Weltreisen. Ist es nicht an der Zeit, ein wenig auszuruhen?«

»Ich komme mir vor wie ein altes Kriegsschiff«, grollte Cook, »das nach langen Dienstjahren ausgemustert wird.«

»Sie haben eine reizende Frau und zwei Söhne, für die Sie sorgen müssen.«

»Das will ich ja auch, Sir.« Sie schritten über den Rasen, auf dem Pfauen umherstolzierten. »Ich mache mir Sorgen um Elizabeths Zukunft. Ich habe schon so manche Seemannswitwe im Armenhaus enden sehen.«

Erschrocken fiel Banks ihm ins Wort: »Unsinn. Sie haben noch viele Jahre ihres Lebens vor sich. Außerdem würde England das nie zulassen.«

»In der Vergangenheit hat England es auch zugelassen. Ich muß für die Zukunft sorgen, für die Zukunft meiner Frau – und für die von James und Nathaniel.«

»Der beste Weg dazu ist ein ehrenhafter Ruhestand. Das ist die Zukunft, die Ihre Frau sich für Sie wünscht.«

Cook nickte. Aber Joseph Banks hätte gern gewußt, was in dem Kapitän vorging, jetzt, da er nicht mehr die schwankenden Planken eines Schiffes unter sich spürte.

* * *

James und Elizabeth blieben stehen und betrachteten das eindrucksvolle Gebäude mit seinen Säulen und den von Tauben bevölkerten Kolonnaden. Wie Banks wußte auch Sir Hugh Palliser nicht, was er sagen sollte, und hielt sich deshalb vorsichtig zurück.

»Kapitän des Königlichen Spitals zu Greenwich«, sagte Cook.

»Nur wenn Sie die Stelle annehmen«, erwiderte Palliser. »Es ist kein Ruhestand.«

»Aber auch kaum aktiver Dienst, das müssen Sie zugeben.«

»Aktiver Dienst heißt im Augenblick, gegen die amerikanischen Kolonisten zu kämpfen, und das kommt für Sie nicht in Frage.«

»Daran habe ich auch nicht gedacht.«

»James, wir wollen, daß Sie glücklich und zufrieden sind. Kommen Sie mit, ich zeige Ihnen Ihre Zimmer.«

»Wer ist *wir*?«

»Die Lords der Admiralität und das ganze britische Volk.«

»Hör bitte auf zu nörgeln, James«, sagte Elizabeth. »Du bist so widerspenstig wie eines deiner Schiffe.«

Cook erwiderte nichts, und sie betraten das Spital.

Die Zimmer ihrer Wohnung waren geräumig und hatten hohe Decken und mit Stuck verzierte Kamine.

»Wirklich großartig«, meinte Palliser. »Mit eigenem Eingang und einer schönen Aussicht auf die Themse.«

Elizabeth stand neben ihrem Mann. »Da gebe ich Ihnen recht.«

»Diener stehen zu Ihrer Verfügung«, fuhr Palliser fort, »und für Licht und Feuerung wird gesorgt. Dazu kommt ein jährliches Gehalt von zweihundert Pfund und ein Shilling Tafelgeld täglich.«

Elizabeth sah überrascht auf. »So viel Geld haben wir noch nie gehabt, Sir Hugh.«

»Der volle Lohn eines aktiven Kapitäns, Madame. Und es ist leichte Arbeit, James. Sie können sich ganz der Vorbereitung Ihrer Reisetagebücher für die Veröffentlichung widmen.«

»Ich weiß nicht, ob leichte Arbeit das Richtige für mich ist«, begann Cook, aber ein Bick auf seine Frau ließ ihn einlenken. »Ich danke Ihnen für die großzügige Wohnung und die Erlaubnis, meine Tagebücher zu veröffentlichen und den Gewinn selbst zu behalten. Sie hätten nicht großzügiger sein können.« Er ging durch den Raum und kehrte lächelnd zu den anderen zurück. »Elizabeth und ich werden uns erst daran gewöhnen müssen, so herrschaftlich zu wohnen. Wir sind einfachere Verhältnisse gewöhnt.«

»Unser Häuschen in Mile End ist sicher gemütlicher«, stimmte Elizabeth zu.

»Dann bleiben Sie um Himmels willen in Stepney wohnen«, erwiderte Palliser. »Nur beziehen Sie wenigstens die Räume hier, James, und arbeiten Sie hier an Ihrem Manuskript. Das heißt, wenn Sie die Stelle eines Kapitäns am Königlichen Spital annehmen.«

Cook schwieg, und sie warteten. »Ich nehme an.«

Elizabeth drückte den Arm ihres Mannes. Sie fühlte eine große Erleichterung wie seit Jahren nicht mehr.

Die Einladungen zu Diners und anderen gesellschaftlichen Ereignissen nahmen ab, die Tage begannen sich in die Länge zu ziehen.

Cook arbeitete in Greenwich an den Logbüchern; die Tücken der englischen Grammatik machten ihm weit mehr zu schaffen als die Vermessung einer Küste. Die *Resolution* kam ins Trockendock. Dem Bericht der Werft war zu entnehmen, daß das Schiff sich in überraschend gutem Zustand befand. Trotz des Krieges gegen die amerikanischen Kolonien sollte es für eine weitere Entdeckungsfahrt überholt werden. Der Schiffsbau und die Reparatur von Schiffen florierten aufgrund der Seegefechte mit Amerika. Von Zeit zu Zeit holte die Admiralität Cooks Rat ein, aber im allgemeinen blieb er sich selbst und der Arbeit an den Logbüchern überlassen. Die Tage schleppten sich immer zäher dahin, und je länger Cook mit Wörtern kämpfte, desto mehr kam er sich wie ein Gefangener vor. Zwar fehlte es ihm an nichts, aber eingesperrt war er trotzdem.

Die *Resolution* wurde in einen ruhigen Seitenarm der Themsebucht verbracht. Eines Nachmittags machte Cook sich dorthin auf, um einen Blick auf das Schiff zu werfen. Er stieg in das am Ufer vertäute Skiff und ruderte auf die kahlen Masten und den ramponierten Rumpf zu. Bei der *Resolution* angekommen, machte er das Skiff fest und kletterte an Bord. Nackt und verlassen lag das Deck vor ihm. Seine Schritte hallten hohl über das knarrende Teakholz. Der Tag war trüb, und an Bord herrschte geisterhafte Stille. Cook stieg in den Salon hinunter. Auch der war leer und verwaist. Spinnweben hingen von den Balken, auf dem Boden lagen die Exkremente von Ratten. Cook zuckte die Schultern. Er hatte damit nichts mehr zu tun, es konnte ihm gleichgültig sein. Hinter sich hörte er ein Geräusch, er drehte sich um.

»Zum Henker, Sir, Sie sind es!« Auf der Schwelle stand Korporal Gibson mit angelegter Muskete.

»Ich bin es.«

»Willkommen an Bord, Sir.«

»Danke, Gibson. Haben Sie die Wache?«

»Jawohl, Sir. In letzter Zeit ist es zu Diebstählen gekommen.«

»Das gute Schiff sieht recht trostlos aus. Wo soll es überholt werden?«

»Man hört jeden Tag etwas anderes, Sir. Aber die Werften rüsten jetzt fleißig Schiffe für den Krieg gegen Amerika aus und verdienen sich eine goldene Nase. Geht es Ihnen gut, Kapitän?«

»Ja, danke.«

»Keine Magenschmerzen mehr, an denen Sie damals fast gestorben wären?«

»Unsinn. Sie übertreiben. Es wäre mir lieber, wenn nicht davon gesprochen würde, Gibson.«

»Jawohl, Sir.«

»Ich versichere Ihnen, ich habe mich nie besser gefühlt.« Cook dachte an sein Zimmer in Greenwich und an die Logbücher, die dort auf ihn warteten.

»Schön, das zu hören. Besteht die Möglichkeit, daß Sie das Schiff wieder übernehmen?«

»Ich glaube kaum.«

»Das Gerücht geht, daß eine Expedition ausgerüstet wird, um die Nordwestpassage zu suchen, Sir.«

»Ich habe davon gehört.« Die schneebedeckten Gipfel Süd-Georgiens stiegen vor Cook auf, er sah seine Männer auf der Jagd nach Seehunden, er sah die Fontänen der Wale, die Eisberge, die höher waren als St. Paul, und die Küste, die noch niemand vermessen hatte, und er spürte wieder die schreckliche Ungewißheit, die ihn überallhin begleitet hatte. Jetzt war seine Zukunft gewiß.

»Glauben Sie, daß es die Passage gibt, Sir?«

»Ich weiß es nicht, Samuel, ich weiß es wirklich nicht.« Es war das letzte große Geheimnis.

»Ein Seeweg im Norden Amerikas nach China und in den Orient.«

»Aye.« Cook merkte, wie Gibson ihn prüfend ansah. »Ich bin dazu zu alt, das ist eine Aufgabe für einen Jüngeren.« Er lachte. »Ich habe eine gute Pension und eine schöne Aussicht auf die Themse.«

»Sie sind also nur hergekommen, um sich umzusehen, sozusagen der alten Zeiten wegen?«

»So ist es. Setzen Sie also bitte keine Gerüchte in die Welt.«

»Nein, Sir. Ich werde nur sagen, Sie wollten wissen, ob die alte Flunder noch schwimmt.«

Der Seesoldat begleitete Cook zur Reling und sah zu, wie der Kapitän zur Pier zurückruderte. Die hereinströmende Flut zerrte heftig an dem kleinen Boot, aber der starke Mann erreichte das Ufer ohne Mühe.

* * *

Cook hatte über die Jahre die Berichte aller Entdecker gelesen, die versucht hatten, die Nordwestpassage zu finden. Die Vorstellung eines eisfreien arktischen Meeres beschäftigte die Menschen schon seit Generationen. Der Italiener Cabot hatte 1497 als erster versucht, die Passage zu finden, und seitdem hatte es über fünfzig weitere Versuche gegeben. Auch die Russen hatten es versucht, aber eine große Barriere aus Eis hatte ihnen den Weg versperrt, und sie hatten aufgeben müssen. Daß ein Durchgang zwischen den Kontinenten existierte, war bekannt – das Problem war, eine schiffbare Passage zu finden. Wenn man sie entdeckte, würde den westeuropäischen Seefahrernationen der reiche Osten offenstehen. Man glaubte immer noch, daß der Ozean selbst nicht zufrieren könne und daß die Flüsse das Eis anschwemmten und vor der Küste aufschichteten. Die Idee war nicht aus der Luft gegriffen: Waren nicht die großen Gletscher Neuseelands und der Antarktis vereiste Flüsse? Und diesen Teil der Erde kannte niemand besser als James Cook.

Magellan hatte einen schiffbaren Durchgang gefunden, der im Süden Atlantik und Pazifik verband; warum sollte es im Norden nicht eine ähnliche Straße geben? John Davis war bis zum 72. Breitengrad nach Norden vorgedrungen und hatte, obwohl widrige Winde und Eis ihn schließlich zur Umkehr zwangen, berichtet, daß eine Passage existiere und leicht zu befahren sei. Trotz der Versuche der Engländer, Franzosen, Portugiesen, Spanier und Russen war diese Durchfahrt allerdings nicht gefunden worden. Das größte Problem war das Eis der Flüsse; es schmolz und erneuerte sich im Wechsel der Jahreszeiten. Das Rätsel des Nordpols, einer Festung mit gewaltigen Wällen aus Treibeis, zog fast alle Entdecker in seinen

Bann. Und wenn die Durchfahrt nicht von Westen zugänglich war, gab es vielleicht eine Möglichkeit von Osten durch die Beringstraße, im Norden der Kurilen?

Die Gerüchte, von denen Gibson gehört hatte, entsprachen der Wahrheit: Die britische Regierung hatte beschlossen, einen weiteren Versuch zu unternehmen, die Passage zu finden, und Lord Sandwich war beauftragt worden, den Leiter der Expedition zu bestimmen. Für den ersten Seelord war der Auftrag von allergrößter Bedeutung, da er seine Wahl dem Parlament und dem König gegenüber würde vertreten müssen. Und wer konnte ihm bei seinem Vorhaben besser helfen als Joseph Banks? Sie trafen sich in Sandwichs Londoner Club.

»Sie müssen sich bei Cook für mich verwenden.«

Banks war überrascht. »Warum? Er hört auch auf Sie.«

»Der König drängt darauf, zwei Schiffe auf die Suche nach der Nordwestpassage zu entsenden. Die Öffentlichkeit weiß noch nichts davon, aber wer die Passage findet, wird 20 000 Pfund Belohnung erhalten.«

Banks fiel Cooks Sorge um die Zukunft Elizabeths und seiner beiden Söhne ein, und er mußte an die Erschöpfung des Kapitäns denken und an den schrecklichen Navigationsfehler, durch den Cook die *Endeavour* beinahe vor der südafrikanischen Küste auf Grund gesetzt hätte. »Eine beträchtliche Summe, aber Cook ist pensioniert. Was hat das mit ihm zu tun?«

»Verdammt, Sir, Sie wissen doch, daß ich selbstverständlich zuerst an ihn denke.«

Banks beugte sich vor. »Ich weiß nur«, sagte er mit Nachdruck, »daß Cook sich vom aktiven Dienst zurückgezogen hat und schwerkrank war. Sie dürfen ihn nicht fragen.«

»Natürlich nicht. Man darf nicht einmal wissen, daß ich seinen Namen genannt habe. Der Admiralität wäre das unangenehm. Aber *Sie* können ihn fragen.«

»Nein, das tue ich nicht.«

»Joseph!«

»Nein. Er hat genug getan, mehr als genug. Suchen Sie sich einen anderen.«

»Er ist der Beste.«

»Es ist nicht richtig, Sir, und Sie wissen es. Der Teufel soll Sie und Ihre Intrigen holen. Ich helfe Ihnen nicht.« Banks leerte sein Glas und erhob sich.

Lord Sandwich zuckte die Schultern. »Schade. Wir sind zu dieser Reise fest entschlossen, und ich will Cook dafür haben.«

»Ohne mich.«

»Es geht auch anders, Sir.«

12. *Kapitel*

Charles Clerke schritt über den mit Kopfsteinen gepflasterten Vorplatz auf das imposante Gebäude zu. Auf dem Fluß glitten Schwäne vorüber. Der lebhafte Bootsverkehr schien sie nicht zu stören. Die Pensionäre des Spitals saßen still in der blassen Sonne. Von irgendwo auf der anderen Seite der Mauern drang der Schritt einer marschierenden Kolonne herüber. Clerke sah Cook aus dem Eingangstor treten und eilte ihm entgegen. Cook lächelte gerührt, als sie sich die Hände schüttelten.

Im Kamin brannte ein warmes Feuer, und ein Diener schenkte ihnen ein. Als er gegangen war, sagte Cook: »Für mich ist bestens gesorgt, Charlie.«

»Das will ich hoffen, Sir. Und da Sie jetzt ein Spital leiten, haben Sie sich hoffentlich auch gründlich von einem Arzt untersuchen lassen.«

»Völliger Unsinn! Ich bin gesund. Mir fehlt gar nichts.«

»Das freut mich zu hören.«

Cook trat ans Fenster, und Clerke folgte ihm. »Ein Spital leiten! Von Tahiti oder dem Königin-Charlotte-Sund hat hier noch keiner etwas gehört. Aber wenn ich die Linienschiffe nach Amerika in den Krieg auslaufen sehe, bin ich froh, daß ich meine Logbücher herausgeben kann – und meine Frau ist zufrieden.« Er drehte sich zu Clerke um. »Es werden also zwei Schiffe sein? Und Sie befehligen eins?«

Clerke lächelte. »Ja.«

»Und 20 000 Pfund Belohnung, wenn Sie die Passage finden?«

»Es hängt viel davon ab, wer die Expedition leiten wird. Lord Sandwich meint, darüber sei noch nicht entschieden.«

»Haben Sie die Logbücher der früheren Reisen dorthin gelesen, Charlie?«

»Ich lese nicht besonders gern, Sir.«

»Aber das müssen Sie unbedingt.« Cook wußte, daß Clerke ohne Führung verloren war. »Haben Sie gehört, Sir? Sie müssen die Logbücher lesen.«

»Aye, aye, Sir.«

* * *

In der Werft von Deptford gingen die Arbeiten an der *Resolution* weiter. Als zweites Schiff hatte die Admiralität wieder ein in Whitby gebautes Kohlenschiff von 250 Tonnen erworben. Als Cook davon erfuhr, konnte er sich ein Lächeln nicht verkneifen: Wenigstens gab es diesmal keinen Streit um die Art des Schiffs und seine Ausrüstung. Von Zeit zu Zeit ging er nach Deptford, um den Fortgang der Arbeiten zu beobachten. Er entdeckte keinen Grund zur Klage – aber die Arbeit lag in den Händen privater Unternehmer; eine genaue Überwachung war deshalb dringend erforderlich. Die Werften Südenglands hatten damals sehr viel zu tun, da der Krieg mit den amerikanischen Kolonien sich in die Länge zog.

Ungeduldig warteten Parlament und König darauf, zu erfahren, wen Sandwich als Leiter der Expedition benennen würde. Sandwich hatte Sir Hugh Palliser zu sich in die Admiralität bestellt, um zum wiederholten Male diese Frage zu erörtern.

»Wen haben wir denn sonst noch?« fragte er übellaunig. »Machen Sie mir doch einen Vorschlag.«

Palliser wußte, was dem Ersten Lord zu schaffen machte. Er hatte kein Mitleid mit ihm. »Vielleicht Charles Clerke selber? Oder Leutnant Furneaux? John Gore? Holen Sie Wallis aus Amerika, der kennt sich im Pazifik gut aus.«

»Reden Sie keinen Blödsinn.«

»Das sind alles gute Männer.«

»Sie wissen so gut wie ich, daß es nur einen Mann gibt.«

»Der Gedanke gefällt mir nicht«, sagte Palliser widerstrebend.

»Warum nicht?« Sandwich dachte an sein Gespräch mit Joseph Banks und wußte, was Palliser sagen würde.

»Cook hat seiner Frau fest versprochen, nicht mehr zur See zu fahren.« Sandwich wollte etwas sagen, aber Palliser fuhr entschlossen fort: »Und zwei große Reisen sind genug, mehr darf man von keinem Mann verlangen. Cook ist nicht mehr der Jüngste, und eine solche Fahrt ist mit großen Strapazen verbunden. Denken Sie nur an die Verantwortung und das ungesunde Essen.«

»Ich habe den Eindruck, Sir, als wollten Sie sich mit Ihrem empfindlichen Gewissen vor uns profilieren.«

Palliser wurde wütend. »Ich mache mir Sorgen um ihn.«

»Und ich bewundere ihn.« Der Erste Lord hatte sich hinter seinem Schreibtisch aufgerichtet. »Was, glauben Sie, bedeutet ihm mehr? Ihre Sorgen oder meine Bewunderung? Cook ist ein ehrgeiziger Mann von niederer Herkunft. Die gesamte südliche Hemisphäre ist zu klein für seinen Geist, und jetzt muß er in den Mauern des Seemannsspitals das Gnadenbrot fressen. Wer von uns ist sein wirklicher Freund, Palliser? Sie, der Sie ihn in seinem grauen Gefängnis schmachten lassen wollen, oder ich, der ich ihm die letzte Chance verschaffe, Ruhm zu erwerben?«

»Schöne Worte, Mylord. Wir wissen beide, wieviel Cooks Erfolge zum Glanz Ihrer Amtsperiode beigetragen haben.«

Doch davon wollte Sandwich nichts hören. »Wir wissen beide, daß es die Passage gibt. Cook ist der Mann, sie zu finden. Und wenn er sie nicht findet, wird er wenigstens Schiffe und Mannschaft wohlbehalten zurückbringen. Wir kennen ihn. Cook *muß* das Kommando führen.«

»Sie werden es ihm also antragen?«

»Mein lieber Palliser, das wäre viel zu direkt. Ich habe meine Schwächen, zugegeben, aber ich weiß, wie man mit Leuten wie James Cook umgeht.«

Anfang Februar 1776 versammelten sich vier Männer zum Dinner in Lord Sandwichs Haus – Sandwich selbst, Mr. Stephens, ein Beamter der Admiralität, Sir Hugh Palliser und James Cook. Das Essen war vortrefflich gewesen, das Wildbret exzellent, der Wein erfrischend trocken und aromatisch. Bei Tisch hatte man sich angeregt unterhalten. Man hatte zuerst Cooks Leistungen für die Navigation, die Geographie, die Ernährung von Seefahrern und die

Naturwissenschaften gewürdigt und dann die neuesten Vorfälle in den aufrührerischen amerikanischen Kolonien gestreift. Jetzt war das Gespräch auf die Nordwestpassage gekommen. Obwohl Cook die Pläne der Admiralität zum größten Teil schon kannte, hörte er aufmerksam zu. Trotz Elizabeth, James und Nathaniel, trotz des gemütlichen Heims in Mile End und der vertrauten Heide von Yorkshire spürte er, wie die Erregung heiß in ihm aufstieg. Es ging um das letzte große Abenteuer der Entdeckungen.

»Natürlich wissen wir«, sagte der Erste Lord, »daß Sie ein zufriedenes Pensionärsdasein führen, und zwei Entdeckungsfahrten sind ja nun wirklich mehr als genug.«

»Das stimmt«, warf Palliser mit Nachdruck ein.

Sandwich runzelte unwillig die Stirn. »Ich habe nur für mich gesprochen. Und deshalb, lieber Cook, hoffe ich, daß Sie uns hier im geselligen Beisammensein an Ihrer großen Erfahrung teilhaben lassen werden.«

»Aber mit dem größten Vergnügen.«

Palliser und Stephens nippten unruhig an ihrem Wein.

Sandwich schob seinen Stuhl zurück und schlug die Beine übereinander. »Wir beide sollten uns öfter auf dieser privaten Ebene treffen. Das Vergnügen, mit Ihnen zu speisen, ist nur ein Grund mehr, Ihren Rat zu suchen.« Der Erste Lord gab ein Zeichen, worauf ein Lakai einen großen Globus hereintrug. »Wenn nun eine Expedition aufbrechen würde, um die Nordwestpassage zu suchen, welchen Rat würden Sie dem Leiter dieser Expedition erteilen? Sollte er mit zwei Schiffen fahren?«

»Auf jeden Fall.«

»Kohlenschiffe?«

»Verzeihung, Mylord«, erwiderte Cook, »aber die Frage ist nicht, *ob* es eine solche Expedition geben wird, sondern *wann*. Euer Gnaden haben bereits ein zweites Schiff erworben – ein Kohlenschiff.«

Sandwich lächelte. »So ist es, Sir.«

»Und wenn ich noch etwas sagen darf«, fuhr Cook fort, »die *Resolution* wird gegenwärtig für eine solche Reise ausgerüstet.«

»Die Männer aus Yorkshire sind bekannt für ihre offene Sprache, so sagt man doch, oder?«

»Das habe ich auch schon gehört«, erwiderte Cook lächelnd.

»Gut, aber sagen Sie uns doch, welche Route Sie empfehlen würden?«

»Man ist allgemein der Ansicht, daß man diesmal von Osten kommen müsse, also dem Weg folgen sollte, den bereits Bering und Tschirikow eingeschlagen haben.«

Trotz seiner Skepsis brachte es Palliser nicht über sich, zu schweigen: »Aber nicht mit demselben negativen Ergebnis.«

»Natürlich«, erwiderte Cook, »nicht mit demselben Ergebnis.«

Sandwich wurde ungeduldig. »Wir fahren also durch die Magellanstraße, am Kap Horn vorbei?«

»Nein, Sir. Wir nehmen in Kapstadt Wasser und Proviant auf, überwintern auf Tahiti oder den Freundschafts-Inseln und haben dadurch zwei arktische Sommer für die Suche nach der Passage.« Cook fuhr mit der Hand die Westküste Kaliforniens und Neu-Albions hinauf bis zu den Fjorden und Flüssen im Norden. Dann hielt er plötzlich inne. »Ich bitte um Verzeihung. So würde *ich* vorgehen.«

»Keine Ursache«, erwiderte Sandwich, »genau das wollen wir ja hören. Nicht wahr, Kapitän Palliser?«

»Ja.« Sir Hugh wußte, was der Lord hören wollte.

Sandwich begann, zur Sache zu kommen. »Stimmen Sie Mr. Cooks Vorschlägen zu, Stephens?«

»Vollkommen.«

Gegen seinen Willen begann Palliser Feuer zu fangen. »Der Plan klingt erfolgversprechend.«

»Ganz meiner Meinung«, sagte der Erste Lord. »Es kennt sich in diesen Gewässern ja auch niemand besser aus als James Cook.«

»Ich würde mich freuen, dem Mann Ihrer Wahl durch meinen Rat helfen zu können.«

Der Earl nutzte seinen Vorteil. »Das bringt uns zum Kern der Sache.« Er hob die Hand. Die Diener erschienen, trugen den Globus weg und füllten die Gläser, um dann auf ein Zeichen ihres Herrn wieder zu verschwinden. »Ganz unter uns gesagt, wen würden Sie wählen?«

Überrascht sah Cook ihn an. »*Ich*?«

»Ja.«

»Ich könnte mir denken, daß Euer Gnaden bereits eine Person ins Auge gefaßt haben.«

Palliser sagte nach kurzem Überlegen: »Vielleicht Charles Clerke?«

Sandwich sah Cook fragend an. »Clerke?«

»Ein tüchtiger Seemann. Ein guter Kamerad. Ich würde ihm mein Leben anvertrauen.«

»Aber hat er Autorität und Initiative?«

»Das verbinde ich nicht mit Clerke.«

Sandwich ließ nicht locker. »Hat Gore das? Oder Mr. Furneaux?«

»Furneaux ganz sicher nicht«, meinte Cook, »ihn würde ich nicht empfehlen.«

»Und Gore ist Amerikaner«, warf Palliser ein, »wir liegen im Krieg mit den amerikanischen Kolonien. Er könnte zwar mitfahren, aber die Expedition nicht leiten.«

»Also wen? Nennen Sie mir einen Namen. Wer hat genug Persönlichkeit und Weitsicht?« Sandwich hob die Hände. Keiner antwortete, und er wandte sich wieder an Cook. »Sir, Sie kennen die Aufgaben und Sorgen eines Expeditionsleiters. Die täglichen Entscheidungen, die Beurteilung des Wetters, die Sorge für die Schiffe und für Proviant und Trinkwasser, die Bestrafung aufsässiger Matrosen, die Wahrung der Disziplin. Sie wissen besser, als ich es Ihnen sagen kann, daß ein Kapitän hundert Männern gegenübersteht, für deren Leben er die Verantwortung trägt. Er muß Diplomat, Astronom, Steuermann und Kartograph zugleich sein. Wer auf der ganzen Welt hat diese Eigenschaften? Außer Ihnen, natürlich.«

Es war still geworden. Cook starrte Sandwich an, Stephens sah Cook an, und Palliser sah vor sich hin.

Dann ergriff Cook das Wort: »Wollen Sie damit sagen, daß ich mich selbst vorschlagen soll?«

Sandwich drehte nervös sein Glas zwischen den Fingern. »Das wäre unfair.«

»Wünschen Sie, daß ich die Expedition leite?«

»Das können wir nicht von Ihnen verlangen. Sie sind im Ruhestand – und Sie waren krank.«

Cook sah ihn unverwandt an. »Wünschen Sie es, Mylord?«

»Das schon.«

»Wenn es so ist, stehe ich zur Verfügung.«

»Nicht so hastig, Sir«, sagte der Erste Lord, »überlegen Sie es sich genau.«

»Das habe ich.«

»Überstürzen Sie nichts.«

»Wenn Sie mich brauchen, stehe ich zur Verfügung.«

Sandwich hob sein Glas. »Ja dann, bester Cook...«

»Bravo«, rief Stephens.

Palliser erinnerte sich nun doch seiner Bedenken. »Sind Sie sich ganz sicher, James?«

»Jawohl, das bin ich.«

Sandwich trank einen Schluck und sagte: »Eine letzte Reise, wie? Damit auch dieses Rätsel gelöst ist?«

»Aye.«

»Dann nehmen wir in aller Bescheidenheit Ihr Angebot an. Seine Majestät wird hocherfreut sein.« Er stand auf. »Gentlemen, ich erhebe das Glas auf Kapitän James Cook.«

Später am Abend standen die Männer im Hof und warteten auf die Kutschen.

Sandwich war mit sich zufrieden. »Ein bedeutender Abend, was meinen Sie, James? Es ist einiges passiert.«

Palliser starrte in die Nacht. »Wann werden Sie segeln?«

»Nächsten April. Das gibt uns genügend Zeit.«

»All Ihre Wünsche werden erfüllt werden«, sagte Sandwich. »Sie suchen die Schiffe aus und wählen die Besatzung.«

Cook wurde bewußt, was er getan hatte. »Wenn ich zurückkomme, hätte ich die Stelle in Greenwich gerne wieder. Und die Zukunft meiner Familie muß gesichert sein.«

»Dafür garantiere ich.« Der Erste Lord schüttelte Cook die Hand. »Die Neuigkeit wird in ganz London Begeisterung auslösen.«

»Nicht bei allen. Bitte tun Sie mir den Gefallen, Sir, die Sache bis auf weiteres geheimzuhalten.«

»Bis wann?«

»Bis ich den Mut aufbringe, es meiner Frau zu sagen.«

13. Kapitel

Langsam schlenderte Cook durch Kew Gardens. Da er jetzt berühmt war, drehten sich die anderen Besucher nach ihm um, und die Gärtner tippten an ihre Mützen. Als er vor den Eingang des großen Gewächshauses trat, hörte er jemand an die Glasscheibe klopfen und sah Joseph Banks grinsend zwischen den Pflanzen herausspähen. Cook grüßte und ging zu ihm hinein.

Drinnen war es warm und feucht. Alles war grün, und die Düfte exotischer Parfums hingen schwer in der Luft. Banks machte Ableger von einem Eisenholzbaum, den er in einem großen Kübel gezogen hatte. »Sehen Sie hier unseren kleinen Baum aus Botany Bay«, sagte er, »er gedeiht so üppig, daß ich beschlossen habe, ihn mit einem neuen Namen zu ehren. Von jetzt an wird er *Banksia serrata* heißen.« Cook lächelte, aber Banks wurde plötzlich ernst und sah ihn prüfend an. »Ist das wahr, was ich gehört habe?«

»Was haben Sie denn gehört?«

»Das wissen Sie genau, James Cook. Sie haben die Leitung einer neuen Expedition übernommen. Zwei Schiffe und 20 000 Pfund, wenn Sie die Nordwestpassage finden.« Banks wartete auf eine Antwort und fuhr dann fort: »Lord Sandwich prahlt, er hätte geschafft, was sonst niemand im ganzen Vereinigten Königreich geschafft hat: Er hat Sie überredet.«

»Seine Lordschaft redet zu viel.«

»Ich hatte gehofft, es sei nicht wahr«, erwiderte Banks ruhig.

»Warum?«

»Sie haben genug getan. Sie haben das Recht, den Rest Ihres Lebens an Land zu genießen.« Von Cooks Gesundheit und der Möglichkeit neuer Fehler wagte er nicht zu sprechen. Wieder blieb die Antwort aus. Schließlich fragte Banks: »Was sagt Elizabeth dazu?«

»Sie wird die Entscheidung sicher genausowenig billigen wie Sie.«

»*Wird*? Sie weiß es also noch gar nicht?«

Cook fühlte sich in die Verteidigung gedrängt und begann zu schwitzen. »Jede öffentliche Verlautbarung hat zu unterbleiben, bis ich ihr meine Entscheidung mitgeteilt habe.«

»Dann würde ich mich beeilen. Ich bezweifle, daß sich so etwas überhaupt geheimhalten läßt. Jedenfalls nicht lange.«

»Sie haben vollkommen recht. Ich warte nur den richtigen Moment ab.«

»Ich möchte nicht an Ihrer Stelle sein, mein Freund.«

»Wissen Sie mir einen Rat, wie man in einer solchen Angelegenheit am besten verfährt?«

»Nein«, erwiderte Banks kurz. »Keinen.«

»Ich dachte es mir.«

»Ich wünsche Ihnen viel Glück, James. Wenn die Nordwestpassage nicht nur in der Einbildung der Menschen existiert, bin ich überzeugt, daß Sie sie finden werden.« Banks war nicht sicher, wie weit er gehen durfte. Er dachte an Tahiti, den Diebstahl des Quadranten und die Geiselnahme. »Sie werden in der Matavai-Bucht überwintern?«

»Natürlich.«

»Manchmal glaube ich, daß unsere polynesischen Freunde nicht immer das sind, was sie scheinen. Aber weit mehr würde ich mir wünschen, Sie würden auf die hören, die Ihre aufrichtigen Freunde und Bewunderer sind. Und ich wünschte bei Gott, Sie würden diese Reise nicht antreten.« Banks brach abrupt ab und kehrte ihm den Rücken, während Cook bestürzt stehenblieb.

Wieder kam die *Resolution* ins Trockendock nach Deptford, und Cook begab sich dorthin, um den Fortgang der Arbeiten zu überwachen. Nach einem kurzen Rundgang an Deck stieg er nach unten. Das Schiff bot ein Bild der Verwüstung. Die Balken faulten und waren rissig, die Decksplanken mußten erneuert werden. Angefangene Arbeiten waren nicht zu Ende geführt oder schlampig gemacht worden. Mit sinkender Laune klopfte Cook an Balken und Planken. Er schätzte, daß die nötigen Arbeiten drei Monate oder mehr dauern würden. Er mußte in Zukunft jeden Tag hierher kommen, um den Schiffsbaumeistern auf die Finger zu sehen. Außerdem mußte er ihre Namen in Erfahrung bringen und sich nach ihrem Ruf erkundigen.

Als Cook wieder zum Deck hinaufstieg, begegnete er Gore.

»Guten Morgen, Sir.«

»Ein Haufen Arbeit«, sagte Cook. »Umfassende Reparaturen sind notwendig, und wir haben nur noch wenige Monate bis zur Abfahrt.«

»Es ist eine Ehre für mich, daß Sie mich als Offizier dabeihaben wollen, Sir.«

»Es wird noch einige Arbeit kosten, das Schiff klar zum Auslaufen zu machen«, fuhr Cook fort. »Die Werften der Navy sind voll ausgelastet. Sie machen alle gewaltige Profite mit dem Krieg.«

»Kapitän ...«

»Ich habe gehört, was Sie gesagt haben.«

»Ich habe es in den vergangenen Jahren nicht leicht gehabt als Amerikaner bei der Königlichen Marine.«

Cook sah zum Vorderdeck. »Das kann ich mir vorstellen.«

»Deshalb danke ich Ihnen, daß Sie mich ausgewählt haben.«

»Ich wähle meine Offiziere aufgrund ihrer seemännischen Fähigkeiten, Mr. Gore, nicht aufgrund ihrer politischen Ansichten, ihrer wissenschaftlichen Überzeugungen oder sonst irgendwelcher Eigenschaften. Haben Sie die Güte, das zu verstehen.«

»Jawohl, Sir.«

»Sie können anfangen, eine Mannschaft zusammenzustellen. Ich habe inzwischen andere Pflichten.«

»Darf ich fragen, um welche Pflichten es sich handelt, Sir?«

»Kümmern Sie sich gefälligst um Ihre eigenen.« Aber als Cook Gores verdutztes Gesicht sah, fügte er versöhnlich hinzu: »Ich muß für ein Portrait sitzen.«

Der Leutnant gluckste leise. »Ach so, Sir.«

»Der berühmte Nathaniel Dance wünscht meine Anwesenheit in den Räumen des Königlichen Spitals von Greenwich. Wenn Sie mich brauchen: Ich sitze dort und – leide.«

»Ich wünsche viel Erfolg, Sir.«

Cook erwiderte nichts mehr. Er drehte sich um, ging zur Reling und kletterte die Leiter hinunter. Er war erfreut, daß ein Portrait von ihm gemalt wurde.

John Gore ging über die Decks der *Resolution* und stellte fest, daß der Zustand des Schiffes nicht so miserabel war, wie Cook ihn geschildert hatte. Er schrieb die schlechte Laune des Kapitäns dessen Ungeduld zu, in See zu stechen.

* * *

»Bitte bewegen Sie den Kopf nicht, Sir.« Nathaniel Dance wartete mit erhobenem Pinsel. Kapitän Cook mochte der beste Seemann des Königreichs sein, aber heute war er schlecht gelaunt. Und Dance hatte die Männer aus Yorkshire noch nie sonderlich gemocht. Cook bewegte sich wieder, und der Maler seufzte. »So halten Sie doch still.«

»Ich versuche es ja, aber ich muß wissen, was Mr. Cadell von meinen Logbüchern hält.«

»Jetzt müssen Sie zuerst einmal Ihren Kopf in der gewählten Stellung halten«, entgegnete Dance. »Das Portrait wurde von Seiner Majestät dem König und Mr. Banks in Auftrag gegeben.«

»Dessen bin ich mir wohl bewußt, Mr. Dance, sonst wäre ich nicht hier. Aber ist es zuviel verlangt, wenn ich Mr. Cadell bitte, sich zu meinem Schiffstagebuch zu äußern?«

Dance rümpfte die Nase. »Wenn das möglich ist, ohne daß Sie den Kopf dabei bewegen.«

»Ich werde ihm allenfalls den Kopf verdrehen«, sagte Cadell. »Denn ich bin von Ihrer Arbeit zutiefst beeindruckt, Kapitän. Es wird uns ein Vergnügen sein, Ihr Werk zu veröffentlichen. Das Interesse an naturwissenschaftlichen Berichten und Reisetagebüchern war noch nie so groß, und Ihr Tagebuch ist ein vortreffliches Exemplar seiner Gattung, wenn ich das so sagen darf.«

»Wollen Sie damit sagen, daß Sie es veröffentlichen, wie ich es geschrieben habe?« Cook fiel seine mangelhafte Schulbildung ein.

»Selbstverständlich, Sir, unverändert.«

Dance meldete sich empört zu Wort: »Bitte behalten Sie Ihren Gesichtsausdruck bei, Sir.«

»Mr. Dance, haben Sie gehört, was Mr. Cadell gesagt hat?«

»Er will Ihre Logbücher veröffentlichen.«

Cook war entzückt und stolz: Jetzt war ihm auch die Achtung der Gelehrten sicher. Banks und Reinhold Forster fielen ihm ein. »Unverändert«, wiederholte er. Dann wandte er sich wieder an Cadell: »Sie müssen wissen, daß nach der ersten Reise die Herausgabe meiner Log- und Tagebücher einem Gelehrten anvertraut wurde.«

»Und was für ein Durcheinander hat der Mann angerichtet! Nein, Sir, diesmal soll kein Lohnschreiber Ihr Werk in die Finger bekommen.«

»Aber der Stil«, dachte Cook laut nach, »ich bin kein gebildeter Mann, Mr. Cadell.«

»Ihr Stil, Sir, ist derb und aufrichtig – genau der Stil, der zu einem solchen Buch gehört.«

Cook glühte vor Stolz und und rutschte auf seinem Stuhl hin und her. »Das freut mich überaus.«

»Ihr Kopf, Sir.«

»Verzeihung, Mr. Dance.«

Cadell ordnete das Manuskript und wollte gehen.

»Wir werden uns noch einige Male treffen, bevor Sie abreisen, Kapitän, wenn Ihnen das recht ist.«

»Natürlich. Ich bin Ihnen zu großem Dank verpflichtet, Mr. Cadell.« Cook bewegte sich nicht mehr, und Dance konnte in Ruhe seine Arbeit tun. Zuerst das Portrait und dann das Tagebuch: Er hatte einen weiten Weg zurückgelegt seit jenem Abend mit Hawke in der Bibliothek von Revesby Abbey. Die Mühe hatte sich gelohnt, und die Nordwestpassage würde der krönende Abschluß sein. Es hieß, daß das Packeis im Norden nicht so gefährlich sei wie im Süden. Die Luft war stickig, und er wurde schläfrig.

»Ihr Kopf, Kapitän.«

Cook schrak zusammen, als er plötzlich Elizabeth vor sich stehen sah. Sie hatte sich in einen weiten Mantel gehüllt, um ihre Schwangerschaft zu verbergen, und ihr Gesicht war blaß und starr. Überrascht erhob er sich halb. »Liebes, ich nehme an, du kennst den berühmten Maler Mr. Dance.«

»Sehr angenehm.«

»Madame.« Der Maler verbeugte sich.

»Entschuldigen Sie die Störung, Mr. Dance, aber mein Mann ist in letzter Zeit so beschäftigt, daß ich ihn nur selten zu Gesicht bekomme.«

Cook merkte, daß etwas nicht stimmte, und er wußte, was es war.

»Was ist los, Liebes?« Um jeden Preis wollte er eine peinliche Szene im Beisein des Malers vermeiden.

»Lüge mich jetzt bitte nicht an, James. Bin ich die letzte, die allerletzte in ganz London, die es erfährt?«

Cook stand auf. »Mr. Dance, leider müssen wir die Sitzung zu einem späteren Zeitpunkt fortsetzen.«

Schuldbewußt und zugleich wütend folgte er Elizabeth aus dem Zimmer.

Als sie nach Hause kamen, dunkelte es bereits. Das Haus wirkte eng und düster, und Cook zündete eine Lampe an. Verloren saß Elizabeth in ihrem gewohnten Sessel und sah ihn an. Sie hatte aufgehört zu weinen, aber ihr Gesicht war tränenverschmiert. Cook ertrug ihren Blick nicht und wünschte bei Gott, er wäre auf See. Warum hatte er ihr nicht am Abend des Dinners die Wahrheit gesagt? Er hatte den Mut nicht aufgebracht. »Ich kann es dir nicht verdenken, wenn du mir nicht verzeihst«, begann er. »Aber ich habe versucht, es dir zu sagen.« Das stimmte nicht: Er hatte den Tag nur immer weiter hinausgeschoben. »Ich habe es einige Male versucht, aber es wurde mit jedem Tag und jeder Woche schwieriger.«

Elizabeth ließ sich nicht besänftigen. »Wie müssen deine mächtigen Freunde in der Admiralität darüber gelacht haben! Cook fährt wieder für drei Jahre weg, aber er hat noch nicht einmal den Mut, es seiner Frau zu sagen.«

Cook stand auf und trat ans Fenster. Auf der dunklen Straße ratterte eine Kutsche vorbei, von der nahen Taverne drang Gegröle herüber. »Du hast mit allem recht, was du sagst.«

»Falsch, James: Alles, was ich sage, ist zwecklos. Wir haben doch lange darüber gesprochen – du und ich. Hast du das vergessen?

Wir kamen überein, daß zwei Reisen genug sind. Du hast es mir versprochen.«

»Ich weiß. Es tut mir leid.«

»Glaubst du, daß ich noch ein Kind gewollt hätte, wenn ich das gewußt hätte? Deine Familie ist dir nicht genug. Sie war dir nie genug.«

»Das ist nicht wahr.«

Aber in Elizabeth stieg die ganze Bitterkeit der letzten Jahre auf. »Ich bin jetzt zweiunddreißig und seit vierzehn Jahren mit dir verheiratet. Und wie viele *Monate* davon haben wir zusammen verbracht? Wie viele Nächte haben wir getrennt geschlafen? Ich war in deinem Leben nie wichtig genug, um dich von der See fernzuhalten.«

Cook stand immer noch mit dem Rücken zu ihr am Fenster. »Du bist mit Recht zornig auf mich.«

»Ich fühle mich betrogen, mißbraucht, getäuscht und gedemütigt. Und ich habe Angst, weil du oft krank bist. Du bist nicht imstande, eine solche Reise zu machen. Es könnte deine letzte werden, ich meine, deine allerletzte. Bist du dir darüber im klaren? Und was soll dann aus mir und den Kindern werden – nicht zuletzt aus dem, das du vielleicht nie zu Gesicht bekommen wirst?«

Eine seltsame Angst hatte Cook gepackt. »Mir fehlt nichts. Ich bin nur ein paar Jahre älter geworden, das ist alles.«

»Wenn du meinst, James.«

Er trat vom Fenster zu ihr und versuchte sie zu trösten: »Glaub mir, es tut mir leid.«

Elizabeth stieß seinen Arm zurück und sah ihn mit blitzenden Augen an: »Wenn du mich liebst, welcher unselige Ehrgeiz treibt dich dann hinaus? Warum kannst du nicht ruhen? Du hast in einem Leben das Doppelte von dem erreicht, womit die meisten vollauf zufrieden wären.«

Cook fühlte sich ohnmächtig gegenüber ihren Fragen. Er wollte nicht wissen, wer er war. Wie hatte Cadell über sein Tagebuch geurteilt? Derb und aufrichtig? Welche Ironie.

»Oder bin ich dir nicht genug? Bin ich zu schwach?«

»Das darfst du nicht glauben!«

»Dann sag mir, *was* ich glauben soll.« Wieder konnte er nicht erklären, was in ihm vorging. Er senkte stumm den Kopf. »Warum verläßt du mich?« fragte Elizabeth leise. »Und deine Söhne und alles, was du dir dein Leben lang gewünscht hast? Sicherheit, Ruhm und Anerkennung, wohin du kommst. Das wolltest du doch, James.«

»Ja. Immer.«

»Und jetzt, wo du alles erreicht hast, scheint es nicht genug.«

Cook schwieg. Traurig sah Elizabeth ihren Mann an. »Ich werde keinen Frieden haben, solange ich nicht weiß, warum du gehst. Du mußt es mir sagen.«

Er machte einen verzweifelten Versuch, es ihr zu erklären. »Ich habe Angst.«

»Du hast was?«

»Angst, daß nichts Bestand hat, daß der Ruhm nur Schein ist und ich vor der Geschichte nicht bestehen kann. Verstehst du, was ich meine?«

»Nein.«

»Ich will nicht, daß künftige Zeiten über mich als den Mann spotten, der große Entdeckungsfahrten gemacht und nichts Großes entdeckt hat.«

»Gott im Himmel, bist du denn kein großer Entdecker?«

»Im Gegenteil, ich habe immer nur entdeckt, was es *nicht* gibt. Zum Beispiel das große Südland. Ich widerlege, entlarve, zerstöre Mythen. Ich schaffe nichts Positives.«

»Du hast den Pazifik vermessen und Karten der Küsten von Neuseeland und Neusüdwales angefertigt.«

»Neuseeland wurde von Tasman entdeckt, Neusüdwales von Dampier – nicht von mir. Und die Regierung interessiert sich nicht für Neusüdwales. Sie will höchstens Strafgefangene dorthin schikken, wenn wir die amerikanischen Kolonien verlieren.« Cook nahm Elizabeths Hand. »Ich möchte durch eine positive Leistung in der Erinnerung der Menschen fortleben, für eine wirkliche Entdekkung. Ich weiß, daß ich ein guter Seemann bin, aber das ist nicht genug. Wenn ich die Nordwestpassage entdecke, wäre das eine bleibende Leistung, ein würdiger Abschluß meines Lebens. Es wäre mein Epitaph.« Er drückte ihre Hand. »Das ist es, was ich mir wünsche, liebe Elizabeth.«

Er hatte alles gesagt und konnte nur hoffen, daß sie ihn verstehen würde. Sie legte seine Arme um sich.

* * *

Die Reparaturen an der *Resolution* gingen nur langsam voran, die Männer der Werft arbeiteten ohne Begeisterung. Sie hatten in den letzten Monaten zu viel arbeiten müssen. Der junge Steuermann war unzufrieden: Zimmerleute und Maler schlampten. Ob ihre Arbeit gut war oder nicht, kümmerte sie anscheinend nicht.

»So kratzt doch um Himmels willen die alte Farbe ab, ehe ihr die Planke neu anstreicht. Ihr wollt doch auch nicht, daß das Schiff absäuft. Habt ihr denn gar keinen Stolz im Leib?«

»Hurensohn! Für wen hält er sich, der junge Bastard?« Mürrisch klatschten die Maler die Farbe auf das Holz.

Der Steuermann war überzeugt, daß alle Männer der Werft korrupt waren und die Aufseher vorsätzlich mit den Werkstoffen knauserten. Aber er würde ihnen schon noch Beine machen, bei Gott! Er sah Cook, Gore und Clerke näherkommen und nahm Haltung an. »Bligh, Sir, Schiffssteuermann William Bligh. Stolz, unter Ihrem Kommando zu dienen.«

Cook musterte den jungen Mann und reichte ihm die Hand. »Willkommen an Bord. Das ist Leutnant Gore, mein Erster Offizier.«

Auch Gore gab dem Steuermann die Hand. »Sie sind uns von höchster Stelle empfohlen worden, Mr. Bligh.«

»Danke, Leutnant.«

»Kennen Sie schon Kommandant Clerke?«, fragte Cook. »Er wird unser Begleitschiff *Discovery* führen.«

»Ich kenne ihn, Sir«, erwiderte Bligh. »Ich hatte das Vergnügen, dem Kommandanten zu seiner jüngsten Beförderung gratulieren zu können. Gestatten Sie, daß ich mir das Schiff jetzt genauer ansehe?«

»Selbstverständlich.«

»Danke, Sir.«

»Machen Sie weiter, Mr. Bligh.«

Cook sah dem jungen Mann nach. »Ein bemerkenswerter Bursche«, sagte er nachdenklich. »Vielleicht nicht bei jedermann beliebt, aber er könnte sich als unentbehrlich erweisen. Er ist jünger, als ich dachte.«

»Einundzwanzig, Sir«, sagte Clerke. »Er kommt auf Empfehlung von Sir Hugh Palliser und Lord Sandwich.«

»Und er ist ein guter Steuermann, soviel ich weiß«, fügte Gore hinzu.

Cook zuckte die Schultern. »Wir werden sehen. Aber lassen Sie mich noch etwas sagen, bevor unser junger Drake zurückkehrt: Es freut mich ungemein, daß wir drei wieder zusammen fahren. Wie in alten Zeiten. Besser hätte es nicht kommen können.«

Cooks Laune hat sich gebessert, dachte Gore. »Die Freude ist ganz auf unserer Seite, Sir.«

Bligh kam zurück. »Verzeihung, Sir, aber da verlangt jemand nach Ihnen.«

»Wer?«

»Ein Konstabler vom Gericht Seiner Majestät, Sir.«

Cook war erstaunt. »Bringen Sie ihn herauf.«

Ein Konstabler kam auf sie zu, gefolgt von einer bewaffneten Wache, die Handschellen mit sich führte. »Sir«, sagte der Konstabler, »ich habe einen Haftbefehl bei mir und bin beauftragt, Kommandant Charles Clerke festzunehmen.«

Entsetzt mußten die Männer mitansehen, wie sich die Handschellen um Clerkes Handgelenke schlossen. Cook fand als erster die Sprache wieder: »Um Gottes willen, auf wessen Befehl handeln Sie?«

»Auf Befehl der Richter Seiner Majestät des Königs; Mr. Clerke ist zu ergreifen und in Gewahrsam zu nehmen.«

14. Kapitel

Clerke hatte, ohne Cooks Wissen, in seiner Gutmütigkeit für die Schulden seines Bruders gebürgt. Jetzt war Sir John Clerke, Kapitän der Königlichen Marine, nach Westindien abgereist und hatte seinem Bruder eine Reihe unbeglichener Schulden bei Geldverleihern hinterlassen. Als die Gläubiger erfuhren, daß auch Charles Clerke im Begriff war, England zu verlassen, hatten sie keine Zeit mehr verloren. Ein Haftbefehl war leicht zu beschaffen, und ehe Clerke wußte, wie ihm geschah, fand er sich im Gefängnis wieder. Vom Ersten Lord an abwärts herrschte allgemeines Entsetzen, aber Gesetz war Gesetz. Sandwich, Banks, Palliser und Cook überlegten, wie Clerkes Freilassung zu bewerkstelligen sei, aber ihr Anliegen schien von vornherein aussichtslos.

Obwohl Cook inzwischen mächtige Freunde bei Hof hatte, stand die dritte Reise anscheinend unter einem unglücklichen Stern: Elizabeth machte ihm schwere Vorwürfe, die Werft trödelte, Cook hatte immer noch den ihm mittlerweile lästigen sozialen Verpflichtungen nachzukommen, und jetzt saß auch noch Clerke im Gefängnis.

»Gottverdammte Juden«, sagte Sandwich.

»Ich habe nichts gegen sie«, erwiderte Cook, »ich will nur, daß Clerke freigelassen wird.«

»Ich komme gerade vom Gefängnis«, sagte Banks. »James, waren Sie schon einmal dort?«

»Aye.«

»Es ist eine Schande. Clerke sitzt mit gemeinen Dieben und Mördern in derselben Zelle.«

Sandwich machte seiner Empörung Luft: »Ich werde meinen ganzen Einfluß geltend machen, daß Clerke in eine andere Zelle verlegt wird.«

»Verwenden Sie Ihren Einfluß lieber darauf, Clerke freizubekommen«, erwiderte Banks.

»Leider reicht nicht einmal *meine* Macht so weit. Die Gesetze übertritt man nicht ungestraft – selbst der König könnte Clerke nicht ohne weiteres aus dem Gefängnis holen. Und es scheinen tatsächlich sehr schwerwiegende Anschuldigungen gegen ihn vorzuliegen.«

»Was für Anschuldigungen?« fragte Banks.

»Anschuldigungen, die Sie nicht aus eigener Erfahrung kennen werden«, meinte Cook.

»Clerke hat für die Schulden seines Bruders gebürgt, und Sir John ist nach Westindien abgefahren. Jetzt haftet Clerke für die Schulden.«

»Das ist doch kein Verbrechen.«

»Meiner Ansicht nach nicht, und doch ist es eins, bei Gott! Nach unserem Rechtssystem ist er für schuldig befunden worden.«

»Und verurteilt«, fiel Palliser ein. »Es wird einige Zeit dauern, bis wir Clerke aus seinem finsteren Kerker befreit haben.«

Sandwich faltete ergeben die Hände. »Schade, dann müssen Sie eben ohne ihn fahren.«

»Nein.«

»Wie?«

»Ich sagte nein, Mylord. Ich warte.«

»Wie lange wollen Sie denn warten?«

»So lange ich kann.«

Alle waren überrascht, Palliser nicht am wenigsten. »Ich kann Sie verstehen, James, aber Sie könnten den arktischen Sommer versäumen.«

»Ich sagte, ich warte. Es sei denn, Sie ziehen vor, jemand anderem die Leitung der Expedition zu übergeben.«

»Lieber James«, erwiderte der Erste Lord verbindlich, »machen Sie sich nicht lächerlich.«

»Dann warte ich, Sir. Die *Resolution* muß sowieso noch einige Zeit in der Werft bleiben. Die Qualität der Arbeit dort läßt viel zu wünschen übrig.«

»Was meinen Sie damit?« fragte Sandwich. »Kann ich Ihnen irgendwie behilflich sein?«

»Nein, Mylord, überlassen Sie das getrost mir. Darin habe ich Erfahrung.«

»Sie haben recht.« Cooks Vorbereitung der ersten und zweiten Reise hatte nichts zu wünschen übriggelassen.

Cook stand auf. »Entschuldigen Sie mich – ich habe heute noch viel zu tun.«

»Meinen herzlichen Glückwunsch an Elizabeth«, sagte Banks.

Cook sah ihn ausdruckslos an. »Danke.«

Als die Tür sich hinter Cook geschlossen hatte, machte Banks seinem Kummer Luft: »Cook sieht erschöpft aus, und er macht, wenn ich das einmal so sagen darf, einen überaus gereizten Eindruck.«

»Unsinn«, erwiderte Sandwich. »Er macht sich Sorgen um Clerke. Leutnant Clerke ist ein enger Freund von ihm.«

»Zugegeben, aber der James Cook, den ich kannte, hätte auf niemanden gewartet, auch nicht auf einen Freund wie Clerke. Ich hoffe nur zu Gott, daß Sie wußten, was Sie taten, als Sie ihn zu dieser Reise überredeten.«

»Natürlich wußte ich das. Außerdem hat Cook sich freiwillig gemeldet.«

»Freiwillig?« Banks stand auf. »Ich habe es anders gehört. Er wurde buchstäblich verführt, Sir, das wissen Sie genau. Wenn etwas schiefgeht, tragen Sie die Schuld, Lord Sandwich.«

»Verdammt, Sir, ich bin nicht verantwortlich für das, was Cook auf See zustößt.«

»Aber Sie sind doch verantwortlich dafür, Männer in Positionen mit Verantwortung zu hieven, oder nicht? Guten Tag, meine Herren.«

Banks knallte die Tür hinter sich zu.

»Er soll zum Teufel gehen«, sagte Sandwich.

»Banks?«

»Jawohl, Palliser, Banks. Wer sonst? Er wird immer ungenießbarer.«

»Und doch hat er nicht ganz unrecht«, gab Palliser zu bedenken. »Aber das wissen Sie so gut wie ich.«

Sandwich starrte nur wortlos durch das Fenster auf den Fluß hinaus.

* * *

Cook und Palliser saßen einander gegenüber und hatten Seekarten und die Mannschaftslisten der Schiffe auf dem Tisch zwischen sich ausgebreitet.

»Neuigkeiten von Charles Clerke?«

»Nein, Hugh, keine.« Cook seufzte. »Es ist zum Verzweifeln: Wir stecken tüchtige Männer zusammen mit Verbrechern ins Gefängnis, nur weil sie irgendwelche Schulden nicht bezahlen können, die in Charlies Fall nicht einmal seine eigenen sind. Und Gefängnisse wie Newgate, Fleet und King's Bench sind Orte des Grauens – ich habe noch nie in meinem Leben so menschenunwürdige Zustände gesehen. Es ist furchtbar. Ich hoffe nur, daß der junge Charlie dort lebend herauskommt.«

»Charles Clerke ist der fröhlichste Mensch, den ich kenne«, sagte Palliser. Er nahm die Mannschaftsliste. »Kennen Sie den jungen Bligh?«

»Ich habe ihn kurz gesehen. Ein zäher Bursche, das war mein erster Eindruck. Der wird eines Tages ein Despot werden. Aber ein, zwei Männer vom Schlage Blighs müssen auf jeder Fahrt dabei sein.«

»Wen kennen Sie noch nicht?«

»James King.«

»Aha, Ihren Zweiten Offizier.« Palliser war überrascht. Warum hatte Cook sich den Mann noch nicht angesehen?

Cook wartete ungeduldig auf Pallisers Antwort. »Nun?«

»King ist der Sohn eines Pfarrers aus Lancashire, ein junger Mann, der die Bildung zu schätzen weiß. Die Familie hat Verbindung mit den Burkes. Er hat zuerst unter mir gedient und dann in Paris Naturwissenschaft studiert. King kennt sich gut in Astronomie aus – ein wacher Bursche, nicht der durchschnittliche Seemann.«

»Schätzt die Bildung, ja?« Cook räusperte sich. »Von mir aus kann er so gebildet sein, wie er will. Mich interessiert nur, ob er ein tüchtiger Seemann ist.«

»Sie werden feststellen, daß er auch in diesem Punkt Ihren Ansprüchen genügt. Und ich glaube nicht, daß Sie die Bildung geringschätzen.«

»Mit Verlaub, Sir, ich hatte im Unterschied zu Ihnen zweimal das Vergnügen, mit Gelehrten um die Welt zu reisen. Mein Schiff sah aus wie das Gewächshaus in Kew Gardens, und zwei Männer sind erfroren, weil die Herren Wissenschaftler nicht genug Verstand hatten, auf das Wetter zu achten. Ich hatte schon Windhunde an Bord und mußte drei Jahre das Nörgeln eines Botanikers ertragen, zu dessen herausragendsten Vorzügen sein kläffender Köter gehörte.«

»Der Hund hat Ihnen das Leben gerettet.«

»Woher wissen Sie das?«

»So etwas spricht sich herum.«

»Ich hätte auch ohne den Hund überlebt. Wen haben wir noch?«

»Ich fürchte, Mr. King und Steuermann Bligh werden sich nicht vertragen«, sagte Palliser.

»Das ist ihre Sache, solange sie ihren Zwist unter sich austragen.« Cook überflog die mit gestochener Handschrift geschriebene Liste. »Wer ist Molesworth Phillips, Leutnant der Seesoldaten?«

»Eine einflußreiche Familie aus Irland, soviel ich weiß.«

»Die Seesoldaten sind der Abschaum der Navy. Ich hoffe, Mr. Phillips sorgt für die nötige Disziplin. Wenn ihm das nicht gelingt, wird mein Freund Samuel Gibson ihn ablösen.«

»Dann haben wir noch Mr. Williamson.«

»Was wissen wir über ihn?«

»Nicht viel.«

»Warum weiß ich nichts über meinen Dritten Offizier?« fragte Cook verärgert.

»Er wurde von einem Beamten aus dem Büro des Ersten Lords empfohlen«, erwiderte Palliser. »Das dürfte genügen.« Er rollte die Seekarten auf. »Können wir noch einmal die Expeditionsroute durchgehen?«

»Wenn wir Glück haben, laufen wir im Juni aus. Alles hängt davon ab, ob Clerke bis dahin frei ist. Ich wiederhole, ich beabsichtige nicht, ohne ihn zu fahren. Zuerst also zum Kap der Guten Hoffnung, von dort nach Süden, zu den Inseln, die Marion und Kerguelen entdeckt haben. Dann nach Osten zum Königin-Charlotte-Sund, zu den Freundschafts-Inseln, nach Tahiti und schließlich nach Norden, nach Neu-Albion. Dort werden wir bis zum 65. Breitengrad alle Flüsse und Fjorde nach der Passage absuchen. Überwintern können wir in Petropawlowsk auf Kamtschatka – soviel ich weiß, ist der Hafen eisfrei. Damit haben wir für die Suche nach der Nordwestpassage zwei arktische Sommer.«

»Glauben Sie an den Erfolg der Reise?«

»Wenn es die Passage gibt, Sir, werde ich sie finden.«

»James Cook«, sagte Hugh Palliser ernst, »ich glaube, Sie werden sie finden.«

Sie erhoben ihre Gläser und tranken. Sir Hugh Palliser sah der Reise jetzt mit mehr Zuversicht entgegen.

* * *

Für sein Alter hatte William Bligh ungewöhnlich feste Überzeugungen und hohe moralische Ansprüche. Er war jeden Tag auf der Werft, um die Arbeit an der *Resolution* zu überwachen. Oft wunderte er sich, warum er Cook so selten dort antraf. Auch Gore ließ sich kaum blicken; er stellte die Mannschaft zusammen und hatte daneben noch andere organisatorische Pflichten. Cooks Name erschien immer noch häufig in den Tageszeitungen, aber Bligh dachte im stillen, daß Cook die praktische Vorbereitung der Reise sträflich vernachlässigte. Auf seinen Gängen durch die Werften hatte er den Eindruck bekommen, daß die besten Schiffsbauer an den für den Krieg in Amerika bestimmten Schiffen arbeiteten. Mit der Arbeit an der *Resolution* war er nicht zufrieden. War das Schiff denn nicht für eine Entdeckungsreise bestimmt, von der die ganze Menschheit profitieren sollte? Benjamin Franklin, der amerikanische Botschafter in Paris, hatte dem Schiff für die Dauer der Feindseligkeiten Immunität zugesichert. Das war doch ein deutlicher Beweis für die Wichtigkeit der Reise. Bligh war entsetzt, wie schlampig die Arbeiten an der *Resolution* ausgeführt wurden.

An diesem Morgen machte Bligh seine übliche Runde durch das Schiff, brachte seine Klagen vor und stieß Drohungen gegen die Handwerker aus. Er machte den Aufseher der Werft ausfindig und führte ihn durch das Schiff. »Sehen Sie hier, und hier, überall. Das Holz fault, die Ritzen sind schlecht verpicht, der Teer löst sich. Das Material ist minderwertig. Der Rumpf ist in bedenklichem Zustand. Sind Sie sich über die Bedeutung dieser Reise im klaren, Sir? Sie steht unter dem Schutz des Königs und des Parlaments und wird vom größten Seefahrer des Vereinigten Königreiches geführt.«

Der Aufseher blieb völlig unbeeindruckt. »Das Schiff ist in Ordnung. Wenn Kapitän Cook damit zufrieden ist, ist das auch für mich gut genug.«

Er hatte seine Pfeife fertig gestopft und wollte gehen. Aber Bligh ließ nicht locker. »Sie wissen, daß der Kapitän schon seit Wochen nicht mehr hier war. Er hat in London zu tun, und Sie, Sir, nützen seine Abwesenheit aus.«

»Hochtrabendes Geschwätz, Mr. Bligh. Wenn Sie einmal so viel Erfahrung mit Schiffen haben wie ich, dann wissen Sie, wann ein Schiff etwas taugt. Ihr Kapitän vertraut mir.«

»Dann handelt er unbesonnen.«

»Nehmen Sie Ihre Zunge in acht, junger Mann. Wenn ich das weitersage, bleiben Sie am Tag der Abfahrt womöglich an Land zurück.« Der Aufseher pochte Bligh mit dem Finger auf die Brust. »Ihr Ton gefällt mir nicht.«

»Und mir gefällt die Korruption nicht, die auf dieser Werft herrscht.«

»Die was?« Die Augen des Mannes verengten sich zu Schlitzen.

»Die Korruption.«

»Das sind schwere Vorwürfe, junger Mann. Dafür kann ich Sie vor Gericht bringen.«

Bligh ließ sich nicht einschüchtern. »Ich muß darauf bestehen, daß Sie das Schiff gründlich inspizieren und die Arbeit noch einmal machen lassen.«

»Hör sich das einer an! Er muß darauf *bestehen.*« Der Aufseher spuckte höhnisch aus.

»Das Schiff ist in miserablem Zustand, es macht Ihrer Werft keine Ehre. Die Arbeit muß noch einmal gemacht werden.« Breitbeinig stand Bligh vor dem Aufseher.

»Jetzt hören Sie mir mal gut zu. Ich habe jede Menge schriftliche Gutachten, in denen steht, daß dieses Schiff so gut ist wie jedes andere. Sie gewöhnen sich besser einen anderen Ton an, mein Junge, oder Sie schwimmen eines Nachts mit dem Bauch nach oben im Fluß.« Der Aufseher starrte Bligh böse an. »Wir sind eine anständige Firma, und ich kann sehr unangenehm werden, wenn Leute wie Sie hier das Maul aufreißen. Nehmen Sie sich in acht... Mr. Bligh.«

Er machte auf dem Absatz kehrt und verschwand hinter Gerüsten und Holzstapeln. Bligh sah sich um. Überall lungerten die Arbeiter untätig herum. Aufs neue regte sich in ihm die Empörung. Es war nicht auszudenken, was passieren konnte, wenn sie erst auf See waren.

Während Bligh an der Front in Deptford kämpfte, war Cook mit Joseph Banks und König Georg zu Pferd unterwegs. Der Kapitän hatte bereits eine Audienz beim König gehabt, aber diesmal hatte er das Gefühl, besser zurechtzukommen als beim ersten Mal, obwohl der König in sichtlich schlechterer Verfassung war. Es hieß sogar, daß er mittlerweile mehr Zeit auf seinem Landgut als mit Regierungsgeschäften verbrachte. Sie ritten eine Stunde, dann machten sie halt und ließen die Pferde versorgen. Der König betrachtete Cook eine Weile mit seinen wäßrigen, blauen Augen. »Es gibt nichts Besseres, um den Kreislauf in Schwung zu bringen. Was meinen Sie, Joseph? Für einen Seemann sind Sie ein guter Reiter, Kapitän.«

»Ich bin auf dem Land geboren und aufgewachsen, Sire.«

»Wie schön für Sie«, erwiderte der König, »wie schön. Und sich dann so emporzuarbeiten, als Sohn eines kleinen Bauern: Das nenne ich tüchtig. Was meinen Sie, Joseph?«

Banks lächelte. »Vollkommen Ihrer Meinung, Sire.«

»Nehmen Sie einige Pferde mit, Sir.«

Cook starrte ihn verständnislos an. »Pferde, Euer Majestät?«

»Genau das sagte ich, Sir. Pferde sind wunderbare Tiere, finden Sie nicht auch? Fast wie Menschen. Nehmen Sie Pferde als Geschenke für ausländische Herrscher mit. Geschenk von Georg, dem Bauern. Ha ha.«

Cook wollte gerade erklären, daß er im Süd- und Nordpazifik wohl niemandem begegnen würde, der vor König Georgs Augen als Herrscher bestehen könnte, aber Banks warf ihm einen warnenden Blick zu. »Jawohl, Sire.«

»Ich muß mit meinen Stallmeister sprechen«, sagte der König. »Ich wünsche Ihnen viel Erfolg bei den ausländischen Herrschern, Sir. Wenn Sie ihnen die Pferde übergeben, bieten Sie ihnen den Schutz Seiner Britannischen Majestät an.«

Als der König gegangen war, sahen Banks und Cook einander mit einem Seufzer an. »Pferde«, sagte Cook, »muß ich auch noch Pferde mitnehmen?«

»Er ist in letzter Zeit manchmal ein wenig durcheinander. Vielleicht vergißt er es wieder.«

»Ich fürchte nicht. Nicht, wenn es um Tiere geht. Ich muß bereits eine Herde Schafe und Rinder mitnehmen.«

Sie schlenderten durch die Ställe. »Keine gute Nachricht von Clerke?« erkundigte sich Banks.

»Nein. Ich werde ohne ihn fahren müssen und hoffe nur, daß er uns in Kapstadt einholt.«

»Sagten Sie nicht, Sie würden warten, bis Clerke frei ist? Sie haben das ausdrücklich vertreten.«

»Not kennt kein Gebot, Joseph, und zur Zeit sehe ich keinen anderen Ausweg.«

»Und Elizabeth?«

»Steht kurz vor der Geburt unseres Kindes.«

»Hat sie Ihnen vergeben?«

»Ich bezweifle, daß sie mir je vergeben wird.« Cook brach ab und sah Banks bittend an. »Wenn mir etwas zustößt...«

»Reden Sie keinen Unsinn.«

»Wenn mir etwas zustößt«, wiederholte Cook unbeirrt, »so vertraue ich Ihnen und Hugh Palliser die Sorge für Elizabeth an – für sie und die Kinder.«

* * *

Cook folgte dem Schließer durch den unterirdischen Korridor. Von den modrig riechenden Wänden tropfte Wasser. Kein Mensch sollte hier leben müssen, dachte Cook, egal was er verbrochen hat, und schon gar nicht ein Unschuldiger wie Clerke. Er dachte an den König, seine Pferde und das königliche Landgut. Schließlich standen sie vor der Zelle. Als Clerke Cook sah, rappelte er sich auf und streckte die Hand durch das Gitter. Er war bleich, schmutzig und bis auf die Knochen abgemagert.

»Charlie«, sagte Cook, »mein Gott, was haben sie mit dir gemacht?«

»Ich werde es überleben. Es ist nur feucht, Sir, feucht und kalt. Ich habe seit Monaten keine trockenen und warmen Kleider mehr am Leib gehabt.«

Cook erschauerte. »Wir haben alles versucht, Sie frei zu bekommen. Aber das Gesetz, aufgrund dessen Sie hier sind, scheint stärker als die Macht unserer einflußreichen Freunde. Ich werde ohne Sie fahren müssen, Charlie.«

»Ich verstehe, Sir. Sie hätten schon längst abreisen sollen. Ich werde hier schon herauskommen.«

»Ihr Schiff wartet in Plymouth. Sobald Sie frei sind, folgen Sie uns zum Kap der Guten Hoffnung.«

»Dieses Risiko dürfen Sie nicht eingehen.«

»Die *Discovery*, Charles Clerke, wartet, bis Sie an Bord sind. Sehen Sie zu, daß Sie so bald wie möglich freigelassen werden. Dann folgen Sie mir. Haben Sie verstanden?«

»Jawohl.«

Die Arbeiten an der *Resolution* waren beendet. Cook machte seinen Frieden mit Elizabeth, und die Pferde, Rinder, Schafe und

Hühner wurden an Bord genommen. Cook verabschiedete sich von Banks und Palliser, und am 12. Juli 1776 lief das Schiff unter den fröhlichen Klängen einer Militärkapelle aus. Der Wind stand günstig, aber Steuermann Bligh fluchte, als er hörte, wie die Balken des Schiffes in der Dünung ächzten. Er konnte nur hoffen, daß sich seine Befürchtungen als unbegründet erweisen würden.

Dritte Reise

15. Kapitel

Cook stand mit seinem Fernrohr an der Reling und sah zu den Felsen der Küste von Cornwall zurück. Er sah die vom Wind zerzausten Bäume und die Kieselstrände und mußte für einen Augenblick an Elizabeth und die beiden Jungen denken. Dann wandte er sich den bevorstehenden Aufgaben zu. Diesmal wollte er in Teneriffa Wasser und Proviant an Bord nehmen und von dort in einem nach Westen ausschwingenden Bogen zum Kap der Guten Hoffnung segeln, wo er, wenn alles gut ging, in der dritten Oktoberwoche eintreffen würde. Würde Charles Clerke ihn bis dahin eingeholt haben? Er hoffte inbrünstig, daß Sandwich und Palliser weiterhin alle Hebel in Bewegung setzten, um Clerke freizubekommen.

Cook erbrach das Siegel der Order des Ersten Lords und stellte zufrieden fest, daß die vorgesehene Reiseroute in allen Einzelheiten seinen Vorschlägen entsprach. Die letzte Seite mußte er freilich zweimal lesen, bis er ganz verstand, was Sandwich hier geschrieben hatte:

...Wenn Ihr aber durch Krankheit oder widrige Umstände nicht in der Lage seid, die Reise fortzusetzen und diese Instruktionen zu befolgen, so sollt Ihr sie dem im Range nächsten Offizier übergeben, der sie, so gut als er vermag, ausführen soll. Gegeben in unserem Namen, den 6. Tag des Juli 1776.

Cook fror plötzlich. Er hörte überdeutlich, wie die Balken des Schiffes in der Dünung arbeiteten. Was um Himmels willen hatte der Erste Lord damit sagen wollen? *Wenn Ihr aber durch Krankheit oder widrige Umstände nicht in der Lage seid.*

Abends stand Cook neben Gore an der Heckreling. »Haben Sie die Order gelesen?«

»Ja, Sir.«

»Wenn Ihr aber durch Krankheit oder widrige Umstände nicht in der Lage seid, die Reise fortzusetzen ...«

Gore überlegte. »Eine ungewöhnliche Formulierung.«

»Sogar höchst ungewöhnlich«, erwiderte Cook. Blaß stand der Mond über ihnen im Dunst über der See, die Nacht war dunkel.

»Aber es handelt sich sicher nur um eine Formsache, Sir.«

»Eine Formsache, die auf meinen bisherigen Reisen nicht notwendig war. Warum diesmal, Mr. Gore?«

»Ich würde mir nicht allzu viele Gedanken darüber machen.«

Cook fiel ein, was Banks im Gewächshaus von Kew Gardens gesagt hatte: *Ich wünschte bei Gott, Sie würden diese Reise nicht antreten.* »Meine Freunde Sir Hugh Palliser und Lord Sandwich scheinen auf einmal kein Vertrauen mehr in meine Gesundheit zu haben. Da sie es vorzogen, davon zu schweigen, als ich noch an Land war, haben sie es in meine Instruktionen geschrieben.«

»Auch ich finde es taktlos.«

»Man ist also besorgt, und man ist sogar nervös. Das gibt mir zu denken.«

Bligh stand hinter ihnen. »Wir laufen aus dem Wind, Sir. Wünschen Sie, daß wir die Stellung der Segel richten?«

»Um Gottes willen, Mr. Bligh, warum fallen Sie anderen Leuten immer so unverschämt ins Wort?«

Bligh sah im Mondlicht, daß Cooks Gesicht dunkel vor Wut war. »Ich bitte um Verzeihung, Sir, aber wir haben zu viel Segel gesetzt.«

»Ist Ihnen klar, Steuermann Bligh, daß Ihr Vorgesetzter ein Gespräch mit mir führt? Was fällt Ihnen eigentlich ein?«

»Aber ...«

»Sie müssen noch viel lernen, Mr. Bligh.«

»Ich bitte um Verzeihung, Kapitän.« Bligh verschwand im Dunkel.

Gore versuchte Cook zu beruhigen: »Sie dürfen sich nicht über diese Formulierung in der Order aufregen. Denken Sie nicht mehr daran.«

»Das wird mir kaum gelingen«, erwiderte Cook düster. »Ein schlechter Anfang, alter Freund: Clerke immer noch im Gefängnis, und keiner weiß, ob er früh genug freikommt, um uns einzuholen; auf Geheiß des Königs ein ganzer Zoo an Bord, der wertvollen Platz wegnimmt; und jetzt dieses böse Omen von Sandwich und Palliser.« Die Frage des Steuermanns fiel ihm ein.

»Mr. Bligh?«

Bligh trat wieder zu ihnen. »Kapitän?«

»Lassen Sie Segel streichen.« Cook entfernte sich, und Bligh blieb an der Reling stehen.

»Sie haben den Befehl des Kapitäns gehört, Mr. Bligh«, sagte Gore. »Führen Sie ihn aus.«

»Aye, aye, Sir.« Gekränkt ging Bligh nach vorn.

Als Cook am nächsten Tag seine Runde an Deck machte, sah er sich vor weitere Probleme gestellt. So war Molesworth Phillips auf seine Aufgabe gänzlich unvorbereitet. Er war zum ersten Mal auf See, das Offizierspatent hatte ihm sein Vater gekauft. Schon jetzt war klar, daß die Seesoldaten ihn schwerlich respektieren würden. Cook dankte dem Himmel für Gibson und verfluchte das System, das den Kauf von Patenten zuließ. Die herrschende Klasse konnte immer noch tun und lassen, was sie wollte.

Pferde, Rinder und Schafe beanspruchten viel Zeit und Pflege. Sie waren Phillips' Seesoldaten anvertraut, die überwiegend aus den Elendsvierteln von Manchester und Glasgow kamen und im Umgang mit Kühen keinerlei Erfahrung hatten. In den Ställen stand der Mist knöcheltief, und die armen Tiere brüllten, muhten und blökten unglücklich. Die Geschenke des Bauern Georg an die polynesischen Potentaten waren ein Akt geistiger Umnachtung. Wenn eines der Tiere starb, hatten sie wenigstens frisches Fleisch, überlegte Cook. Aber dann setzte sich sein Pflichtgefühl durch: Er würde alles daransetzen, die Tiere so lang wie möglich am Leben zu erhalten.

Es sollte noch schlimmer kommen. Bligh führte Cook in den Rumpf des Schiffes hinunter und zeigte ihm, daß dort das Wasser bereits mehrere Spannen hoch stand. Das Schiff leckte infolge der schlampigen Arbeit der Werft in Deptford an zahlreichen Stellen. Als es am Nachmittag in Strömen goß, tropfte Wasser durch die Decke des Salons. Cook fand dort den Maler Webber verzweifelt damit beschäftigt, die Decke abzudichten. Als Bligh die Kajüte des

Kapitäns betrat, stellte er fest, daß Decke und Wände vollkommen durchnäßt waren, weil vom Achterdeck Wasser durchsickerte. Cook stand mit den Stiefeln im Wasser neben seiner Koje und sagte: »Nun, Mr. Bligh, ich fürchte, diesmal hat unsere britische Werft keine ehrliche Arbeit geleistet.«

Aber der junge Steuermann schwieg.

Gegen Ende des Nachmittags hörte der Regen auf, und die Segel wurden zum Trocknen an Deck gebracht. Viele hatten bereits angefangen zu schimmeln. Cook sah zu, wie sie an Deck ausgebreitet wurden, und dachte an die bevorstehende Reise und die feuchte Hitze im Pazifik.

»Ich mache mir Vorwürfe«, sagte er später zu Gore.

»Sir, dafür ist die korrupte Werft verantwortlich. Warum wollen Sie die Schuld auf sich nehmen?«

»Weil es meine Aufgabe war, für die ordnungsgemäße Durchführung der Arbeiten zu sorgen, Mr. Gore. Ich habe mich zu sehr von meinen gesellschaftlichen Verpflichtungen in Anspruch nehmen lassen – ich mußte ja für das Portrait sitzen, mit dem König ausreiten, mit Gelehrten und Wissenschaftlern speisen und meinen literarischen Bemühungen nachgehen.«

»Ich trage die gleiche Schuld.«

»Sie wissen genausogut wie ich, Sir, daß der Kapitän letztlich die Verantwortung trägt. Und wir wissen beide, daß das Schiff für die uns bevorstehende Aufgabe unzureichend ausgerüstet ist.«

Bligh konnte von seinem Platz aus sehen, wie Cook mit Gore sprach. Cook hat seinen ersten Fehler gemacht, dachte er. Hoffentlich war es auch der letzte.

* * *

Die *Resolution* erreichte Teneriffa und zehn Tage später die kapverdische Insel Boa Vista. Es wurde merklich wärmer, und an den Abenden blieb es länger hell. Das Schiff leckte jetzt so stark, daß die ganze Zeit über die Pumpen bemannt sein mußten. Nach dem Abendessen mit Gore, King und Webber war Cook müde und zog sich in die Kajüte zurück, um die Eintragungen in sein Tagebuch zu vervollständigen. Der Kurs für die Nacht lag an, und Cook freute sich auf einige Stunden Ruhe. Auf dem Achterdeck ging Bligh auf und ab, Williamson hatte die Wache.

»Eine heiße Nacht«, sagte Bligh.

»Aye.«

Bligh für sein Teil hielt Williamson für einen Nörgler und Faulpelz.

»Welchen Kurs hat der Kapitän angegeben?«

»Süd, 18° Ost.«

»*Ost*?«

»So hat er es angegeben.«

»Danke, Mr. Williamson.« Bligh entfernte sich einige Schritte; dann blieb er plötzlich stehen. Er trat an die Reling und spähte angestrengt über das mondbeschienene Meer. Er glaubte ein Geräusch gehört zu haben, war sich aber nicht sicher. Wieder lauschte er. Hinter sich hörte er Schritte. Als er sich umwandte, sah er eine Gestalt näherkommen. »Wer da?« Aus einem unerfindlichen Grund hatte er plötzlich Angst.

»Phillips, Kamerad. Molesworth Phillips.«

Idiot, dachte Bligh und lauschte wieder. »Hören Sie etwas, Leutnant Phillips?«

»Ich glaube nicht.«

Plötzlich wußte Bligh, was er hörte. »So hören Sie doch!« sagte er aufgeregt. »Da drüben. Allmächtiger Gott.« Jetzt konnte er sogar die Brecher erkennen. »Sehen Sie das?«

»Brandung?«

»Brandung und Riffe. Holen Sie den Kapitän.« Bligh schrie den Offizier jetzt an: »Stehen Sie nicht herum! Holen Sie ihn!«

»Sie haben recht!«

Bligh fuhr herum und brüllte dem Rudergänger zu: »Hart Steuerbord!«

»Was ist los, Mr. Bligh?« ließ Williamson sich vernehmen.

»Brandung voraus. Anbrassen! Alle Mann an Deck. Geben Sie Alarm, Mr. Williamson.«

Cook hatte die Eintragungen in sein Tagebuch fast beendet, als er den Lärm und die Glocke hörte. Er eilte in den Salon und fand dort bereits Gore, King und Phillips vor.

»Brecher, Sir«, meldete der Offizier mit kalkweißem Gesicht und zitternden Gliedern. »Zwei Meilen voraus.«

Gefolgt von den anderen, stürmte Cook den Niedergang hinauf. An Deck hatte Bligh das Kommando übernommen und schrie Befehle in alle Richtungen.

»Brecher backbord voraus, Sir. Ich habe Kurs hart Steuerbord angeordnet.« Der Kapitän sah ihn wortlos mit versteinertem Gesicht an. »Der Ausguck war nicht besetzt«, fuhr Bligh fort. »Ich habe die Wassertiefe loten lassen – sechs Faden. Sir?«

Gore drängte an Cook vorbei. »Gut, Mr. Bligh. Hart angebraßt jetzt!«

»Aye, aye, Sir«, anwortete Bligh. »Hart anbrassen! Alle Mann zum Anholen der Brassen!«

Die Brassen wurden angeholt, schwerfällig kam das Schiff herum und ging auf den neuen Kurs. Das Tosen der Brandung entfernte sich. Bligh trat zu Cook. »Ich glaube, die Gefahr ist gebannt, Sir. Sollen wir die Segel reffen, Sir?«

Es dauerte eine Weile, bis Cook die Worte herausbrachte: »Aye, Segel reffen. Alle Mann bleiben bis zum Morgengrauen in Alarmbereitschaft.«

Ruhig dämmerte der Morgen herauf. Cook ging auf dem Achterdeck auf und ab. Bligh beobachtete ihn und trat zu Gore. »Das verstehe ich nicht.«

»Was verstehen Sie nicht?« fragte Gore, obwohl er wußte, was Bligh meinte.

»Seit ich zehn Jahre alt bin, bekomme ich zu hören, er sei der größte Seefahrer aller Zeiten.«

»Wollen Sie das etwa bezweifeln?«

»Er hätte das Schiff mit diesem Kurs fast auf ein Riff gesetzt. Bei ruhiger See. In hellem Mondlicht. Es muß von jemand anders die Rede gewesen sein.«

Gore erwiderte nichts.

Cook sah Bligh und winkte ihn zu sich. »Kommen Sie bitte auf einen Augenblick, Steuermann.«

»Sir?«

»Sie haben gute Arbeit geleistet, Mr. Bligh. Ich werde im Logbuch vermerken, daß Sie durch Ihr Eingreifen möglicherweise das Schiff gerettet haben.«

»Danke, Sir, aber da bin ich mir nicht ganz sicher.«

»Wie?«

»Ob es stimmt. Und ob es überhaupt erwähnenswert ist.«

Cook starrte ihn an. »Überlassen Sie es mir, zu entscheiden, was ich in mein Logbuch eintrage. Das wäre alles, Mr. Bligh.«

* * *

Die *Resolution* begann nun an allen Planken aus dem Leim zu gehen. Deshalb waren die Männer froh, als am 18. Oktober der Tafelberg vor ihnen auftauchte. Sie gingen in der Tafelbucht vor Anker und grüßten die Garnison mit dreizehn Salutschüssen. Das Vieh wurde zum Grasen an Land gebracht, dann machten sich der Schiffszimmermann und die Matrosen daran, das Schiff neu zu kalfatern. King und Webber richteten ein kleines Observatorium ein, um den Sonnenstand zu beobachten, Bligh kümmerte sich darum, daß frisches Brot und Gemüse an Bord kamen. Der südliche Frühling war mild, und der Geruch frischgemähter Wiesen und wilder Blumen wehte über das Wasser. Cook suchte in regelmäßigen Abständen den Eingang der Bucht mit seinem Fernrohr ab, aber von der *Discovery* war nichts zu sehen. Ab und zu schloß er sich King und Webber an, um sich abzulenken, allerdings ohne Erfolg: Er mußte ununterbrochen an Charles Clerke denken.

Drei Wochen vergingen. Das Schiff wurde so gut wie möglich verpicht, Vieh wurde gekauft und die Fehlweisung des Kompasses korrigiert. Endlos dehnte sich die Zeit des Wartens auf das Begleitschiff. Anfang November sank Cooks Hoffnung. Wenn die *Discovery* jetzt noch kam, *wenn* sie überhaupt kam, mußte auch sie erst neu kalfatert werden und Proviant für die bevorstehende lange

Reise aufnehmen. War Clerke nicht freigekommen? Vielleicht war das Schiff unter Clerkes Stellvertreter Leutnant Burnley ausgelaufen, aber Cook bezweifelte es. Da ertönte am Sonntag, dem 10. November, der dumpfe Schlag einer Kanone: Die *Discovery* war am Eingang der Bucht erschienen. Überglücklich stand Cook mit seinen Offizieren auf dem Achterdeck. Er setzte das Fernrohr ab und wandte sich lächelnd an Bligh: »Heißen Sie ein Signal, Mr. Bligh. An Kapitän Charles Clerke von HMS *Discovery*. Willkommen und Glückwunsch.«

Am Abend versammelten sich die Offiziere beider Schiffe im Salon der *Resolution*. Cook öffnete seinen besten Wein und ließ dazu ein exzellentes Mahl aus frischem Rindfleisch, Hammelfleisch und Gemüse servieren.

Leutnant Burnley stellte sich als liebenswürdiger Mann mit viel Charme und Witz heraus. Wenn Cook ihn reden hörte, fühlte er sich an die gute alte Zeit mit Joseph Banks erinnert.

»Wir liegen also mit gesetzten Segeln und beigedreht im Hafen von Plymouth«, erzählte Burnley, »da taucht aus dem Nebel diese Kutsche auf, und aus der Kutsche steigt Kommandant Clerke und brüllt, noch ehe er den Fuß auf den Boden gesetzt hat: ›Anker lichten. Wir fahren nach Kapstadt und in die Südsee.‹ Ich schwöre, es war bis zur Promenade von Plymouth zu hören, auf der Francis Drakes Geist gerade eine Bowling-Partie veranstaltet hatte...«

Cook lachte mit den anderen, nahm Clerke dann aber im allgemeinen Trubel beiseite. »Ist der junge Burnley auch ein guter Offizier?«

»Er ist intelligent, Sir, und bringt uns alle fortwährend zum Lachen. Sind Mr. King und Mr. Bligh brauchbar?«

»King ist ein fähiger Offizier und Bligh ein tüchtiger Steuermann.« Cook dachte an seinen Navigationsfehler und hörte die Brandung auf das Riff donnern. »Leider sind nicht alle so tüchtig.« Er ließ den Blick über die feiernden und zechenden Offiziere gleiten. »Lassen Sie uns in meine Kajüte gehen, Charlie.«

Im Licht der Laterne sah er Clerkes bleiche, eingefallene Wangen.

»Ich freue mich, wieder bei Ihnen zu sein, Sir.«

»Hoffentlich hat das Gefängnis keine schlimmen Folgen gehabt, Charlie?«

»Nur Alpträume. Die Erinnerung an die feuchte Zelle, an den Geruch und an die ständige Kälte. Ich versichere Ihnen, es war das letzte Mal, daß ich für die Schulden meines Bruders gebürgt habe.«

»Gottseidank konnte er seine Schulden bezahlen, sonst säßen Sie womöglich immer noch in diesem grauenvollen Kerker.«

»Ich glaube nicht, daß ich es noch viel länger ausgehalten hätte«, sagte Clerke ruhig.

»Wie war die Überfahrt?«

»Stürmisches Wetter, Sir. Ein Mann ging über Bord.«

»Ein Mann?«

»Ein Korporal der Seesoldaten.«

»Warum immer diese verfluchten Seesoldaten?«

»Sie wissen warum, Sir.«

»Die *Resolution* ist in beklagenswertem Zustand, Charlie. Sie leckt wie das sprichwörtliche Sieb – die Werft in Deptford hat katastrophal schlecht gearbeitet. Der junge Bligh hatte recht.«

»Bligh, Sir?«

»Er hat sich bei den Eigentümern der Werft beschwert, leider ohne Erfolg.«

»Wird die *Resolution* die Reise überstehen, Sir?«

»Ja, Charlie, das wird sie, aber ich bin heilfroh, das Sie mit uns fahren.« Er legte seine Hand auf Clerkes Schulter und spürte die Knochen durch die Uniform. »Essen Sie jetzt viel Fleisch und Gemüse, damit Sie wieder zu Kräften kommen. Haben Sie verstanden?«

Clerke grinste. »Jawohl, Kapitän.«

»Ende des Monats sollen wir auslaufen. Können Sie bis dahin genügend Proviant an Bord nehmen?«

»Mit Leichtigkeit, Sir.«

»Gut. Wir haben unser Schiff überholt, so gut es ging.« Cook brach ab und fuhr dann fort: »Wir fahren zunächst nach Süden, um nach den Inseln zu suchen, die Marion und Kerguelen entdeckt haben, und segeln dann mit dem Passat nach Van-Diemens-Land und zum Königin-Charlotte-Sund. Von dort geht es zu den Freundschafts-Inseln und nach Tahiti, und dann beginnt das eigentliche Abenteuer.« Wieder brach er ab. »Sie haben Post von Lord Sandwich und Banks mitgebracht. War kein Brief von meiner Frau dabei?«

»Nein, Sir«, erwiderte Clerke. »Leider nicht.«

16. Kapitel

Am 30. November verließen die *Resolution* und die *Discovery* Kapstadt und nahmen Kurs nach Südost auf die Inseln, die angeblich von den Franzosen entdeckt worden waren. Wenige Tage später kam stürmisches Wetter auf. Die *Resolution* verlor eine Marsstenge, die Schafe und Ziegen begannen zu sterben. Es wurde kalt, und wieder mußten warme Wolljacken an die Matrosen verteilt werden. Cook, Gore und Clerke waren solche Verhältnisse mittlerweile gewöhnt, aber die Neulinge an Bord klagten laut über den Frost. Nur King und Bligh verrichteten ihren Dienst ohne Murren. Williamson tat so wenig wie möglich. Cooks scharfem Auge entging das nicht; als erfahrener Seemann konnte er auf den ersten Blick beurteilen, wer ein potentieller Unruhestifter war. Williamson war nicht nur faul, er war auch gefährlich.

Auf dem 47. Breitengrad tauchten einige der von den Franzosen entdeckten Inseln auf. Cook vermaß sie flüchtig und setzte die Fahrt nach Südost fort. Es wurde klirrend kalt, und große Nebelbänke behinderten die Sicht. Da Cook keinerlei Absicht erkennen ließ, die Fahrt in gemäßigtere Breiten zu lenken, begann King sich Sorgen zu machen, sie könnten die *Discovery* verlieren. Er marschierte ständig mit seinem Fernrohr an Deck auf und ab. Darauf aufmerksam geworden, fragte Cook ihn: »Was macht Ihnen Sorgen, Mr. King?«

»Diese Gewässer sind neu für mich, Sir.«

»Das waren sie auch für mich einmal. Ich bin schon bis zum 67. Breitengrad nach Süden vorgedrungen. Seien Sie unbesorgt.«

Selbst für Cook war es allerdings eine gefährliche Fahrt, und sie kamen nur mühsam voran. Tag und Nacht ließ er nach Eisbergen Ausschau halten, aber noch war keiner der unheimlichen Kolosse aufgetaucht. Am Weihnachtsabend erreichten sie die Hauptinsel der Kerguelen mit ihren felsigen Höhen und zahlreichen Buchten.

Gewaltige Mengen von Seetang wurden von der Brandung über die Klippen gespült, die Ufer waren mit Pinguinen und Seehunden bevölkert. Letztere waren in den auf die Entdeckung der Insel folgenden Jahren allerdings durch die blutige Arbeit der Robben- und Walfänger stark dezimiert worden. Die Insel wurde flüchtig vermessen, und am 30. Dezember verließen die Männer den trostlosen Ort und nahmen Kurs auf Van-Diemens-Land. Cook ließ alle Segel setzen, da sie bereits einen Monat Verspätung hatten. Weiterhin starben die Tiere aus ›Bauer Georgs Zoo‹, in den Laderäumen faulten Segel und Proviant, und die Männer standen pausenlos an den Pumpen, um das eindringende Wasser wieder über Bord zu pumpen.

Während Bligh seine Arbeit mustergültig verrichtete, kam Molesworth Phillips mit seinen Seesoldaten nicht zurecht, und Williamson drückte sich nach wie vor, wo er nur konnte. Cook fürchtete, daß Williamsons gleichgültige Haltung den Rest der Mannschaft anstecken könnte. Er ließ deshalb eines Morgens Phillips kommen und stieg mit ihm zu den Ställen hinunter, wo Williamson mit seinen Männern Dienst tat.

»Na los, ihr Grünschnäbel«, brüllte Williamson über dem Lärm der Schafe, Rinder und Pferde, »bewegt euch und beschwert euch nicht bei mir, wenn es in diesem gottserbärmlichen schwimmenden Bauernhof stinkt wie die Pest. Ich habe es schon oft gesagt und sage es jetzt wieder, es ist eine hirnverbrannte Idee, einen Zoo auf See mitzunehmen.«

»Mr. Williamson?«

Der Offizier fuhr herum und sah den Kapitän vor sich stehen. »Sir?«

»Kommen Sie bitte einen Augenblick mit.« Sie gingen zur Seite. »Dieser Zoo, Mr. Williamson, dieser schwimmende Bauernhof, wie Sie es nennen, besteht aus Tieren, die Seine Majestät der König den Häuptlingen der polynesischen Inseln als Geschenk zugedacht hat.«

»Es ist nur der Gestank, Sir. Die Luft hier unten ist kaum zu ertragen.«

Cook musterte die wenig anziehende Gestalt vor ihm. »Das ist mir klar. Wir alle müssen ihn ertragen und werden froh sein, wenn wir die Tiere los sind. Bis dahin, Mr. Williamson, erwarte ich von meinen Offizieren Loyalität. Allerdings muß ich feststellen, daß Sie anscheinend in keiner Weise loyal sind.«

»Sir?«

»Haben Sie mich verstanden?«

»Aye, aye, Sir.«

Williamson ging zu seinen Männern zurück, und Cook wandte sich an Phillips. »Kommen Sie mit, Mr. Phillips. Ich möchte auch mit Ihnen sprechen.«

»Mit mir, Sir?«

»Jawohl.« Cook stieg den Niedergang hinauf, der junge Offizier folgte ihm. Auf Deck wehte eine frische Brise. Cook starrte auf die feinen Gesichtszüge und die klaren blauen Augen; der Gedanke an seine eigene niedere Herkunft gab ihm einen Stich. »Ich habe auf früheren Fahrten die Unarten der Seesoldaten bereits zur Genüge kennengelernt: Sie waren faul, haben sich nicht gewaschen und kannten keine Disziplin. Aber Ihre Soldaten, Sir, sind die schlechtesten, denen ich je begegnet bin. Ich hatte gehofft, Mr. Phillips, mit der Zeit auf Anzeichen zu stoßen, daß Sie wenigstens bemüht sind, diesen Herren etwas Anstand beizubringen, aber im Gegenteil, ihre Verfassung verschlechtert sich täglich. Mit einem Wort, Sir, Ihre Soldaten sind Abschaum, kaum wert, in Ställen zu leben. Wenn sich dieser Zustand nicht sofort spürbar bessert, werde ich Sergeant Gibson befördern und an Ihre Stelle setzen.«

»Aber Kapitän, mein Patent wurde auf völlig legalem Wege gekauft.«

»Nicht von mir, Sir. Nicht von mir.«

* * *

Am 10. Februar 1777 gingen sie an ihrem alten Platz im Königin-Charlotte-Sund vor Anker. Clerke kam an Bord und teilte Cook mit, daß ein weiterer Mann über Bord gegangen sei – ansonsten ging es der Mannschaft gut. Clerke hatte wieder etwas mehr Fleisch auf den Knochen, er sah weniger geschwächt aus und war bester Laune. Cook erinnerte sich an den nachlässigen Furneaux und dankte wieder seinem Schicksal, das ihm mit Clerke einen hervorragenden Seemann an die Seite gestellt hatte.

Zusammen mit Gore, Clerke, King und Webber begab er sich an Land. Obwohl der Garten mit Unkraut überwuchert war, konnten sie einige Kartoffeln und Kürbisse ernten. Dazu gab es wie gewohnt große Mengen an wilder Sellerie und Löffelkraut. Die Männer stiegen auf eine Anhöhe und blickten über die Meerenge. Cook erinnerte sich an die Zeiten mit Banks und Solander, an ihre Sammelleidenschaft und an die hitzigen Diskussionen, die ausgebrochen waren, wenn die Botaniker verlangt hatten, an den unmöglichsten Stellen an Land zu gehen. Es waren gute Zeiten gewesen; er vermißte Banks mehr, als er für möglich gehalten hätte. Dann dachte er an Elizabeth: War das Kind schon geboren? Die Tagebücher waren inzwischen sicher veröffentlicht worden. Hoffentlich hatte Mr. Cadell damit Erfolg gehabt. Die Maoris fielen ihm ein. Auf der letzten Reise hatte Furneaux im Königin-Charlotte-Sund einige Männer durch Maori-Kannibalen verloren. Vielleicht erwarteten die Maoris jetzt, daß Cook sich dafür rächte. Aber das hatte er nicht vor. Was geschehen war, ließ sich nicht ungeschehen machen, und die Engländer waren überall auf die Freundschaft der Eingeborenen angewiesen.

Die Männer nahmen so viel frisches Gemüse an Bord, wie sie ernten konnten, und die Lecks der *Resolution* wurden abgedichtet. Am 25. Februar verließen sie den Sund und nahmen Kurs auf Tonga und die Gesellschafts-Inseln.

Diesmal stand der Wind ungünstig. Sie hatten mit Westwind gerechnet, aber Ostwind kam auf, und an vielen Tagen fegten Böen aus allen Himmelsrichtungen heran. Die Fahrt ging langsam und zäh vonstatten. Cook hatte gemeint, die Winde der südlichen Meere zu kennen, aber im Jahre 1777 schien alles verkehrt. Sie hatten jetzt deutliche Verspätung, von ihrer planmäßigen Position aus betrachtet. Cook war obendrein lustlos und verdrossen, und seine Gelenke schmerzten. Auch die beiden vorangegangenen Unternehmungen hatten ihre Schattenseiten gehabt, aber diese Fahrt schien die unerfreulichste von allen zu werden. Im Schneckentempo schoben sie sich nach Norden vor, und Cook machte sich zunehmend Sorgen. Das Vieh verhungerte, das regnerische und stürmische Wetter schien nicht enden zu wollen. Am 28. April endlich brach ein wolkenloser Tag an, und die Riffe und Palmenstrände von Tonga tauchten am Horizont auf. Neugierig standen die Matrosen an der Reling und begrüßten mit lautem Freudengeschrei die den Schiffen entgegenkommenden Kanus, in denen singende Eingeborene saßen. Auch Gore und Clerke waren begeistert: Das war der Pazifik, wie sie ihn kannten.

Das Vieh wurde zum Weiden an Land gebracht, Gore und Bligh brachten einen schwungvollen Tauschhandel mit den Inselbewohnern in Gang. Die Insel war reich an Kokosnüssen und den verschiedensten Gemüsen, und die Bucht wimmelte von Fischen. King und Webber bauten die Zelte für ihr Observatorium auf, während Cook Finau, dem König von Tonga und hundertdreiundfünfzig weiteren Inseln, einen Besuch abstattete. An Land liefen die Vorbereitungen für eine Reihe von Festlichkeiten. Cook war bereits zweimal hier gewesen und freute sich, daß ihm abermals ein so herzlicher Empfang bereitet wurde. Es tat gut, sich am Strand die Beine zu vertreten, beim Essen festen Boden unter den Füßen zu spüren und in der Sonne zu liegen. Die monotone Zeit auf See, das mühsame Kreuzen gegen den Wind waren schnell vergessen. Sogar Cooks Laune besserte sich, obwohl seine Gelenkschmerzen trotz des warmen Wetters unvermindert anhielten.

Von Anfang an war allerdings klar, auf Tonga wurde so hemmungslos gestohlen, daß die Tahitianer als ehrliche Leute erscheinen mußten. Der Schiffszimmermann meldete den Verlust von Werkzeugen, Kleider verschwanden, und Messer wurden entwendet: Nichts war vor den Insulanern sicher. Phillips wurden sogar die Knöpfe von der Uniform geschnitten. Verglichen mit den Bewohnern Tongas, waren die Taschendiebe aus dem Ostteil Londons blutige Anfänger.

Gleichzeitig begegneten die Eingeborenen den Europäern mit der größten Freundlichkeit. Sie ließen ihnen großzügige Lebensmittelgeschenke zukommen und unterhielten sie Tag und Nacht mit den verschiedensten Vorführungen. Die Tongaer waren stolz auf ihre Fertigkeit im Boxen und Ringen. Männer und Frauen waren groß und stark, und so konnten die Matrosen allnächtlich aufregenden Wettkämpfen beiwohnen, wobei unter lautem Gejohle Wetten abschlossen wurden. Cook revanchierte sich mit einem Feuerwerk, und Phillips ließ seine Seesoldaten und die Kapelle einige in aller Eile einstudierte Märsche spielen. Die Diebstähle hielten freilich an. Als die dritte Woche vergangen war, rief Cook seine Offiziere zu einer Besprechung zusammen.

»Was wurde bisher gestohlen?«

»Ich habe eine Liste zusammengestellt, Sir«, erwiderte Gore. »Mr. Bligh hat sie.«

»Hier ist die Liste, Sir. Fast alle haben etwas verloren.« Bligh reichte ihm die Liste, und Cook ging sie sorgfältig durch. Über fünfzig Gegenstände waren abhanden gekommen.

»Stehlen die Eingeborenen immer so viel?« wollte Phillips wissen.

Bligh verdrehte verächtlich die Augen, und Gore erwiderte: »Es ist ein Spiel, das in ganz Polynesien gespielt wird.«

Clerke meldete sich zu Wort: »Die Burschen sind an Bord meines Schiffes geklettert. Sie haben alle vier Katzen geklaut, aber die Ratten haben sie zurückgelassen.«

Die Männer lachten, nur Cook runzelte die Stirn.

»Es ist kindisch und ärgerlich, ich weiß«, meinte Gore, »aber wir werden es den Eingeborenen nie abgewöhnen können.«

»Da bin ich anderer Meinung, Mr. Gore.« Cook sah auf. »Auch mit Ihrer Bezeichnung ›Spiel‹ bin ich nicht einverstanden.«

»Ich denke, Sie wissen, wie ich es gemeint habe, Sir.«

»Diebstahl ist kein Spiel, Sir, und ich bin nicht bereit, diese Vergehen länger zu dulden. Drei Wochen waren diese Teufel jetzt am Werk.«

»Andrerseits haben die Eingeborenen uns schon viele Geschenke gemacht, Sir. Das müssen Sie anerkennen.«

»Wenn sie freigebig sind, ist das ihre Sache. Mich interessiert nur, daß wir nach und nach unsere gesamte Ausrüstung verlieren. Ich darf Sie alle daran erinnern, daß wir im Auftrag des Königs fahren und nicht auf Urlaub hier sind. Und Diebstahl ist überall ein Verbrechen.« Cook wandte sich an Bligh: »Stimmt es, daß ein Dieb an Bord gefaßt wurde?«

»Jawohl, Sir. Er wollte Hühner stehlen, und als sie laut zu gackern begannen, drehte er ihnen den Hals um. Dabei haben wir ihn erwischt.«

Die Offiziere grinsten, bis sie merkten, daß Cook nicht mitlachte. »Der Dieb wird morgen an Land gebracht und öffentlich ausgepeitscht.«

John Gore war auf Tahiti dabeigewesen und wollte jetzt seinen Ohren nicht trauen. »Ausgepeitscht, Sir?«

»Richtig, Mr. Gore. Ausgepeitscht. Ein Dutzend Hiebe. Ich darf Sie daran erinnern, daß ein Matrose für ein solches Vergehen mehr bekommen hätte.«

»Aber Sir – die Eingeborenen – wir haben noch nie Eingeborene auspeitschen lassen.«

»Und deshalb hören sie auch nicht auf zu stehlen.«

»Aber sie werden die Strafe nicht verstehen.«

»Ich werde ihrem Verständnis nachhelfen und sie erziehen. Ordnung muß ein. Zwölf Hiebe, Mr. Bligh.«

»Aye, aye, Sir.«

Am nächsten Morgen hatte sich eine riesige Menschenmenge am Strand versammelt. Die Seesoldaten, Offiziere und Matrosen waren zum Rasseln der Trommeln angetreten. Heiß brannte die Sonne herunter, der Schweiß lief den Männern über das Gesicht und tränkte die fadenscheinigen Uniformen. Gore konnte immer noch nicht begreifen, was geschah; für ihn war es ein Alptraum. Der Tongaer wurde an einen Pfahl gebunden, der Schiffsprofos hob die neunschwänzige Katze. Die Trommeln verstummten, und Cook sagte: »Sergeant Gibson, verkünden Sie den Eingeborenen das Urteil. Erklären Sie den Grund und sagen Sie ihnen, daß von jetzt an alle Diebe und Missetäter streng bestraft werden.«

Gibson übersetzte Cooks Worte. Die Menge schien nicht beeindruckt. Nun trat der Profos vor und begann mit seiner Arbeit. Der Togaer schrie auf vor Schmerz, als die Peitsche in seinen Rücken biß. Gore und Cook zuckten zusammen, allerdings nicht wegen der Schreie des Mannes: Die Menge hatte begonnen zu lachen. Diese Menschen hatten mit den Tahitianern nichts gemein.

* * *

Die Diebereien gingen weiter. Die Strafe hatte nicht die geringste Wirkung gehabt. Obwohl König Finau und seine Häuptlinge den Offizieren auf all ihren Wegen Schutz zugesichert hatten, verschwanden weitere Ausrüstungsgegenstände. Musketen kamen abhanden, zwei Matrosen wurden sogar überfallen und ausgeraubt. Selbst William Bligh büßte seine Feuerwaffe ein, obwohl Cook alle Offiziere zu größter Vorsicht ermahnt hatte. Als die Diebstähle auf Möbel, Werkzeuge und anderes Gerät an Bord der Schiffe übergriffen, suchte Cook verzweifelt nach einer wirkungsvolleren Strafe. Was war zu tun? Er wußte, daß Gore mit seiner Behauptung recht hatte, daß die Polynesier Gewohnheitsdiebe seien, aber er wollte sich nicht damit abfinden. Der König und seine Häuptlinge waren mit Pferden und Rindern beschenkt worden, und im Gegenzug wurden die Europäer nach und nach ausgeplündert. Obwohl Cook Gewalt verabscheute, fühlte er sich genötigt, zu immer härteren Mitteln zu greifen. Clerke hatte vorgeschlagen, den Dieben die Köpfe kahl zu scheren, hatte aber mit dieser Strategie nur teilweise Erfolg gehabt. Am Ende des zweiten Monats ordnete Cook weitere Auspeitschungen an. Einigen Dieben wurden die Ohren abgeschnitten, andere wurden in Eisen gelegt, wieder anderen wurden die Arme mit Messern aufgeschlitzt. Der Erfolg war gering. Cook ließ ein paar Häuptlinge als Geiseln gefangennehmen und hoffte auf dieselbe Wirkung wie in Tahiti. Doch auch diese Maßnahme blieb erfolglos. Der einzige Erfolg war, daß die über Jahre hinweg aufgebaute Freundschaft mit den Eingeborenen immer mehr ausgehöhlt wurde.

Wieder kam es zu einem tätlichen Angriff. Diesmal wurden zwei

Matrosen der *Resolution* schwer verletzt und ausgeraubt. Bligh und Gibson trafen als erste am Tatort ein. Gibson befragte die Dorfbewohner, bekam aber keine Antwort. Die Schuldigen wurden nicht gefunden. Als Cook und Gore eintrafen, zeigten die Eingeborenen sich mürrisch und verschlossen. Phillips und die Seesoldaten standen hilflos herum, Gore suchte nach Rechtfertigungen für das Verhalten der Eingeborenen, und Bligh fiel ausnahmsweise gar nichts ein. Es war ein schwüler Nachmittag, am Himmel zog ein Gewitter auf. Wortlos standen Europäer und Polynesier einander gegenüber. Dann faßte Cook einen Entschluß.

»Also gut. Weitere Angriffe auf meine Männer werde ich nicht dulden. Ich habe diese Leute gewarnt. Sagen Sie ihnen, Gibson, daß ich das Dorf niederbrennen lasse.« Gibson zögerte. »Sagen Sie es ihnen, Sergeant!«

Gore trat einen Schritt vor, blieb aber stehen, als er Cooks Blick starr auf sich gerichtet sah. Brennende Fackeln wurden auf die Grashütten geworfen, Stichflammen loderten auf, als die Dächer einstürzten und die Hütten in sich zusammenfielen. Schreiend liefen Männer, Frauen und Kinder durcheinander. Die Hitze war so sengend, daß sogar die Hunde der Eingeborenen sich mit eingezogenen Schwänzen unter den Büschen verkrochen. Im Gehen rief Cook über die Schulter: »Sergeant Gibson und Mr. Gore, Sie bleiben und sorgen dafür, daß die Strafe vollstreckt wird. Ich will, daß kein einziger Pfosten stehenbleibt.«

17. Kapitel

John Gore machte sich Sorgen. Er kannte Cook seit über sechs Jahren und hielt sich nach Clerke für einen der engsten Vertrauten des Kapitäns. Im Unterschied zu den meisten anderen Kapitänen der Navy hatte Cook Auspeitschungen nach Möglichkeit stets vermieden und, obwohl er auf Disziplin Wert legte, selten zu Gewaltmaßnahmen gegriffen. Gore wußte noch, wie milde Cook zu Gibson nach dessen Desertion auf Tahiti gewesen war und welche Menschlichkeit er gegenüber den Schwarzen von Botany Bay gezeigt hatte. Cook war den Eingeborenen immer mit tiefem Verständnis begegnet, seit sie zum ersten Mal in der Matavai-Bucht an Land gegangen waren. Gore wußte, daß Banks Cook deshalb verehrte und liebte und daß Sir Hugh Palliser ähnliche Gefühle hegte. Was hätten die beiden gesagt, wenn sie die Einäscherung des Dorfes miterlebt hätten? Gore verstand seinen Kapitän nicht mehr.

William Bligh machte sich weniger Sorgen um die Niederbrennung des Dorfes als um das Ziel ihrer Reise. Der Vorfall vor den Kapverdischen Inseln, die Pfuscherei der Werft in Deptford und die Unfähigkeit Leutnant Phillips' und seiner Seesoldaten wollten ihm nicht aus dem Sinn. Er hatte Kapitän Cook immer als den besten Seefahrer aller Zeiten verehrt, als den Helden der Meere, aber anscheinend hatte er sich getäuscht. Zwei Winter in der Arktis standen bevor, während der die Schiffe in unbekannten und gefährlichen Gewässern kreuzen würden. Auf Cooks Nachlässigkeit war es zurückzuführen, daß die *Resolution* sich in einem bedenklichen Zustand befand. Mit Clerkes Gesundheit stand es auch nicht nicht zum besten, und Cook hatte nicht vermocht, den Diebereien der Eingeborenen Einhalt zu gebieten. Er hatte nach Blighs Ansicht doppelt versagt, sowohl in Sachen Disziplin wie in der gründlichen Vorbereitung und Durchführung der Reise.

Eine gedrückte Stimmung hatte sich der Offiziere bemächtigt, als die beiden Schiffe am 17. Juli 1777 nach Tahiti aufbrachen. Gore konnte nur hoffen, daß der vertraute Anblick dieser Inseln und das dortige Klima die Laune des Kapitäns bessern würden. Auf der Weiterfahrt nach Westen hatten sie diesmal günstigere Winde. Am 23. August gingen sie in der Matavai-Bucht vor Anker. Cook und Gore standen an der Reling und sahen zur Küste hinüber. Kanus hatten vom Strand abgelegt und kamen rasch näher. Die Matrosen hingen in der Takelage und atmeten tief die aromatischen Düfte ein, die über das tiefblaue Wasser der Lagune zu ihnen herüberwehten. Hoch in den Bergen stiegen Rauchsäulen von Feuern auf. Cook und Gore sogen den Anblick in sich auf, und die gedrückte Stimmung wich von ihnen.

»Geben Sie der *Discovery* ein Signal«, sagte Cook. »Suchen Sie einen sicheren Ankerplatz. Ich gedenke hier zu überwintern.« Lächelnd blieb Gore noch einen Augenblick stehen. »Mr. Gore, das Signal.«

»Aye, aye, Sir.« Gores Freude, wieder in Tahiti zu sein, war nicht ungetrübt. Er hoffte inbrünstig, daß die Eingeborenen diesmal weniger stehlen würden, aber er wußte, daß seine Hoffnung kaum in Erfüllung gehen würde.

In Fort Venus wurde das Observatorium aufgebaut, ein Garten wurde mit Gemüse bepflanzt. Der beschädigte Mast der *Resolution* wurde ausgebessert, und das unvermeidliche Kalfatern der leckenden Ritzen im Schiffsrumpf konnte beginnen. Die letzten Tiere wurden an Land gebracht, unter ihnen die Pferde. Clerke und Cook sahen deren Verladung von der Reling der *Resolution* aus zu.

»Wie steht es um Ihre Gesundheit, Charlie?«

»Es geht mir bereits viel besser, Sir.«

»Wie wäre es mit einem kleinen Ausritt?«

Clerke grinste. »Mit größtem Vergnügen.«

»Also auf. Aber zuerst müssen wir die Pferde dem König überbringen.«

Am Strand erwartete sie eine riesige Menge, allen voran König Tu und seine Häuptlinge. Die tahitischen Mädchen waren so schön wie eh und je; alte Freundschaften wurden erneuert und neue entstanden. Gore hatte Parita bereits in der Menge entdeckt, und auch Gibson hatte sein Mädchen wiedergefunden. Bligh sah dem Treiben stumm zu. Er befürchtete, daß über kurz oder lang Desertion zu einem ernsten Problem werden könnte. Was wollte der Kapitän dagegen tun?

Cook stand am Ufer und freute sich über das freundliche Willkommen. Er wandte sich an Gore: »Sagen Sie dem König und den Häuptlingen, daß die Pferde ein Geschenk König Georgs von Großbritannien sind.«

Gore übersetzte, und Tu und die Häuptlinge waren entzückt. Nachdem auch die Rinder und Schafe feierlich übergeben worden waren, ergriff Clerke das Wort: »Mr. Gore, würden Sie dem König bitte sagen, daß der Kapitän und ich ihm die Pferde Seiner Majestät vorführen möchten und zu diesem Zweck am Strand ein Rennen veranstalten werden? Das hatten Sie doch gemeint, Sir?«

Cook lächelte. »So ist es.«

Nun schwangen sich Cook und Gore auf zwei Pferde und trabten zu einer entfernten Stelle des Strands, wo die Brandung sich am Riff brach. Gibson hob ein Taschentuch als Zeichen, und die beiden Männer gaben ihren Pferden die Sporen. Im Galopp preschten sie durch die frische, salzige Luft. Cook fühlte sich an seine Ritte über die Heide und die Ländereien des Königs erinnert. Clerke gewann mit deutlichem Vorsprung, und die Menge johlte begeistert, als zuerst er und dann Cook ihre Pferde in einer Sandfontäne zum Stehen brachten. Lachend schwang Cook sich aus dem Sattel. Doch als er sich zu Clerke umdrehte, sah er, wie dieser sich in einem schrecklichen Hustenanfall krümmmte. Gore und King stürzten herbei und brachten den jungen Kommandanten eilends in der Barkasse zur *Resolution*. Auf dem Weg durch die Bucht betete Cook, daß es nichts Ernstes war. Wenn Charles Clerke starb, würde er seinen besten Freund verlieren.

Clerke mußte den Oberkörper freimachen; dann beugte sich Doktor Anderson über ihn. Cook stand daneben. Anderson war bereits auf der letzten Reise dabeigewesen, Cook vertraute ihm vollkommen.

»Wann haben Sie so einen Hustenanfall zum ersten Mal gehabt?« fragte Anderson.

»Das ist schon Monate her. Kurz bevor wir Neuseeland verließen.«

»Blut im Husten?«

»Gelegentlich.«

»Sie können sich wieder anziehen, Kapitän. Sie haben die Schwindsucht. Aber ich nehme an, Sie haben sich das bereits gedacht.«

»Ja.«

»Eine Folge der Haft?« fragte Cook.

»Aller Wahrscheinlichkeit nach«, erwiderte Anderson.

»Denken Sie sich nichts dabei«, sagte Clerke und versuchte ein Lächeln. »Ich werde es überleben.«

Cook war weniger zuversichtlich. »Bei Gott, ich wünschte, wir könnten Sie heimschicken. Leider ist das unmöglich. Aber ich fürchte die Auswirkungen der Reise nach Norden, in die Kälte der Arktis.«

»Die Reise könnte für Mr. Clerke tödlich enden«, sagte Anderson.

»Unsinn!« fiel Clerke ihm ins Wort. »Sie sehen zu schwarz. Ich habe vor, ein hohes und würdiges Alter zu erreichen.«

Cook wandte sich ab. *Ein hohes und würdiges Alter.* War ihm selbst ein solches Alter beschieden?

* * *

Bligh beobachtete das Treiben der Matrosen und tahitischen Frauen mit kühlem Interesse. Von Disziplin konnte seiner Meinung nach keine Rede mehr sein: Fast alle, einschließlich Leutnant Gores, hatten ihr Mädchen. Bligh konnte darüber nur den Kopf schütteln. Ein Offizier sollte sich nicht dazu herablassen, mit den Frauen der Eingeborenen zu verkehren. Es kränkte Bligh, daß Cook nichts dagegen unternahm. Sein einziger Trost war, daß anscheinend auch Molesworth Phillips außerstande war, mit einem Mädchen anzubändeln. Der junge Steuermann beschloß, seine Zeit nutzbringend zu verwenden – er wollte Pflanzen sammeln. Den Versuchungen des Fleisches würde er nicht erliegen.

Bligh suchte also am Strand nach Pflanzen, während die Matrosen die Mädchen umschwärmten und ihnen verliebte Blicke zuwarfen. Er wollte gerade einige Sträucher in der Barkasse verstauen, als er Williamson auf sich zukommen sah. Zum Ausweichen war es zu spät.

»Ich wußte gar nicht, daß Sie auch ein Naturforscher sind.«

»Ich interessiere mich immer mehr dafür.«

Williamson ließ sich auf dem Dollbord der Barkasse nieder und fuhr mit der Hand durch seine ungekämmten Haare. Bligh stellte fest, daß die Uniform des Offiziers schmutzig und zerrissen war. »Irgendwie muß man die Zeit ja totschlagen«, fuhr Williamson fort. »Wie lange bleiben wir denn Ihrer Meinung nach noch hier?«

Steif stand Bligh neben der Barkasse. »Wie Sie, Mr. Williamson, führe ich nur aus, was mir aufgetragen wird. Sie fragen also besser den Kapitän selbst.«

Aber Williamson beharrte auf seiner Frage. »Ich frage Sie als Steuermann. Ist es nicht zu spät, dieses Jahr noch in die Arktis aufzubrechen?«

»Das wird der Kapitän wohl selbst am besten wissen«, erwiderte Bligh ausweichend.

»Glauben Sie?«

Bligh wünschte, Williamson würde seiner Wege gehen. »Ich weiß wirklich nicht, was ich glauben soll. Den Passat können wir aufgrund unserer Verspätung nicht mehr ausnützen.«

»Sehen Sie«, entgegnete Williamson, »und Cook ist das anscheinend egal. Ich bin ebenso wie Sie von ihm enttäuscht.«

Bligh starrte ihn an. »Das habe ich nicht gesagt, Sir, und werde es auch nicht sagen. Seien Sie also vorsichtig mit dem, was Sie mir unterstellen.« Abrupt drehte er sich um und entfernte sich über den Strand. Auch wenn der Kapitän Fehler machte, war das kein Grund, es an Loyalität fehlen zu lassen.

An diesem Abend brütete Cook in der Kajüte über den Seekarten. Vor sich hatte er die Müllersche Karte ausgebreitet, auf der die russischen Entdeckungsreisen und die Routen Berings und Tschirikows eingezeichnet waren. Sorgfältig studierte er Buchten, Fjorde und Flüsse. Es gab dort zahlreiche Inseln, viel mehr als im südlichen Pazifik. Die Navigation würde also im Norden schwieriger sein; andererseits sollte es Berichten zufolge dort weniger Treibeis geben als in der Antarktis. Cook fuhr mit dem Finger den 66. Breitengrad entlang. War hier eine Passage? Und würde es diesmal gelingen, durch die Passage nach Westeuropa zu gelangen? Sein Lebenswerk würde damit einen krönenden Abschluß finden.

Cook war müde und konnte sich nicht mehr auf die Karte vor ihm konzentrieren. Clerke fiel ihm ein. James Burnley war zweifellos ein fähiger Offizier, aber Clerke zu verlieren – die Folgen waren unausdenkbar. Dann mußte er an die Tongaer denken, an ihre ständigen Diebstähle und tätlichen Übergriffe. Auch die Tahitianer hatten ihre alte Gewohnheit nicht aufgegeben – Clerke hatte wieder damit angefangen, Dieben die Schädel kahl zu rasieren, um sie der Lächerlichkeit preiszugeben. Cook rollte die Karte zusammen und legte sich auf seine Koje. Zum ersten Mal dachte er daran, ob es vielleicht besser gewesen wäre, auf Banks' Rat zu hören. Und Elizabeth? Hoffentlich ging es ihr gut. Die Luft in der Kajüte war stickig, Cook stand auf und öffnete das Fenster. Von der *marae* drangen Geschrei und Gelächter über die stille Bucht. Cook erinnerte sich an die ausgelassenen Abende im Salon der *Endeavour*, an die vielen Pflanzen der Botaniker und an die amüsanten Reden, die Banks gehalten hatte. Bei all seinen Fehlern, der Mann war der beste Gesellschafter gewesen, den er sich denken konnte. Cook legte sich wieder auf seine Koje und lauschte dem Glucksen des Wassers. Aber er fand keinen Schlaf. Bei all seinen Fehlern ... Hatte er selbst denn keine Fehler?

Der nächste Tag brach an. Von Bligh gerufen, stieg Cook den Niedergang in den Schiffsbauch hinunter. Schon von weitem hörte er den hitzigen Wortwechsel zwischen Bligh, Phillips, Williamson und einem Seesoldaten.

»Ihre Entschuldigungen interessieren mich nicht«, sagte Bligh gerade, »ich habe nach dem Kapitän geschickt.«

»Das war keineswegs notwendig«, ließ sich Williamson vernehmen, »Sie nehmen sich zu viel heraus, junger Mann.«

Cook seufzte. Konnte kein Tag vergehen, ohne daß es Streit gab? »Was gibt es?«

»Alles in Ordnung, Sir«, erwiderte Phillips, aber man sah ihm an, daß er log.

»Nur ein unbedeutender Diebstahl.« Auch Williamson schien etwas zu verbergen.

»Da bin ich anderer Meinung«, sagte Bligh.

Cook hatte genug. »Wollen Sie mir jetzt gefälligst sagen, was passiert ist?« Bligh schien als einziger vertrauenswürdig. »Was geht hier vor, Mr. Bligh?«

Phillips hatte den Seesoldaten am Arm gepackt. »Eine Kleinigkeit, Sir.«

Cooks Blut geriet in Wallung. »Überlassen Sie mir die Entscheidung, was eine Kleinigkeit ist, Sir. Mr. Bligh?«

»Unsere Ziege, Sir.«

»Wo ist sie?«

»Das ist es ja, Sir. Sie wurde gestohlen.«

»Wurde was?«

»Die Eingeborenen, letzte Nacht«, ergänzte Phillips.

»Sie haben die Ziege gestohlen?« Cook knirschte mit den Zähnen vor Wut. »Wir schenken ihnen Schafe, Kühe und Pferde, und sie schleichen sich an Bord und stehlen unsere Ziege?«

Bligh nickte. »So ist es, Sir.«

»Und das nennen Sie eine Kleinigkeit, Mr. Williamson? Wer hatte Wache?«

Phillips schob den Seesoldaten vor. »Dieser Mann, Sir.«

»Er hat geschlafen«, sagte Bligh.

Cook musterte den kleinen Mann vor ihm. Er kam aus den Londoner Elendsvierteln, hatte faulige Zähne und leer dreinblickende Augen und war mit einer zerrissenen Uniform bekleidet. »Legen Sie ihn in Eisen, Mr. Phillips.«

»Was, Sir?«

Cook trat dicht vor Phillips. »Hören Sie schlecht, Leutnant? Ich sagte, legen Sie ihn in Eisen. Er bekommt drei Tage lang ein Dutzend Hiebe täglich.«

Der Seesoldat begann zu zittern, und Phillips wollte protestieren: »Aber, Sir ...«

»Himmeldonnerwetter, haben Sie nicht gehört, was ich gesagt habe?« brüllte Cook. Er wandte sich an Williamson. »Sie waren der wachhabende Offizier, Sie werden mir deshalb helfen, gegen die Diebe vorzugehen. Machen Sie die Boote klar.«

Williamson unternahm einen letzten Versuch. »Sir...«

»Ich sagte, machen Sie die Boote klar. Los, bewegen Sie sich.«

Die Männer stiegen zum Deck hinauf. Cook schäumte vor Wut.

»Ich brauche drei Abteilungen Seesoldaten, Mr. Bligh, und sie müssen alle bewaffnet sein. Leutnant Gore und Sergeant Gibson werden unsere Dolmetscher sein.«

»Beide sind nicht an Bord, Sir. Ich glaube, sie sind zu ihren Freundinnen an Land gegangen.«

»Sie wissen selbst, was in diesem Fall zu tun ist, Mr. Bligh. Finden Sie sie.« Mit geballten Fäusten und weißem Gesicht entfernte sich Cook.

Leutnant Phillips, die bewaffneten Seesoldaten und Cook mit einer doppelläufigen Schrotflinte in der Hand stiegen in die Barkasse, Williamson und ein Trupp ebenfalls bewaffneter Matrosen folgten im Kutter. Der Kapitän starrte schweigend geradeaus, Phillips machte ein verängstigtes Gesicht. Nur Williamson war freudig erregt: Endlich passierte etwas. Am Strand wurden sie von Bligh, Gore und Gibson erwartet. Cook sprang auf den Sand und sagte: »Geben Sie den Eingeborenen bekannt, daß ich die Ziege bis Mittag zurück will. Wenn sie bis dahin nicht beigebracht ist, werde ich ihre Kanus verbrennen.«

Gore wurde blaß. »Sir, die Kanus sind für die Eingeborenen lebenswichtig. Ohne sie...«

Auch Gibson versuchte, zur Mäßigung zu raten. »Könnten wir nicht statt dessen Geiseln nehmen, Sir?«

»Ich lasse mir von Ihnen nicht vorschreiben, was ich zu tun habe. Ich sagte, die Kanus werden verbrannt und danach die Dörfer, wenn es notwendig sein sollte. Ich zünde die ganze Insel an, wenn ich die gestohlene Ziege nicht zurückbekomme.« Gore und Gibson wandten sich an die Eingeborenen und teilten ihnen das Ultimatum mit. Dem Leutnant wurde das Herz schwer, als er die Gesichter seiner unschuldigen Freunde sah. Er fürchtete, daß sie mit diesen Maßnahmen einen Weg beschritten, auf dem es keine Umkehr mehr gab.

Als die Ziege bis Mittag nicht zur Stelle war, begann das Zerstörungswerk. Mit ihren Äxten schlugen Williamson und seine Männer auf die mit kunstvollen Schnitzereien verzierten Kanus ein und zertrümmerten die Planken. Sie zerstörten alle Kanus, die sie fanden – in den Dörfern oder am Strand. Die Männer aus den Armenvierteln und Dörfern Englands waren mit Eifer bei der Sache. Später am Nachmittag wurden die ersten Hütten angezündet. Als der Abend hereinbrach, war die ganze Küste in den Schein des Feuers getaucht. Frauen und Kinder waren in die Berge geflohen. Cook wartete neben der Barkasse, als Williamson und seine Männer schwitzend und rußbedeckt zurückkehrten.

»Zwanzig Häuser verbrannt, Sir«, meldete Williamson, »und über ein Dutzend Kanus zerstört. Sollen wir weitermachen?« Cook dachte daran, was er getan hatte: Sein Werk stand unter keinem guten Stern. »Ihre Befehle, Sir?«

»Wir kehren zum Schiff zurück, Mr. Williamson.«

Leutnant King hatte Wache und patrouillierte auf dem Achterdeck hin und her. Das Feuer schwelte immer noch, und der Wind trieb dicke Rauchschwaden nach Norden auf die Berge zu. Wie viele unschuldige Menschen mochten dort ihre Kanus und ihre Häuser verloren haben? Cook war nicht der Mensch, den King sich vorgestellt hatte. Auch von den Begleitumständen der Reise war King enttäuscht. Die Stimmung an Bord war gedrückt, und die Männer waren verdrossen. Was war aus dem Mann geworden, von dem Mr. Banks ihm erzählt hatte? Aus dem einfühlsamen Kapitän, der die Eingeborenen so gut verstand und sich für Naturgeschichte interessierte? Cook unterschied sich in Kings Augen nicht von jedem beliebigen anderen Offizier der Navy. Er hörte hinter sich Schritte. Als er sich umdrehte, sah er Cook näherkommen.

»Alles ruhig, Sir.«

»Gehen Sie nach unten, Mr. King, und essen Sie zu Abend. Ich übernehme die Wache.«

»Aye, aye, Sir. Danke, Sir.«

Cook starrte zum Strand hinüber. Hatte er eine andere Möglichkeit gehabt? Gore trat neben ihn.

»Leutnant?«

»Ihre Befehle für morgen, Sir.« Gores Stimme war kalt.

»Sie glauben, daß ich zu streng gewesen bin. Sie glauben, daß es ein nichtiger Anlaß war. Habe ich recht?« Als Gore schwieg, fuhr Cook fort: »Die Eingeborenen weigern sich, meine Autorität anzuerkennen. Wenn ich jetzt nachgebe, werden die Diebstähle niemals aufhören.«

»Die Ziege hat nicht einmal Milch gegeben, Sir.«

»Ich hatte gehofft, Sie würden mich verstehen, Mr. Gore. Es geht nicht um die Ziege. Glauben Sie, daß der heutige Tag mir Freude bereitet hat?«

»Ich hoffe nicht, Sir.«

Cook sah seinen Ersten Offizier streng an. »Nützen Sie unsere Freundschaft nicht aus, Mr. Gore.«

Als Cook weg war, bereute Gore, was er gesagt hatte. Müde sah er auf die Matavai-Bucht hinaus. Plötzlich hörte er ein Geräusch – das Meckern einer Ziege. Er spähte über das Wasser und sah ein Kanu auf das Schiff zuhalten. Im Bug des Kanus stand die Ziege.

Clerke trat in Cooks Kajüte und schloß die Tür hinter sich.

»Wir haben gewonnen«, sagte der Kapitän. »Ich weiß, daß sogar Sie meine Maßnahme für falsch halten. Ich bedaure den Schaden, den wir den Eingeborenen zugefügt haben, aber meine Autorität stand auf dem Spiel.«

Clerke war nicht überzeugt. »Respektieren werden die Eingeborenen uns jetzt, aber sie werden uns nicht mehr lieben.«

»Vielleicht können Sie diese Wunden heilen, Charlie.«

»Wie?«

»Es ist Zeit, nach Norden aufzubrechen. Wir haben schon einen arktischen Sommer versäumt. Aber ich fürchte, daß Eis und Kälte Ihnen nicht gut tun werden. Sie könnten hier bleiben.« Überrascht sah Clerke auf, und Cook fuhr fort: »Geben Sie Ihr Kommando ab und ruhen Sie sich hier aus, bis ich zurückkomme und Sie abhole.«

Clerke überlegte. Der Vorschlag klang verlockend. »Ich könnte hier in der Sonne liegen.«

»Und Gore könnte Ihr Schiff übernehmen.«

»Aber es würde viel Gerede geben.«

»Denken Sie nicht daran, Charlie. Damit werde ich fertig.«

»Nein, Sir. Die Männer würden scharenweise desertieren – die Desertion liegt bereits in der Luft. Die Hälfte aller Matrosen würde nur zu gern den Rest ihres Lebens hier verbringen, und wer könnte ihnen das verdenken? Ich danke Ihnen für Ihren Vorschlag, Sir, aber ich komme mit.«

Cook wußte, daß er keine Wahl hatte. »Sie haben wie immer recht, Charlie.«

Am 7. Dezember lichteten die Schiffe die Anker und nahmen Kurs nach Norden. Der gefährlichste Teil der Reise hatte begonnen.

18. Kapitel

Am 7. März kreuzten die Schiffe vor Neu-Albion, der Westküste Nordamerikas. Der Winter hatte dieses Jahr Verspätung, deshalb war es immer noch stürmisch und neblig. Die bewaldete Küste machte einen abweisenden Eindruck, und Cook hatte alle Mühe, einen geschützten Ankerplatz zu finden, wo man die Schäden an den Schiffen ausbessern und Trinkwasser an Bord nehmen konnte. Tagelang zwangen ungünstige Westwinde die Schiffe, sich von der Küste fernzuhalten. Hagelschauer und Schneeregen fegten über Deck, das Gemüse faulte. Die Männer arbeiteten hart, die Stimmung an Bord war entsprechend gereizt. Auch die russischen Karten halfen nicht mehr weiter, und der Nebel machte die Navigation für Cook und Bligh zu einem Alptraum. Die Gelenke des Kapitäns waren steif vor Kälte, seine Beine und sein Rücken schmerzten – er beneidete jüngere Männer wie Bligh, denen Wetter und Ungewißheit nichts auszumachen schienen. William Bligh würde eines Tages ein großer Seemann werden, dachte Cook. Ende März schließlich sichteten die Männer einen großen Sund im Westen einer langgestreckten Insel. Cook nannte den Sund Nootka. Hier wollte er einen Monat von den überstandenen Strapazen ausruhen.

Die aus riesigen, glattrindigen Bäumen bestehenden Wälder reichten bis unmittelbar ans Ufer. Brennholz und Trinkwasser waren in großen Mengen vorhanden, aber der Wind blies unablässig, ein eisiger Regen fiel, und den Männern war kalt und unbehaglich. Sobald die Schiffe vor Anker gegangen waren, paddelten Indianer in ihren Kanus zu ihnen hinaus. Sie hatten platte Gesichter und waren dunkelhäutig und schmutzig. Cook fühlte sich an die Eingeborenen Feuerlands erinnert, die er vor sieben Jahren gesehen hatte. Gehörten die Indianer zur selben Rasse? Im Unterschied zu den Bewohnern Feuerlands waren sie kriegerisch und außerdem gute Fischer und Baumeister. Sie jagten Wale und waren sehr begierig nach allen Gegenständen aus Metall. Offensichtlich hatten die Bewohner des Nootka-Sund bereits vor den Engländern Kontakt mit Europäern gehabt, vielleicht mit Spaniern. Mit großem Geschick stahlen sie alles, was nicht niet- und nagelfest war.

Einen Monat später stachen die Schiffe wieder in See. Zwei Tage später brach ein Orkan los. Die *Resolution* schlug leck, und für einige Tage verloren die Männer die Küste aus den Augen. Bligh verteilte warme Wolljacken und eine Extraration Rum. Langsam kämpfte Cook sich weiter nach Norden vor. Hinter der Küste ragten riesige Berge mit eisbedeckten Gipfeln auf. Eine Bucht sichteten die Männer allerdings nicht. Cook konnte sich nicht erinnern, daß er auf einer früheren Reise je so erschöpft gewesen wäre: Schon die einfachsten Aufgaben machten ihm Mühe, er konnte seine Gedanken immer schwerer beisammenhalten, und er fror so erbärmlich, daß er in voller Kleidung unter den verdreckten Decken der Koje schlief. An keinem Tag versäumte er es, nach der achteraus stehenden *Discovery* Ausschau zu halten. Er machte sich Sorgen um Clerke. Die Feuchtigkeit und die Kälte mußten ihm bedenklich zusetzen. Anders als in der Antarktis lag über diesen trostlosen Breiten eine düstere, unheilverkündende Stimmung.

Als sich erneut dichter Nebel wie ein Vorhang über das Wasser senkte, verloren die Männer der *Discovery* den Sichtkontakt mit der *Resolution*. Clerke und Burnley standen auf dem Vorderdeck und lauschten auf den gedämpften Schuß einer Kanone. Clerke hustete jetzt ununterbrochen, sein Taschentuch war mit Blut befleckt. »Sobald sich der Nebel lichtet«, sagte Burnley, »werde ich Cook ein Signal geben.«

»Was wollen Sie ihm mitteilen, Mr. Burnley?«

»Daß Sie unmöglich weiterfahren können, Sir.«

»Reden Sie keinen Unsinn, James. Wir müssen weiter. Hinter der nächsten Landspitze oder der nächsten Bucht liegt vielleicht die Nordwestpassage. Ihre Entdeckung bringt uns Geld und Ruhm. Vergessen Sie das nicht.«

»Was nützt Ihnen das Geld, wenn Sie tot sind?«

Clerke straffte sich. »Ich beabsichtige keineswegs, in nächster Zeit zu sterben, Mr. Burnley. Wir geben kein Signal, aber ich werde, wenn Sie darauf bestehen, unter Deck gehen, um mich aufzuwärmen.«

Im Bett ertappte Clerke sich dabei, wie er die Tage zählte. Er zählte nur die Tage seit ihrem Aufbruch von den Sandwich-Inseln, die Rückreise schien angesichts der endlos sich hinziehenden Fahrt in allzu ungewisser Zukunft.

Die Lecks in den Planken der *Resolution* klafften immer mehr. Der Frachtraum war jetzt zur Hälfte mit eisigem Wasser gefüllt, die Männer standen pausenlos an den Pumpen. Cook und Bligh stiegen hinunter, um die trostlose Situation zu begutachten.

»Der Rumpf leckt wie ein Sieb, Sir«, sagte Bligh. »Das Wasser dringt schneller ein, als wir es hinauspumpen können.«

»Mehr Pumpen haben wir nicht«, erwiderte Cook. »Die anderen brauchen wir mittschiffs.«

Gore kam zu ihnen herunter und sah sich ebenfalls um. »Ich werde der *Discovery* signalisieren, daß wir ihre Pumpen brauchen.«

»Machen Sie das, Mr. Gore.« Cook trat zu Bligh, der den Männern an den Pumpen half. »Wenn ich nach Hause komme, Mr. Bligh, werde ich Sorge tragen, daß gewisse Leute einer gewissen Werft vor Gericht kommen.«

»Jawohl, Sir. Hoffentlich.«

»Glauben Sie, daß es die Nordwestpassage gibt, Mr. Bligh?«

»Wir würden alle nur zu gern daran glauben, Sir.«

»Ich habe gefragt, ob *Sie* es glauben.«

Bligh faßte sich ein Herz. »Sie meinen, ob wir durch das Eis und über siebzig Längengrade zum Atlantik durchstoßen werden, Sir? Mit dem Herzen möchte ich daran glauben, Sir, aber mein Verstand weigert sich.«

Cook erwiderte nichts.

Sie hatten Glück und fanden wieder eine zum Ankern geeignete Bucht. Schmutzige und stinkende Indianer kamen ihnen in ihren Kanus scharenweise über die Bucht entgegen und kletterten mit gezückten Messern an Deck. Die Matrosen mußten ihre Entermesser ziehen und die Indianer von den Schiffen vertreiben. Die Indianer sahen den Eskimos noch ähnlicher als die Bewohner des Nootka-Sund. Als die Männer die *Resolution* auf dem vereisten Strand kielholten, stellten sie fest, daß zwischen den Planken das Werg fast vollständig verschwunden war. Cook verbrachte einige Zeit mit Clerke und war erleichtert, ihn bei guter Laune zu finden, obwohl er immer noch spindeldürr war. Gemeinsam beschlossen sie, bis zum 65. Breitengrad nach Norden vorzudringen und dann nach Westen zur asiatischen Küste zu segeln. Clerke zeigte sich voller Ungeduld, die Fahrt fortzusetzen, und sagte, seine Mannschaft sei in ausgezeichneter Verfassung. Cook schöpfte neuen Mut. Am 17. Mai lichteten sie bei wechselhaftem, beunruhigendem Wetter die Anker.

Bereits wenige Tage später öffnete sich eine große Meeresbucht vor ihnen. Hinter den lautlosen, undurchdringlichen Wäldern der Küste stiegen kahle Berge steil an. Die Schiffe gingen vor Anker, und Cook beriet sich mit seinen Offizieren. Die Bucht war riesig – es war die bislang aussichtsreichste Stelle für die Entdeckung der Nordwestpassage. Clerke sprach sich begeistert dafür aus, in die Bucht hineinzufahren, obwohl er selber in diesem Fall auf Cooks Anordnung an der Mündung der Bucht warten sollte.

»Wer weiß, Sir«, meinte Clerke, »vielleicht steht sie mit der Baffin-Bai in Verbindung und ist schiffbar. Wenn das der Fall sein sollte, haben wir geschafft, was keinem vor uns gelungen ist.«

Der Reihe nach fragte Cook nun Gore, Bligh, King und Williamson. Alle waren für einen Versuch. Trotz der klirrenden Kälte war auf dem Wasser nirgends Eis zu sehen.

Sie segelten einige Tage in den Meeresarm hinein. Schließlich wurde die Bucht zu eng für die Manöver der *Resolution*. Cook ließ ankern und überlegte gemeinsam mit Gore, was zu tun sei. Die Gegend schien unbewohnt, und vor ihnen versperrte anscheinend ein Gletscher oder Packeis den Weg. Abermals besprach Cook sich mit seinen Offizieren im Salon. »Zweihundert Meilen, und jetzt ein Packeisfeld vor uns«, sagte Cook. »Ist das nun die Nordwestpassage?«

»Was könnte es sonst sein?« fragte Gore.

»Ein Fluß«, erwiderte Bligh. »Vielleicht nur ein Fluß.«

King wollte die Hoffnung nicht aufgeben. »Aber warum kann es nicht die Passage sein?«

»Das Wasser schmeckt bereits weniger salzig«, sagte Bligh.

»Mr. Bligh ist ein unverbesserlicher Pessimist«, bemerkte Williamson verärgert.

»Mr. Blighs Zweifel sind berechtigt«, erwiderte Cook. »Bevor wir weiterfahren, sollten wir uns darüber Klarheit verschaffen.«

In zwei Booten machten sie sich auf den Weg. Bligh saß in der Barkasse, dicht gefolgt von der Pinasse. Eine Woche verging. Kälte und Stille waren entsetzlich. Die Bäume wurden immer kleiner, um die Boote ragten Eisriffe aus dem Wasser. Bligh nahm einen Becher, lehnte sich über das Dollbord und trank. Die Kälte des Wassers schnitt messerscharf in seine Lippen; das Wasser schmeckte brackig. Die Männer an den Riemen lehnten sich erschöpft zurück. »Auf, ihr müder Haufen«, rief Bligh, »wir haben noch einen weiten Weg vor uns.« Aber er war sich jetzt ziemlich sicher, daß sie die Passage nicht gefunden hatten.

Zwei Tage später verengte sich die Bucht, und dichter Nebel hüllte die Boote ein. Auf dem Wasser lag eine dünne Eisschicht, und einige der Männer klagten über Erfrierungen. Obwohl Bligh Erfrierungen für unwahrscheinlich hielt, hatte er Verständnis für die Erschöpfung und den Unmut der Männer: Bisher hatten sie hart und ohne Klagen gearbeitet. Wieder tauchte er den Becher in das eisige Wasser und kostete. Das Wasser war süß. Als der Nebel sich lichtete, sahen sie einen Gletscher und schneebedeckte Berge vor sich.

»Riemen einlegen«, kommandierte Bligh. Die Männer ruhten einen Augenblick aus, dann wendeten sie die Boote und machten sich auf die weite Rückfahrt.

* * *

Zweifel und Ungewißheit begannen Cook zu quälen. Wie weit nach Norden sollte er vordringen? Erzwang der Zustand seines Schiffes nicht die sofortige Umkehr? Und Clerkes Gesundheit? Er setzte sich an seinen Schreibtisch und machte eine Eintragung in sein Schiffstagebuch.

Der breite Strom der Hoffnung ist zu einem Rinnsal der Enttäuschung geworden. Wir müssen bald wenden und nach Süden zurückfahren, bevor das Eis und der arktische Winter uns daran hindern. Wenn es eine Nordwestpassage gibt, werden wir sie in diesem Jahr nicht finden... Das Schiff leckt immer stärker. Masten und Segel sind in schlechtem Zustand. Gewisse profitgierige Unternehmer in England haben kaltblütig unser Leben aufs Spiel gesetzt, und bei Gott, wenn sie jetzt hier wären, ich möchte sie an ihren wurmstichigen Rahen baumeln sehen. Wir brauchen dringend einen sicheren Ankerplatz für Reparaturen und um uns auszuruhen. Das Schiff ist ebenso erschöpft wie seine Mannschaft.

Cook riß sich noch einmal zusammen und faßte den Entschluß, die Küste der Halbinsel von Alaska und die Inselgruppe der Alëuten zu vermessen. So konnte er wenigsten einige der Lücken füllen, die die russischen und spanischen Kartographen gelassen hatten. Er fuhr entlang der Küste nach Norden bis zum 65. Breitengrad, wandte sich dann nach Osten und landete an der asiatischen Küste. Die Küste war baumlos und unwirtlich und insgesamt wenig verheißungsvoll. Cook setzte die Fahrt nach Norden fort. Auf dem 70. Breitengrad kam das erste Packeis in Sicht. Damit war entschieden: Er mußte die Suche abbrechen und nach Süden zu den Sandwich-Inseln zurückkehren.

Die Schiffe nahmen Kurs auf die Alëuten-Insel Unalaska. Sie tasteten sich mühsam durch das Labyrinth von Riffen, Untiefen und Inseln dieses weit verstreuten Archipels. In Unalaska fand Cook einen sicheren Hafen. Wieder wurde die *Resolution* auf den Strand gesetzt, und die anstrengende Arbeit des Kalfaterns begann. Das faulige Gemüse wurde durch wilde Beeren ersetzt, Fische gab es an der ansonsten öden Küste genügend. Sie trafen russische Pelzhändler – große, wild aussehende Männer, die ganz in Pelz gekleidet waren und über längere Zeiträume mit den Bewohnern der Alëuten zusammenlebten. Die Russen boten den Seefahrern großzügig von ihren Lebensmitteln an, wußten aber von einer Passage im Norden nichts. Sie ließen Cook Kopien ihrer Karten anfertigen, und er gab ihnen einen Brief an Lord Sandwich mit, der über Sibirien nach England gelangen sollte. Die Konversation mußte auf die einfachsten Dinge beschränkt bleiben, und als Cook sah, wie der Russe Ismailow seinen Brief mit einem breiten Grinsen in die Tasche stopfte, bekam er Zweifel, ob die Nachricht London je erreichen würde.

Clerkes Husten war nicht besser, aber immerhin auch nicht schlechter geworden, und Leutnant Burnley war zum Glück ein tüchtiger Seemann. Cook besprach sich mit den Offizieren beider Schiffe, und gemeinsam beschlossen sie, nicht auf der asiatischen Halbinsel Kamtschatka zu überwintern, sondern zu den Sandwich-Inseln zurückzukehren. Die Männer sehnten sich nach den Tropen, den Mädchen und dem guten Essen. Cook dachte außerdem an den großzügigen Empfang, den die Insulaner ihm auf der Hinfahrt bereitet hatten. Hawaii war der geeignete Ort, sich zu erholen und den nächsten Vorstoß nach Norden vorzubereiten.

Am 26. November 1777 lagen die *Resolution* und die *Discovery* vor der palmengesäumten Küste der Insel Maui, die zu den Sandwich-Inseln gehört.

19. Kapitel

Die Sandwich-Inseln kamen den erschöpften Männern wie das Paradies vor nach einer sechsmonatigen, entbehrungsreichen Fahrt durch Eis, Schneeregen, Sturm und Nebel und entlang an gefährlichen Küsten. Als sie sich Maui näherten, sahen sie steile Berge vulkanischen Ursprungs, Schluchten, Wasserfälle, von Brandung umschäumte lange Strände und strohgedeckte Hütten. Kanus kamen zur Begrüßung zu ihnen heraus, aber Cook ließ sich mit dem Landgang Zeit. Er verbot, ohne seine Genehmigung mit den Eingeborenen Tauschhandel zu treiben und Frauen an Bord zu holen. Wer sich eine Geschlechtskrankheit holte, sollte aufs strengste bestraft werden.

Zur Erbitterung und Verzweiflung der Matrosen kreuzte Cook sieben Wochen lang vor den Inseln auf der Suche nach einem geeigneten Ankerplatz. Handel wurde nur mit den Indianern in ihren Kanus getrieben, und keine Frau betrat die Schiffe. Die *Resolution* leckte jedoch immer schlimmer, und auch die *Discovery* mußte dringend ausgebessert werden. Dreizehn Tage lang verlor Cook die *Discovery* aus der Sicht, und schließlich sah er ein, daß er nicht mehr viel länger auf See bleiben konnte. Zu guter Letzt fand er einen sicheren Ankerplatz in der Kealakekua-Bucht. Staunend standen Cook und seine Männer an der Reling: Um die Bucht zog sich eine ausgedehnte Siedlung mit großen Häusern, weitläufigen Gärten, Tempeln und Totempfählen. Eine riesige Flotte von Kanus drängte sich um die Schiffe, und die Eingeborenen waren so aufdringlich, daß Cook befahl, Musketen und eine Kanone abzufeuern, um sie von den Schiffen fernzuhalten. Merkwürdigerweise beeindruckte das die Eingeborenen in keiner Weise.

Nachmittags stiegen Cook, Gore, Clerke und Gibson in die Barkasse, um dem König und den Priestern ihre Aufwartung zu machen. Cook hatte bereits auf der Hinfahrt feststellen können, daß die Bewohner Hawaiis eigene Götter und die am höchsten entwickelte Religion des Pazifik hatten. Pfeifend und johlend hingen die Matrosen in der Takelage, als die Frauen der Insel sich auf ihren Kanus näherten und ihnen zuwinkten. Gore hatte den Eindruck, daß sie ihre Gunst noch freigebiger verschenken würden als die tahitischen Frauen, und befürchtete, daß Diebstähle und Desertion überhandnehmen könnten. Cook jedoch hatte seine beste Uniform angezogen und saß mit unbewegter Miene in der Barkasse. Das perlende Lachen dieser Sirenen der Südsee schien nicht an sein Ohr zu dringen.

Als das Boot sich dem Strand näherte, hatte sich dort eine Menschenmenge versammelt, die an Größe alles übertraf, was die Männer auf Tahiti erlebt hatten. Fremdartiger Sprechgesang schlug ihnen entgegen. Cook spürte, wie die Männer nervös wurden. Der Gesang wurde lauter; langgezogen hallte sein Echo durch die Berge, wo sich nach der Tradition der Eingeborenen der Wohnsitz der Götter befand. Was hatte der Gesang zu bedeuten? Clerke legte die Hand an den Griff seiner Pistole, Cook saß mit stoischer Ruhe im Bug der Barkasse und blickte weder nach rechts noch nach links. Am Strand schien ein Tumult in Gang, und Clerke bewunderte den Mut seines Kapitäns. Die Ruder knarrten in den Dollen, knirschend lief das Boot auf den Sand. Als Cook an Land trat, warfen die Eingeborenen sich zu Boden, und ein monotoner Singsang ertönte: »*Lono ... Lono ... Lono ...*«

Unsicher, was zu tun sei, blieb Cook stehen. In einiger Entfernung sah er einen alten Priester, der ein großes rotes Tuch in den Händen hielt. Neben dem Priester stand ein würdiger alter Mann. Cook vermutete, daß es der König war. Entschlossen winkte er Clerke, Gore und Gibson, ihm zu folgen, und schritt den Strand hinauf.

Gibson übersetzte, und so erfuhren die Männer, daß der König Kalaniopu hieß und der Priester Koa. Auf keiner anderen Insel hatten sie so kunstvoll geschnitzte Totempfähle mit so furchterregenden Fratzen gesehen, nirgendwo sonst waren sie auf Eingeborene gestoßen, die sich so untertänig und lammfromm gebärdeten.

Der immer gleiche Sprechgesang folgte Cook auf Schritt und Tritt. Fast schien ihm, daß sie ihn wie einen Gott verehrten, und der Gedanke beunruhigte ihn.

Den Frauen den Zutritt auf die Schiffe zu verbieten, erwies sich als unmöglich. Sie tauchten überall auf, in den Kanus, im Wasser und an den Ankertauen. Heimlich kletterten sie an Bord, schlichen sich unter Deck und verführten die Männer. Auf ihren Fersen folgten junge Männer und Kinder, und als die Diebstähle begannen, brach das Chaos aus. Trotz des allgemeinen Durcheinanders gelang es King, an Land ein Observatorium einzurichten. Gibson eröffnete einen Handelsposten, Palisaden wurden errichtet und die Schiffe gekielholt. Im Dorf wurden Vorbereitungen für eine große Zeremonie getroffen.

* * *

Eine unübersehbare Menschenmenge hatte sich versammelt und intonierte ihren monotonen Singsang. Koa überreichte Cook ein Schwein und einige Kokosnüsse. Dann legte er dem Kapitän ein großes, rotes Tuch um die Schultern und führte ihn zu einer mit Schädeln und häßlichen Fratzen geschmückten Kultstätte. Fasziniert beobachteten Clerke, Gore und Gibson die Eingeborenen, die sich in den Staub geworfen hatten. Welchen Sinn hatte das alles? Die Zeremonie zog sich so lange hin, daß selbst Cook unruhig wurde. Zu eintönigen Gebeten und Beschwörungsformeln wurde das Schwein geschlachtet. Cook mußte zwischen zwei großen Totempfählen Platz nehmen. Er bekam gebratenes Schweinefleisch und Obst zu essen und wurde mit Kokosöl eingerieben. Während des ganzen Vorgangs wiederholte die Menge immer wieder dasselbe Wort: *Lono.* Plötzlich war die Zeremonie zu Ende, und Cook konnte dem König und dem Priester im Gegenzug Spiegel und andere Geschenke überreichen.

Es war ein anstrengender Nachmittag. Cook mußte noch mehr Schweinefleisch essen und dazu Kawa trinken, und die Menge verharrte noch immer in ihrer anbetenden Haltung. Koa und

König Kalaniopu übertrafen sich gegenseitig in ihren tiefen Verbeugungen, ein weiterer Priester, der für Cook persönlich zuständig schien, begleitete ihn schließlich zur Barkasse. Als sie ein Stück hinausgerudert waren, nahm Cook den Dreispitz ab, wischte sich die Stirn und sah wortlos seine Offiziere an. Alle waren gleichermaßen durcheinander. Als sie wieder an Bord der *Resolution* waren, nahm Cook Clerke, Gore und Gibson beiseite. »Wenn Sie Zeit haben, möchte ich Sie in der Kajüte einen Augenblick sprechen.«

Sie setzten sich. »Nun, Gibson«, begann Cook, »was halten Sie von alledem?«

Der Seesoldat rieb sich das Kinn. »Der gebrechliche alte Mann, der Kalaniopu heißt, ist der König, und Koa ist der Priester.«

»Das weiß ich auch, Samuel. Wer oder was ist *Lono*?«

»Ich glaube, das sind Sie, Sir.«

»Ich?«

»Jawohl, Sir. Soweit ich ihre Sprache verstanden habe, warteten die Eingeborenen seit einiger Zeit auf jemanden wie Sie.«

»Was soll das heißen, sie warteten?«

»Ich weiß nicht, Sir.«

»Aber Sie müssen sich dabei doch etwas gedacht haben. Sie haben doch einen Grund, das zu sagen.«

Gibson zögerte. »Bitte halten Sie mich nicht für dumm, Sir.«

»So sagen Sie es doch, zum Teufel.«

»Mit dem Teufel hat es nichts zu tun, Sir«, erwiderte Gibson. »Ganz gewiß nicht. Eher mit dem Gegenteil.«

»Also was?«

»Die Eingeborenen halten Sie für einen Gott, Sir.«

»Einen Gott?« In der Kajüte wurde es still.

»Ich sagte doch, Sie würden mich für dumm halten, Sir.«

»Ich muß darüber nachdenken«, erwiderte Cook.

Der Seesoldat stand auf. »Ist das alles, Sir?«

»Ja, Samuel, Sie können gehen. Aber sprechen Sie davon zu niemandem, haben Sie verstanden?«

»Aye, aye, Sir.«

Als Gibson gegangen war, bemerkte Cook: »Was er sagt, ist natürlich Unsinn.«

»Vielleicht«, erwiderte Gore langsam. »Aber wir sind bisher noch auf keiner Insel so empfangen worden.«

Clerke war besorgt: »Das Ganze läßt mir keine Ruhe.«

»Unsinn.« Aber auch Cook klang jetzt bedrückt.

»Wir müssen vorsichtig sein«, meinte Gore.

Clerke versuchte den Kapitän zu überreden. »Warum suchen wir uns nicht einen anderen Ankerplatz?«

»Ein abwegiger Gedanke. Die Kealakekua-Bucht ist der einzige sichere Ankerplatz auf ganz Hawaii. Die Schiffe müssen repariert werden, und wir brauchen Proviant und frisches Wasser. Erst wenn das alles getan und beschafft ist, dürfen wir an die Abfahrt denken.«

Samuel Gibson war mit seiner Vermutung der Wahrheit sehr nahe gekommen. Cook war zu einer Jahreszeit in der Bucht erschienen, zu der alle kriegerischen Handlungen ruhten. Es war die Zeit des Spiels und der Erholung – die Zeit *Lonos*, des Gottes des Lichts und des Friedens. Die Eingeborenen glaubten, daß *Lono* einst mit Geschenken übers Meer zurückkehren würde und als Gott Anspruch auf Verehrung hatte. Cook war zum Gott erhoben worden: Er war zum Heil der Eingeborenen gekommen.

* * *

Die Arbeit machte Fortschritte, aber obwohl König und Oberpriester die Frauen vom Schiff abhielten, gingen die Diebstähle weiter. *Lono* war zurückgekehrt, die Priester boten Cook deshalb jede erdenkliche Unterstützung an. Sie begleiteten Expeditionen ins Landesinnere und stellten zur Verfügung, was für die Reparatur der Schiffe benötigt wurde. Sobald es einem Mädchen gelungen war, an Bord eines Schiffes zu klettern, warfen die Krieger des Königs es wieder ins Wasser. Der Nachschub an Schweinen, Yamswurzeln, Brotfrüchten und Fisch brach nicht ab. Sobald Cook den Fuß an Land setzte, warfen sich die Eingeborenen vor ihm zu Boden. Bäume wurden gefällt und zu Brennholz zerhackt, Süßkartoffeln wurden körbeweise von den Feldern herbeigeschleppt, König und Priester besuchten die *Resolution* täglich. Cook revanchierte sich mit einem Feuerwerk. Von den Diebstählen abgesehen, waren die Europäer von keinem der anderen Inselstämme so großzügig behandelt worden.

John Gore merkte, daß die Priester das Volk beinflußten, den Weißen Geschenke zu machen. Auch King machte sich seine Gedanken über die Großzügigkeit der Eingeborenen. Die Vorräte der Insel würden nicht ewig vorhalten. Nach einiger Zeit erfuhr er von *Lono*, dem Gott, und sprach darüber mit Clerke und Burnley. King war ein aufmerksamer Beobachter: Er sah die geplünderten Gärten und die abgeernteten Kartoffelfelder. Wie sollten die Einheimischen den kommenden Winter überleben? Den größten Teil der Ernte hatten sie ihren Besuchern geschenkt. Was würde geschehen, wenn sie merkten, daß Cook nicht der Gott war, auf den sie gewartet hatten? Die vier Männer erkannten, daß ihre Lage gefährlich werden konnte. Für die Dauer ihres Aufenthalts in der Kealakekua-Bucht waren ihnen allerdings die Hände gebunden. Charles Clerke mußte an die kriegerischen Maoris in Poverty Bay denken: Wenigstens war die Situation damals eindeutig gewesen. Was ging in Cook vor, wenn die Eingeborenen sich vor ihm zu Boden warfen? Clerke tröstete sich mit dem Gedanken, daß Cook sich im Umgang mit den eingeborenen Völkern immer als Meister erwiesen hatte. Auf seinen Reisen in die Südsee war es nie zu großem Blutvergießen gekommen – ein Umstand, der für Cooks Charakter sprach.

Ende Januar wurde ein großes Fest gefeiert. Cook erhielt den unvermeidlichen Ehrenplatz neben König Kalaniopu und Oberpriester Koa. Alle Tänze und Festlichkeiten schienen sich nur um Cook als Mittelpunkt zu drehen. Nachdem man ausgiebig gefeiert und gesungen hatte, stand Cook auf, um sich beim König zu bedanken.

»Sagen Sie ihm«, wandte Cook sich an Gore als Dolmetscher, »daß Hawaii eine glückliche und fruchtbare Insel ist und daß seine Untertanen die aufrichtigsten und ehrlichsten aller Polynesier sind, und daß wir noch nie so herzlich willkommen geheißen wurden.«

Gore übersetzte, und der alte König lauschte aufmerksam. »Kein anderer Stamm der Polynesier kann es mit dem Volk Hawaiis an Großzügigkeit und Entgegenkommen aufnehmen«, fuhr Cook fort. »Außerdem könnte man sagen, aber das übersetzen Sie besser nicht, daß die Frauen nicht überall mit ihrer Gunst so freizügig sind.«

Gore lächelte, und die Matrosen lachten laut. »Ich werde es anders ausdrücken, Sir.«

Dann rieb der König seinen Bauch und begann zu sprechen. Cook beugte sich vor. »Was sagt er, Mr. Gore?«

»Er sagt, daß sein Volk zu *Lono* sehr großzügig gewesen ist, Sir, daß wir seit drei Wochen hier sind und gut gegessen haben.«

»Das haben wir.«

»Daß wir viele Geschenke bekommen haben«, fuhr Gore fort, »daß die Priester Opfer für *Lono* gefordert haben und das Volk gehorcht hat und jetzt hungrig ist. Die Felder sind leer.«

Gespannt hörten King, Clerke und Bligh zu. Wieder fragte Cook: »Was sagt er jetzt?«

»Der König läßt fragen, wann wir abfahren, Sir.«

Cook schwieg.

»Ich glaube, unsere Zeit ist um«, sagte Clerke nachdenklich.

Gore verbeugte sich vor dem König und setzte sich. »Wenn ich ihn nicht falsch verstanden habe, was ich nicht glaube, hat er uns hiermit aufgefordert, so schnell wie möglich zu verschwinden.«

Die Zelte wurden abgebrochen, der letzte Proviant an Bord geschafft, und am 4. Februar 1779 verließen die Schiffe die Kealakekua-Bucht. Die Eingeborenen zeigten sich bis zuletzt freundlich und gaben den Schiffen mit einer Armada von Kanus das Geleit. Die Frauen winkten und weinten zum Abschied, die Menge schrie und johlte. Nur die Priester und der König standen mit steinernen Mienen abseits.

* * *

Cook war erleichtert, als sie das offene Meer erreicht und die endlosen Feiern in der Kealakekua-Bucht hinter sich gelassen hatten. Er hatte jetzt Zeit, sein Tagebuch weiterzuführen.

10. Februar 1779. Vor sechs Tagen haben wir Hawaii verlassen. Das Schiff ist von oben bis unten voll mit frischem Proviant und Wasser. Ich will jetzt Maui und die anderen Sandwich-Inseln vermessen, dann nach Norden fahren und mich ein zweites Mal auf die Suche nach der Nordwestpassage machen. Ich kann mir nur schwer vorstellen, daß wir jetzt schon drei Jahre auf See sind und die Reise vielleicht erst zur Hälfte hinter uns haben...

Es klopfte, und Bligh trat ein. »Der Wind frischt auf, Sir. Ich habe das Großmarssegel dicht reffen lassen.«

»Danke, Mr. Bligh. Ich komme sofort nach oben.« Cook tauchte die Feder wieder ein.

...erst zur Hälfte hinter uns haben. Ich wage nicht daran zu denken, wann ich England und meine Familie wiedersehen werde...

In der Nacht kam unerwartet ein Sturm auf, der die Segel in Fetzen riß. Am nächsten Tag stellten die Männer fest, daß der Fockmast geborsten war. Der Sturm nahm weiter zu, und Cook berief die Offiziere in den Salon.

»Gibt es keine Möglichkeit, behelfsmäßige Reparaturen auf See vorzunehmen, Sir?« fragte Williamson.

»Leider nein. Der Fockmast ist so gut wie unbrauchbar. Klären Sie Mr. Williamson auf, Mr. Bligh.«

Der Steuermann genoß es sichtlich, Williamson einen Vortrag zu halten. »Wir müssen die Mars- und die Bramsegel streichen. Das bedeutet, mit sechs statt der üblichen zwölf Segel zu fahren. Später müssen der Fockmast und sämtliche Untermasten ausgewechselt werden.«

»Eine Arbeit«, ergänzte Cook, »die wir nur in den ruhigen Gewässern eines sicheren Hafens durchführen können.«

»Das stimmt.« Bligh wußte, daß sie überhaupt keine andere Wahl hatten.

Die Tür ging auf, und Clerke und Burnley traten ein. Cook sah auf und runzelte die Stirn. »Ich hatte Ihnen eigentlich Anweisung gegeben, auf offener See zu kreuzen, nicht, beizudrehen und bei diesem Wellengang in einem Boot zu uns herüberzukommen.«

»Ich habe die Masten gesehen, Kapitän.« Clerke war außer Atem und zitterte.

»Dann wissen Sie, daß uns nichts übrigbleibt, als nach Hawaii zurückzufahren, Mr. Clerke.«

Gore protestierte: »Nicht zur Kealakekua-Bucht, Sir. Nicht derselbe Ankerplatz.«

Cook blieb fest. »Die Bucht ist der einzige sichere Ankerplatz, den wir auf der Insel kennen.«

Bligh meldete sich zu Wort: »Aber ist das klug, Sir?«

»Klug? Wer vermag das zu entscheiden, Mr. Bligh? Wir wissen beide, daß wir keine andere Wahl haben.«

»Die Eingeborenen waren froh, als wir gingen, Sir. Sie werden nicht erfreut sein, daß wir so bald wieder zurückkommen.«

»Sie können gehen, Mr. Bligh.«

»Aye, aye, Sir.«

Cook sah sich um. »Sie können alle gehen, außer Mr. Clerke und Mr. Gore.«

»Bligh meint es gut«, sagte Clerke, als die anderen gegangen waren.

»Mr. Bligh muß noch lernen, daß man über Befehle nicht diskutiert.«

»Er ist beunruhigt wegen der Kealakekua-Bucht. Keiner von uns kehrt gern dorthin zurück.«

»Auch ich will nicht zurück«, erwiderte Cook »und die Großmut der Eingeborenen noch mehr ausnützen. Aber was bleibt uns anderes übrig?«

»Wir könnten in Lee nach einem anderen Ankerplatz suchen«, meinte Gore.

»Mit sechs Segeln? In der stürmischen Jahreszeit? Zwingen Sie mich nicht, zu wiederholen, was ich gesagt habe. Wir fahren zurück.«

* * *

Still und verlassen lag die Bucht da. Gore stand mit Cook und den anderen Offizieren an der Reling und überlegte, ob König Kalaniopu sie mit einem *tapu* belegt hatte. Der Fockmast wurde herausgenommen, zu Wasser gelassen und an Land verbracht; die Arbeit ging rasch vonstatten, da niemand die Männer störte. King ruderte an Land und kümmerte sich um das Observatorium. Auf einmal erschienen Priester und boten den Zimmerleuten und Segelmachern ein Haus an, in dem sie arbeiten konnten. Als Cook das hörte, fiel ihm ein Stein vom Herzen.

Am nächsten Morgen kam der König in Begleitung einer Kanuflotte zur *Resolution* heraus. Kalaniopu zeigte sich überaus verständnisvoll, als Cook erklärte, warum er zurückgekommen war, aber Gore und Gibson hatten trotzdem den Eindruck, daß die Stimmung umgeschlagen war. Die Eingeborenen in den Kanus blieben stumm. Verflogen waren das Lachen und die übermütigen Rufe und die Ehrerbietung, die die Eingeborenen Cook entgegengebracht hatten. Es war seltsam. Gore überlegte, ob er noch einen Versuch unternehmen sollte, den Kapitän zur sofortigen Abfahrt zu bewegen, aber der Mast war bereits herausgenommen, es war zu spät.

Am Nachmittag gingen Cook und Gore in Begleitung einer Abteilung Seesoldaten an Land, um nach der Arbeit der Zimmerleute zu sehen. Auf dem Weg über den Strand folgte ihnen eine Schar Eingeborener. Diesmal warf sich keiner vor Cook auf den Boden. Der Tag war heiß, die Luft gewittrig schwül.

»Die Haltung der Eingeborenen hat sich verändert, Sir.« Gibson schwitzte in seiner abgetragenen Uniform.

»Verändert?«

»Zum Schlechteren, Sir.«

»Schon möglich, Samuel«, sagte Cook, »und nur zu verständlich. Wir sind länger geblieben, als wir erwünscht waren.« Äußerlich gelassen setzte er den Weg über den Strand fort.

Plötzlich flogen Steine durch die Luft. Ein Seesoldat wurde getroffen, Gibson wirbelte mit der Muskete herum. »Langsam, Samuel, langsam«, hörte er den Kapitän neben sich sagen, »weichen Sie nicht von der Stelle.«

Die Eingeborenen zogen sich zurück, und Cook hörte aus dem hohen Gras Gelächter. Unsicher geworden, wagte er nicht, weiterzugehen, sondern gab den Befehl zum Umkehren. Als sie am Boot anlangten, hatte sich wieder eine Menschenmenge am Strand versammelt. Die Eingeborenen lachten höhnisch und schüttelten die Fäuste. Als die Männer zum Schiff zurückruderten, flogen erneut Steine durch die Luft. Gore und Gibson sahen Cook fragend an, aber Cooks Miene blieb unbewegt.

Abends standen Cook und Gore auf dem Achterdeck. Die untergehende Sonne hatte den Himmel in leuchtendes Rot getaucht, die Gewitterwolken hatten sich verzogen, und am Strand flackerten die ersten Lichter. Bei den Zelten der Handwerker am Strand war alles ruhig. Der Schiffszimmermann hatte zum Schutz seiner Männer einige Seesoldaten erhalten, und Gore hoffte, daß die Männer die Nacht überstehen würden, ohne angegriffen zu werden.

»Noch drei Tage«, sagte Cook, »und wir können wieder in See stechen.«

Gore nutzte die Gunst der Stunde. »Ich habe Angst vor etwas, für das ich keine Worte habe, Sir. Wollen Sie mir einen Augenblick zuhören?«

»Wenn es sein muß.«

»Gibson hat einmal davon gesprochen, wie die Eingeborenen Ihnen begegneten – vielleicht nicht wie einem Gott, aber es war eine Art Götzendienst. Jetzt ist diese Verehrung in Verachtung und Wut umgeschlagen. Es ist, als ob die Eingeborenen zu dem Schluß gekommen wären, daß Sie nicht – nicht der sind, für den sie Sie gehalten haben. Ich habe die Priester heute beobachtet. In ihren Augen sah ich mehr als Wut. Ich sah Haß.«

»Worauf wollen Sie hinaus, Mr. Gore?«

»*Lono* mußte zurückkehren, weil sein Schiff beschädigt war, Sir, und ich glaube nicht, daß das zu dem *Lono* ihrer Legenden paßte. Und die Priester, die das Volk gezwungen haben, Schweine und Süßkartoffeln als Opfer zu bringen, fühlen sich jetzt betrogen.«

»Von mir?«

»Von den Umständen, von ihren Legenden und von ihrem religiösen Eifer. Ich fürchte nur, daß sie jetzt darauf sinnen, wie sie sich dafür rächen können.«

»Unsinn«, erwiderte Cook. »Das bilden Sie sich nur ein.«

»Warum dann die Steine heute? Es war ein Fehler, zurückzukommen.«

»Vielleicht. Veranlassen Sie, daß jeder, der an Land geht, von Seesoldaten begleitet wird, und treffen Sie alle erdenklichen Vorsichtsmaßnahmen.« Cook drehte sich abrupt um und ließ Gore stehen.

Im Morgengrauen des nächsten Tages rief Cook seine Offiziere zusammen.

»Ich bin entschlossen, den Angriffen und Diebstählen ein Ende zu machen«, sagte er. »Die Posten werden verdoppelt, Mr. Gore.«

»Aye, aye, Sir.«

»Leutnant Phillips?«

»Ja, Sir?«

»Ihre Männer werden ihre Musketen ab jetzt mit Kugeln laden und nicht mehr mit Schrot.«

Der junge Offizier machte eine besorgte Miene. »Wenn wir mit Kugeln schießen, Kapitän, werden wir Menschen töten.«

»Wenn die Eingeborenen angreifen, Sir, ist es Ihre Pflicht, so viele zu töten, als zur Beruhigung der Lage erforderlich ist.«

»Aye, aye, Sir.«

Als die Offiziere gegangen waren, setzte sich Cook an seinen Schreibtisch, um nachzudenken. Diesmal würde er seinen Willen durchsetzen.

Trotz der gespannten Stimmung geschah den Tag über nichts, und Zimmerleute und Segelmacher konnten ungestört ihrer Arbeit nachgehen. Am Abend war plötzlich die Kohlenzange des Waffenmeisters verschwunden. Eine Verfolgungsjagd durch das Gebüsch fand statt, Steine flogen durch die Luft, und am Strand kam es zu einer Schlägerei. Wo war der Gott *Lono*?

* * *

Am nächsten Morgen stellte sich heraus, daß über Nacht der Kutter gestohlen worden war. Cook hielt das Ende des gekappten Taus in der Hand, und Clerke, Gore und Bligh standen ratlos um ihn herum.

Clerke sah krank aus. »Warum stehlen sie uns den Kutter? Sie haben doch ihre Kanus.«

»Sie brauchen ihn der Nägel wegen, aber das ist unwichtig. Ihre Gründe interessieren mich nicht.« Cooks Stimme klang kalt.

»Wahrscheinlich haben sie den Kutter an Land versteckt«, meinte Gore. »Wir werden die Dörfer durchsuchen.«

Cook sagte nichts und wand das Tau um seine Faust.

Bligh meldete sich zu Wort. »Sir, ich glaube, der Diebstahl des Kutters ist eine Art Fehdehandschuh.«

»Bitte erklären Sie sich näher, Mr. Bligh.«

»Die Eingeborenen wollen uns demütigen. Ohne den Kutter können wir nicht abfahren.«

»Ich beabsichtige auch nicht, ohne ihn zu fahren.«

»Es ist an der Zeit, den Eingeborenen eine Lektion zu erteilen«, sagte Bligh mit grimmiger Miene.

»Ich bin dafür, Ruhe zu bewahren«, entgegnete Gore.

»Das will ich, Mr. Gore. Aber ich stimme Mr. Bligh zu. Die Eingeborenen wollen uns provozieren – sie zeigen uns unverhohlen ihre Geringschätzung. Das werde ich nicht dulden.«

»Ich glaube nicht, daß sie uns provozieren wollen, Sir. Das liegt nicht in ihrem Wesen.«

»Ihr Wesen interessiert mich nicht.« Cook wandte sich an Bligh: »Mr. Bligh, Sie nehmen die Barkasse und sperren den Ausgang der Bucht. Kein Kanu verläßt die Bucht oder kommt herein. Schießen Sie, wenn nötig. An die Arbeit!«

»Aye, aye, Sir.«

Cook wandte sich an Gore: »Sagen Sie Mr. Phillips, er soll seine Soldaten in Bereitschaft versetzen. Williamson übernimmt das Skiff und hält sich in Ufernähe bereit. Sie selbst, Sir, haben das Kommando hier an Bord. Lassen Sie die Kanonen laden und die Mannschaft antreten.«

»Was haben Sie vor, Sir?«

»Ich gehe an Land. Ich werde den König als Geisel nehmen.«

Clerke sprang auf. »Sir, ist das klug?«

»Charlie, wir haben es doch schon früher so gemacht. Wir drei wissen, daß wir damit am weitesten kommen. Wir haben es doch früher auch so gemacht.« Cook stand auf und legte Clerke die Hand auf die Schulter. »Ruhen Sie sich aus. Wir wollen Sie gesund und wohlbehalten nach England zurückbringen.«

In Begleitung von Phillips, Gibson und einer Abteilung Seesoldaten marschierte Cook zum Dorf. Williamson und seine Männer hatten sie in Ufernähe zurückgelassen. Es war ein stiller Morgen, aber als sie die ersten Hütten erreichten, hörten sie den Klang von Muschelhörnern. Zwischen den Hütten zeigten sich nur wenige Eingeborene. Wo waren die Frauen geblieben? Cook sah sich nach Gibson um.

»Bleiben Sie neben mir, Samuel.«

»Sir, ich habe gehört, daß man die Frauen weggeschickt hat und daß Krieger aus anderen Dörfern im Anmarsch sind.«

»Ich brauche Sie. Sie sollen dem König übersetzen, was ich von ihm will.« Cook warf Phillips von der Seite einen Blick zu. War er der heiklen Situation gewachsen?

Im Zentrum des Dorfes wimmelte es plötzlich von Menschen, vorwiegend von Männern. Cook blieb vor der Hütte des Königs stehen, und Phillips ging hinein, um Kalaniopu zu holen. Die Eingeborenen sahen aufmerksam zu. Sie waren jetzt mit Speeren und Keulen bewaffnet, und einige trugen Brustpanzer aus dicken Bastmatten. Die Stimmung war gespannt. Dann erschien der König. Cook wandte sich an Gibson.

»Sagen Sie dem König, daß ich ihn achte und weiß, daß er am Diebstahl des Kutters unschuldig ist. Trotzdem muß ich ihn bitten, mir an Bord meines Schiffes zu folgen.«

Zu Cooks Erleichterung lächelte der König und gab seinem Einverständnis durch ein Nicken Ausdruck. Mittlerweile hatte sich eine riesige Menschenmenge um sie versammelt, und Cook und die Seesoldaten mußten sich gewaltsam den Rückweg zum Skiff freimachen, wo Williamson wartete. Gibson sah sich immer wieder um und hielt sich hinter Cook.

»Gehen Sie voraus«, wies Phillips ihn an, »und versuchen Sie, den Weg zum Boot freizubekommen.«

»Sir, lassen Sie mich Ihnen Rückendeckung geben.«

»Führen Sie den Befehl aus, Sergeant.«

Der alte König stolperte, und Cook faßte ihn am Arm. In diesem Augenblick tauchte Kalaniopus Frau in Begleitung zweier Priester vor ihnen auf. Durch die Menge bahnten sie sich ihren Weg zu Cook, rissen den König los und veranlaßten ihn, sich hinzusetzen. Ein Aufschrei ging durch die Menge. Drohend schwangen die Eingeborenen ihre Speere und Keulen und rückten von allen Seiten näher. Cook änderte seinen Plan und rief Phillips zu: »Gehen Sie mit Ihren Soldaten ins Boot. Wir lassen den König hier, wir können ihn nicht mit Gewalt mitnehmen – zumindest nicht ohne Blutvergießen.«

Zitternd und mit weißem Gesicht versuchte der Leutnant, mit seinen Leuten zum Skiff durchzukommen, in dem Williamson wartete. Die Menge geriet außer Rand und Band. Die drohenden Rufe schwollen zu einem ohrenbetäubenden Geschrei an, ein Eingeborener rannte mit einem eisernen Haken auf Cook los, Steine flogen durch die Luft. Cook hob die doppelläufige Flinte und feuerte einen Schuß ab. Ein weiterer Eingeborener sprang Phillips an, aber der Leutnant schlug ihn nieder. Cook feuerte den zweiten Lauf ab, und der Krieger vor ihm stürzte zu Boden. Phillips brüllte Befehle, und seine Männer begannen, blindlings in die Menge zu schießen. Williamson beobachtete die Szene vom Boot aus, seine Männer saßen mit ins Wasser gesenkten Rudern zur Abfahrt bereit. Er legte die Muskete an, feuerte und sah, wie der Kapitän die Hand hob. Die Seesoldaten hatten das Ufer erreicht und rannten ins Wasser. Ihre Stiefel füllten sich mit Wasser, aber in Panik wateten sie weiter, so schnell sie konnten.

»Wenden«, brüllte Williamson. »Klar zur Abfahrt.«

Cook war jetzt auf allen Seiten von Eingeborenen umringt. Gibson kämpfte im Wasser, das sich langsam rot färbte, gegen zwei Männer. Phillips war verwundet. Er stützte Gibson, als dieser zusammenbrach, und zog ihn zum Skiff. Beiden Männern rannen Blut und Wasser über die Stirn und blendeten sie – wo war Cook? Die Matrosen im Skiff ließen die Ruder aus der Hand, um die verwundeten Männer an Bord zu ziehen. Am Strand hörten sie das entfesselte Geheul der Menge und sahen den Kapitän zu Boden fallen. Keuchend sank Gibson ins Skiff, und die Matrosen legten ab. Am Ufer kämpfte Cook um sein Leben. Nach und nach wurde er übermannt. Er bekam einen Messerstich in den Nacken, dann traf ihn mit voller Wucht ein Keulenschlag auf den Kopf. Blutüberströmt brach er zusammen, richtete sich noch einmal auf, schrie, stürzte wieder - und dann wurde er im seichten Wasser der Kealakekua-Bucht mit Knüppeln erschlagen.

Gore und Clerke hatten ihre Fernrohre auf den Strand gerichtet und das schreckliche Geschehen verfolgt, ohne eingreifen zu können. Als Gore sah, wie das Skiff vom Ufer ablegte, gab er Befehl, die Kanonen abzufeuern. Wasserfontänen spritzten auf, denn die Reichweite der Geschütze war zu gering. Clerke übernahm das Kommando, das Geschützfeuer verstummte. Unheilvolle Stille legte sich über die Bucht. Starr vor Schmerz stand Clerke an der Reling.

* * *

Am Abend des folgenden Tages brachte ein Priester die sterblichen Überreste Cooks an Bord. Man hatte Cook die Ehre erwiesen, die einem großen Häuptling gebührte: Sein Fleisch war säuberlich von den Knochen gekratzt worden, die Knochen hatte man verbrannt und die Asche als heilige Reliquie eingesammelt.

Die Rahen waren gekait, die Flaggen wehten auf Halbmast. Die Trommeln rasselten, als die Mannschaft neben dem mit der britischen Fahne bedeckten Sarg antrat. Charles Clerke hielt den Trauergottesdienst:

Darum übergeben wir diesen Leib der Tiefe, auf daß er auferstehe von den Toten am Jüngsten Tage durch unsern Herrn Jesus Christus.

Lautlos tauchte der mit Steinen beschwerte Sarg in das Wasser der Bucht: Der Pazifik hatte den größten Entdecker, der ihn je befahren hatte, zu sich geholt.

Epilog

Charles Clerke übernahm das Kommando der Expedition und führte die beiden Schiffe noch einmal nach Norden. Es gelang ihm nicht, die Nordwestpassage zu finden, und am 22. August 1779 starb er an der Schwindsucht.

Nach ihm übernahm John Gore das Kommando. Er führte die Schiffe nach England zurück, wo sie am 4. Oktober 1780 eintrafen.

Samuel Gibson starb am 22. September 1780 auf See vor der Küste Schottlands.

William Bligh wurde Kapitän der HMS *Bounty* und später Gouverneur von Neusüdwales.

Joseph Banks wurde Präsident der Royal Society und einer der bedeutendsten Wissenschaftler seines Jahrhunderts.

Elizabeth Cook überlebte alle anderen Mitglieder ihrer Familie. Sie verbrannte die Papiere ihres Mannes und starb als Witwe im Alter von dreiundneunzig Jahren.

Inhalt

120
140
160
180
160
60
40
20
0
20
40
60
ASIEN
Beringmeer
Aleuten
Japan
Haw
Manila
Neuguinea
Neue Hebriden
Cookin
Tahiti
AUSTRALIEN
Neukaledonien
Tonga
Norfolk
Tasmanien
Neuseeland

120
100
80
60
40
NORDAMERIKA
DIE ROUTEN DES CAPTAIN JAMES COOK
1. REISE
2. REISE
3. REISE
Galapagos
Marquesas
SÜDAMERIKA
Kap Horn
60
40
20
0
20
40
60